民国影坛的激进阵营

——电通影片公司明星群像

臧杰 著

全国百佳出版社
中央编译出版社
CCTP
Central Compilation & Translation Press

通電

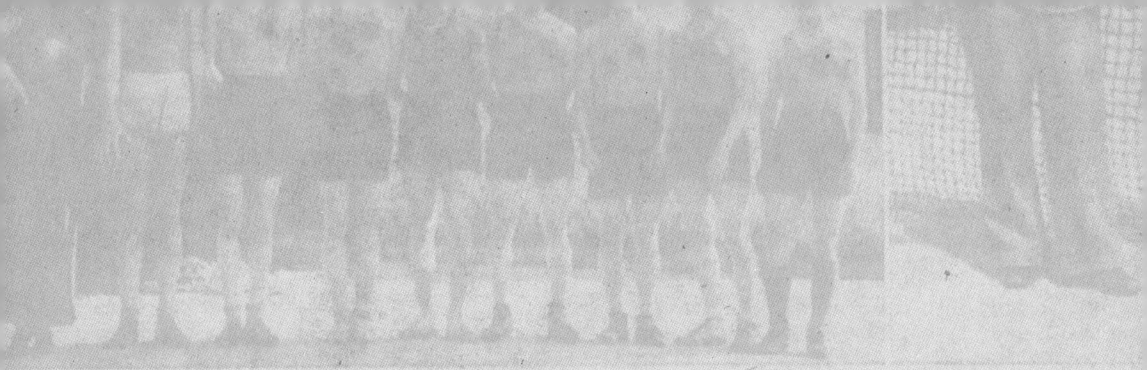

Denton Basket Ball Team 電通籃球隊 Denton Tennis F

而電通的最令人驚異處，更在於牠的全部新人才的選用。這是所有的企業家們所不敢嘗試的事情。但是電通公司，牠以什麼一種大胆的担保來做這種冒險呢？那便是他們的科學的效能與牠的新精神的要求，使得新人才的結合，能有計劃地在一種科學的統制下努力於他們的工作。

在提拔新人才的實現中，說明是中心綱，將會首先爲電通公司用事實來實現了。

爲什麼一個新興的且不充實的電通公司，能夠在種種的冒險中工作而有迅速的成就，而在擁有巨大資產與充實的人才的所謂老公司們，却在貧弱與不景氣中嗟嘆呢？這該是一件慚愧的事。

因此，我人對于電通公司的重視，實在是因爲牠幾乎是一個中國影業的一個革命的集團。牠以科學的效能與堅苦的奮進，在已形成了貧弱的，封建，落後與不景氣的今日中國電影界出現了牠的新精神。

在那天到了電通以後，遇到師毅，邦鋒，伯勛及隨着的教之諸兄，後來伯勛兄說將出電通半月刊，向我索稿，因成此篇，非故意捧場，實出於一種感奮而寫成的。附記。

喜訊

新聞報編輯 吳承達

懷着很興奮的情緒，每天從我的桌子上去

後，「產生像「
流」，那麼愛斯基
記「我們國家有的意
記我們說的話
着的心情？希
矣」「末了，希
」有厚望

獻給

時代是進
世界是流
我們的任
勤就是擔世
流速過去
破滅的，甚至
把握着時
套而推動時代
——錄自

對於

電通半月刊，賽
一、電通之希望
一、希望電通出品之精
二、希望電通部有一個
三、希望內，於機
四、希望電通

民国影坛的激进阵营

臧杰 著

电通影片公司明星群像

司徒慧敏：从西装到中山装 178

海派江湖与时代漩涡
——应云卫的幸与不幸 195

多少「光影陆离」 217

谈瑛的神秘与风情 218

「好好先生」周伯勋 224

「炸弹明星」陆露明 230

施超：吐尽最后一口鲜血 235

化作「白鹭」的白璐 242

在光影闪动之间
——吴蔚云·吴印咸·杨霁明 247

「剪刀手」陈祥兴 254

那些幕后的战歌
——聂耳的「电通」情缘 259

《电通》画报始末 267

后记 279

目录

引言：『电通』之谜 1
三个『波希米亚』 23
大明星·大导演·大人物
——光环下的袁牧之 24
退守自我和艺术的许幸之 57
唐纳：情爱至上者的归途 78
三个『摩登女性』 95
羽化的蝴蝶
——陈波儿的『角色』之变 96
王莹：文艺青年的洁癖与挣扎 119
『上位』，以及继续『上位』
——1930年代的蓝苹 141
三个『八面玲珑』 161
孙师毅：『辣面书生』的歧路人生 162

全國教育電影推廣處

為國內唯一之

電影教育推行樞紐

各地教育當局 欲倘舉辦 電影教育

請向該處接洽

上海 法租界蒲柏路吉益里 博物院路一二八號

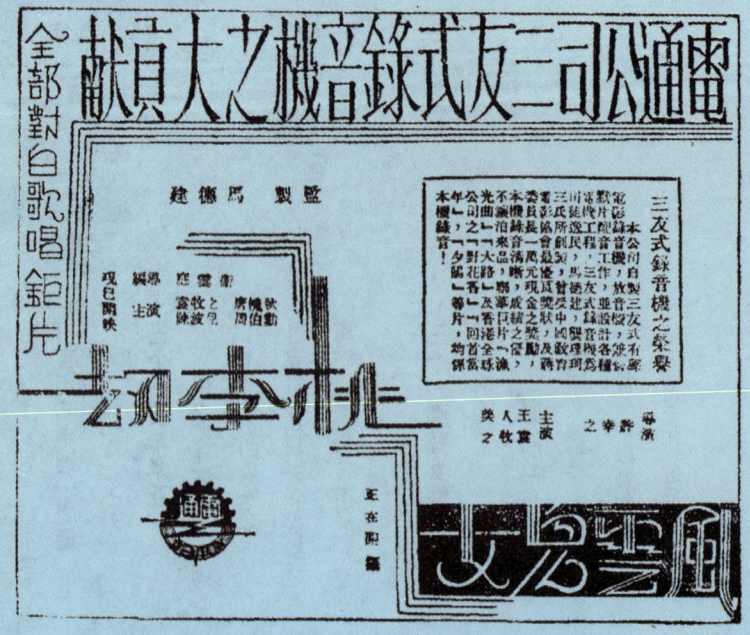

電通公司三友式錄音機之大貢獻

全部對白歌唱鉅片

監製 馬德建

桃李劫

編導 應雲衛

主演 袁牧之 陳波兒 唐槐秋 周伯勳

現已開映

三友式錄音機之榮譽

[illegible]

風雲兒女

導演 許幸之

主演 王人美 袁牧之

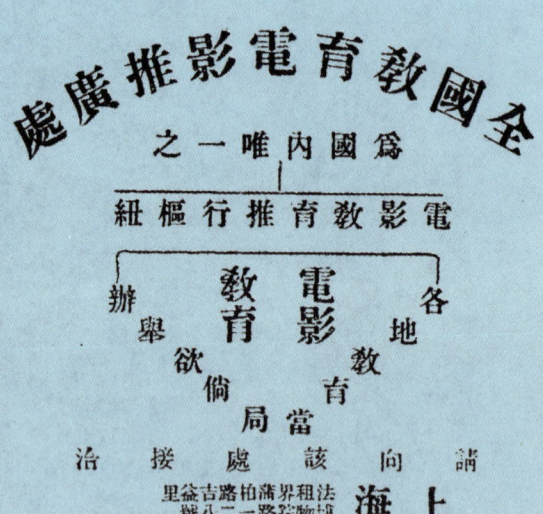

正在攝製

引言：“电通”之谜

在20世纪30年代的中国电影版图上，成立于1934年的电通影片公司并不是一间极具代表意义的电影公司，与其同时代的影片公司相比，在满足市民消费趣味方面它不及“天一”；在描绘都市生活、制造中产阶级消费情趣方面它不及“明星”；在艺术探索和文化品味建设领域，它又比不上“联华”；从营业之初到黯然“关门”，它只经历了大约一年零八个月的时间，出品的影片也只有四部——《桃李劫》、《风云儿女》、《自由神》和《都市风光》，甚至比起先“左翼”后“右转”的“艺华”，在社会影响力方面都有一定的差距。

但是，当我们展开“电通”公司的角色构成和发展历史时又会发现，这间短命的公司曾经潜伏着中国电影事业太多的“风云儿女”，而且这些人物在新中国成立后，一度走上了权力的巅峰，尽管那并不是一个擅权的时代，但“身份”和“重要”的标签却贴在他们的身上，他们曾经是开拓者、规划者、建设者乃至翻云覆雨者，他们之间的人事交往和人生纠葛，甚至可以称得上新中国电影历程当中最为刺目的部分。

— KE 20 0923 5020+32●

在这间公司的所有核心角色当中，几乎每个人都可以称得上掷地有声，他们包括：司徒慧敏（前文化部副部长、电影局局长）、袁牧之（首任中央电影局局长）、应云卫（前上海江南电影制片厂厂长）、许幸之（曾任左翼美联主席、前上海科教电影制片厂副厂长）、孙师毅（前中国电影资料馆顾问，行政待遇13级）、陈波儿（前中央电影局艺委会副主任）、蓝苹（即江青，前中央文革小组组长）。非核心人物也不是凡俗之辈，比如在“电通”时代干过摄影师的吴印咸曾任东北电影制片厂厂长和北京电影学院副院长。只扮演过小配角、担任过美工的蔡若虹也在后来走上了文化部艺术局副局长的岗位。即使后来没有与权力沾过边，在“电通”有过核心地位的王莹和唐纳，前者以“6742”的身份在文革中被迫害至死而令人扼腕。后者虽然早早地隐居巴黎，但他与江青“不能不说的故事”常常引来传媒和著作者的好奇。

对这些重要角色而言，“电通”之于他们电影生涯的意义，绝对不是一个短暂的驿站，他们当中的绝大多数，是经由“电通”走上了电影事业的道路。相当一部分，是从电影业当中的微末角色，比如美术师、录音师转换成了摄影场主任和导演。

由此，这也使得“电通”在这些“风云儿女”的成长历程中，具备了不可动摇的重要意义，而所有与“电通”相关的缘起与发生，所有隐含在历史现场里的交互与交往，都显现出了令人倍感神秘的色彩。

其实，神秘又远远不止如此。

翻检主流中国电影史的经典文本会发现，“电通”一直是一间不可忽略的电影公司，上世纪60 年代，由程季华主编的《中国电影发展史》①中，“电通”作为“左翼电影运动的新阵地”以专节的篇幅加以描绘，它被定格为“是党直接领导电影工作的成就，是这一时期电影战线上的反‘围剿’的重大胜利之一”；书写于新世纪、被广泛作为大学教材、由李少白主编的《中国电影史》②，在提及“电通”的四部影片时则说，“左翼电影人的社会观念和电影意识在这些影片中得以集中体现。而与明星公司不同的是，电通公司是专为拍摄有声片而成立的，并将有声片的艺术提高到一个新的水平。”

在电影史料研究中，曹懋唐、伍伦编著的《上海影坛话旧》③和朱剑、汪朝光著写的《民国影坛纪实》④历来是非常值得关注的著述，两著对“电通”也都有专文描述：曹、伍著中的《“电通”与党的电影小组》一文说：“电通”刚刚宣布成立，反动派就到处散播谣言，说“电通公司是共产党的公司，左翼的公司，危险人物的公司”，甚至影片还没有拍出，就向电影院进行恫吓，不能放映“电通”的影片。电通摄影场周围，也经常为特务和“密探”所注视。朱、汪著中的《“电通”始末》一文说：1933年末的捣毁“艺华”事件以及随之而来的对进步的左翼电影的“围剿”，使中共电影小组意识到……固守阵地固然必要，而开辟新的左翼电影阵地就更为迫切。因此决定着手建立左翼影人自己的制片公司。

不难看出，无论“大写”的主流电影史，还是注重细节和发现的史料研究，都强调了“电通”与左翼甚至与共产党的关联。

饶有意味的是，这种影史书写和史料支撑，并没有使“电通”确凿地成为共产党革命斗争中的“秘密外围组织”，1983年5月26日下发的《中央组织部关于确定党的秘密外围组织、进步团体及三联书店成员参加革命工作时间的通知》组通字〔1983〕34号，也没有将

◎放映有声电影的光陆大戏院
◎南京大戏院
◎最早的有声电影歌女红牡丹

公司出品

錄音機第一次新收獲

DENTON SOUND

◎电通三巨头龚毓珂、马德建、司徒逸民

一影片公司概況

「飛花村」

“电通”列名其中。

这就必然地影响了后来许多“电通”影人的政治命运。比如“电通”第一部影片《桃李劫》的导演应云卫。应云卫的儿子应大白说，他父亲生前最耿耿于怀的是其妻子程梦莲参加革命工作的时间比他还早，程梦莲“解放后”正式参加了影剧协会的工作，“参加革命工作的时间”填写为1950年，而应云卫“解放后”在私营国泰影业公司任制委会主任兼导演，要到1952年并入国营的上海联合电影制片厂才能算“参加革命工作”，这一情况一直维系到应云卫去世后。“文革”后，应云卫主持的中华剧艺社被追认为党领导的革命组织，应大白说：“因此，至少1942年父亲就应视作参加革命了。”⑤

要知道，何时“参加革命”、何时入党、生前有无出版过回忆录，以及身后在什么级别的报刊上刊发“讣告”，一直是那个年代的影剧界人士及其亲属普遍关注的问题。对应云卫而言，他的痛正是在“参加革命时间”这个“根”上。

这也就是说，关于“电通公司”，电影史的书写和组织史的判别是存在着一定差异的，其差异存在的原因何在？它为何无法被列为党的“秘密外围组织”？那么多拥有过权力的“风云儿女”为何没有“改正”这一问题？难道只是因为这间公司太过短命？

而仅就“短命”而言，其谜相也非常之多，惯常的说法多是“因为国民党反动派的迫害，公司被封”，持这种论点的，既包括《中国电影发展史》这样的权威电影史，也包括诸多个人回忆。比如夏衍在《懒寻旧梦录》中的回忆；阳翰笙在《泥泞中的战斗》中的回忆；甚至包括当事人、资方代表司徒慧敏在《散记“左联”的旗帜下进步电影的飞跃》中的回忆。至于“反动派的迫害”是如何进行的，大都一带而过、语焉不详。

诸上的“神秘”、含混和模糊，都为研究和重述提供了理由。一个汇聚了五彩生命的“场”，一种矛盾交织的历史定位，一段由生到死的影业故事，因之而下的叙述就此展开……

对电通公司“诞生”的情形，田汉的《影事追怀录》回忆了个“大概”：一九三四年春的某一天，我被邀参加一家新影片公司召集的会，那好像是在马德建先生的家里。那时候，有声电影已经很盛行。年轻的中国电影界也已经有几位专家创制了自己的有声摄影机。其中就有马德建等三位创制的“三友式”，他们把“三友式”做基础，创办了电通影片公司。司徒慧敏同志是这家公司的主要发起人之一。夏衍同志也参加了这家公司的创办工作。⑥

司徒慧敏则述及过“缘起”：艺华公司被捣毁以后，左联党组织和党的电影小组决定要我尽快把试制的电影录音系统完成，并且把当时已经准备成立的“电通电影录音服务公司”改变成“电通电影制片公司”。我和一些熟悉的进步的专家商量，他们同意我们的建议，由他们出面组织了投资人，从此我就成为这个公司的资本家的代表人。而党的电影小组中夏衍、阿英以及田汉、阳翰笙、郑伯奇、于伶、孙师毅等人都是电通的特约编剧，是一些不挂名的、实际上的事业经营者和艺术创作上的指导者和顾问。⑦

在电通公司饰演过《风云儿女》女主角的王人美，她也可以称得上是电通初期唯一“专业”的电影演员。有关她加入电通的经历，曾有这样的叙述：“电通是1934年春天正式改为制片公司，开始拍摄《桃李劫》。对此，国民党反动派又气又恨，放出风声，说电通是共产党公司，左翼公司等等。所以电影界有些著名导演和演员不敢参加电通的工作，怕有朝一日电通被关闭，自己会背上和共产党合作的名声。电通的第一部影片是《桃李劫》，导演应云卫，演员袁牧之、陈波儿都是戏剧界人士。《风云儿女》是电通的第二部片子，导演许幸之、摄影吴印咸也都是第一次从事电影工作。这些情况我当时或多或少知道一些，不过，我的想法很简单，我只知道田老大是进步的，金焰和田老大很熟，要求进步，我也应该要求进步。至于我将来人身安全会不会受到威胁，别的电影公司会不会因此不和我签订合同等等，我连想也不去想它。再说我目前闲在家里，为什么有片子不拍呢？”

王人美的回忆是非常诚恳和现实的，由此也能够看出，有关电通影片公司成立时间为“1934年春”的说法，也是被惯常采用的。

在电通影片公司当年的诸位“创设者”中，负责剧务、宣传、发行等方面工作的周伯勋忆及的时间比较具体：“电通公司从开办到停业，也就从一九三四年三月到一九三五年十一月的这个短短的时间，日期不长，但对左翼电影事业却起了较大影响。”⑧

电通影片公司最初的创设基础是原“电通录音器材工程有限公司”（亦称“电通制机厂”），这间公司是由司徒慧敏的堂兄司徒逸民和两个朋友——龚毓珂、马德建创办起来的。司徒逸民和合肥人龚毓珂曾在美国哈佛大学无线电专业学习，而福建籍的马德建则在美国华盛顿大学机械专业学习过，学成回国后，正值中国电影进入有声电影的探索阶段。

有声电影的兴起始于美国。1926年，美国华纳兄弟率先尝试拍摄有声片，并于8月6日首映，相对于无声片，这是电影发展史上的巨大革命，商业成功在所难免。四个月后，美国有声片来到上海，上海的百星大戏院率先引入特福莱有声短片，于

12月16日在虹口新中央大戏院试映，两天后又在百星大戏院连映六天，引发社会关注，影院还把放映机、影片和扩音器材陈列出来，供人参观。两年后，上海基督教青年会又在四川路公所礼堂作试映。1929年2月4日，上海夏令配克影戏院公映美国影片《飞行将军》，正式拉开了中国电影业有声电影放映的大幕，随后，上海多家影院开始改装放映设备，放映有声片。但一些中小影院因为设备昂贵，而无力购买。1930年，上海华威贸易公司自主研发的“四达通”发音机问世，因为价格较低，使中小影院解决了发音设备空缺的难题。

◎电通画报《风云儿女》的曲谱

有声电影放映市场的形成，势必推动有声电影摄制的开始。1930年，“明星”、“友联”等公司尝试蜡盘发音有声电影的试制，“明星”推出了《歌女红牡丹》、“友联”推出了《虞美人》，据“明星”自己的说法，《歌女红牡丹》历经五次试验才成功，共制成蜡盘18张。尽管困难重重，蜡盘有声片的放映效果却不理想。与蜡盘相比，片上发音效果要理想得多，但这些技术控制在美国公司手里，且使用条件苛刻，需要发行上的分成。

有声电影设备强烈需求的存在，诱发了司徒逸民的试制决心，自1931年至1933年，经过三年的努力，“三友式”电影录音机终于研制成功，而在“天一”公司工作的司徒慧敏也从中做了许多工作，包括找演艺界的人士过来试录唱片，1933年9月上海电通录音器材工程有限公司成立。

是年，“三友式”电影录音机获得了中国教育电影协会最优良奖状及“蒋委员长一万元现金之奖励”，电通公司在1934年出版的《中国电影年鉴》里做广告说：“不让泊（舶）来品，联华巨片《渔光曲》、《大路》及香港全球公司之《野花香》、《回首当年》、《夕阳》等片，均系本机录音。”[9]

电通公司最终由录音器材公司向制片公司的转型得益于司徒慧敏的“鼓吹”。而最初电通公司的选址就在上海法租界蒲柏路吉益里博物院路128号器材公司的原办公地，据说公司最初也就是一个客堂间，里面有两三张桌子而已。公司最早拍《桃李劫》用的摄影棚是租借大华公司斜土路的一个小摄影棚，而公司基本演员的宿舍也是在斜土路上。

“电通”开拍第二部影片《风云儿女》时，租借的是顾无为的摄影棚，刚刚拍完一个内景，顾无为就将影棚转租给了新华公司的张善琨，公司只好于1935年初，迁至荆州路405号，这里曾经是岭南中学的旧址，公司将该中学的室内篮球房改造成了摄影棚。[10]后来的三部电影《风云儿女》、《自由神》和《都市风光》都是在这里拍摄的，第五部影片《街头巷尾》刚刚开拍，公司就结束了。

电通公司转型为影片公司后，确定的经理人是马德建，司徒慧敏任摄影场主任，公司最初的资本只有三万元。

三万元的资本量在当时大约相当于两部电影的制作成本，但因为公司搬迁和盖影棚的缘故，公司在拍摄《风云儿女》时就已经面临资金短缺的现象，并开始向银行贷款。

《中国电影发展史》里有关电通“结束”的说法是“反动派更加残酷的迫害”，司徒慧敏的说法是“重重迫害”，《民国影坛纪实》里的说法是“《风云儿女》由于技术上的原因，画面不清楚而影响了上座率”。

事实上，电通所拍摄的前三部电影，除《桃李劫》在票房上比较乐观外，《风云儿女》和《自由神》都不乐观，据张云乔回忆，开拍第四部《都市风光》

时，光袁牧之在音乐方面的支出就占了投资成本的大半，为了维持生产，公司向国华银行贷款四万元，以三个月为期，以摄影机和录音机作为抵押品。

《都市风光》公映后，反响不错，银行方面将贷款延长一期（三个月），公司开始拍摄《街头巷尾》。

国民党对于电通的左翼倾向早有不满，除影片的主题外，还包括具体事件：1935年5月，第三国际远东情报局的主要负责人华尔敦被国民党军统抓获，因华尔敦被抓后一言不发，而被称为“怪西人”。华尔敦被抓的同时，该组织的外围人士袁殊也被抓走，而电通演员王莹与袁殊多有来往，有时候甚至会替袁殊捎信给夏衍[11]，袁殊被捕后，王莹也被逮捕，其时王莹正在参与《自由神》的拍摄，并任女主角，“《自由神》里不自由”一时引起媒体哗然，王莹曾绝食三天表示反抗，后经三家铺保释出。

1935年6月，上海市社会局对电影界作了详细的侦察，并汇辑成一份《抄共党在电影界活动情况》呈报给上海市市长吴铁城，要求“严加取缔以戴反动，而肃乱源”，这份呈报就提及了“电通”公司。文中说：“电通公司又于去年下季扩大，所吸收之导演演员及编辑人才，几全为影联中人，其声势且超过从前，因电通之股东老板司徒慧敏得某要公之赏识，而袁牧之又有改组派为之掩护，应云卫拜黄金荣、杜月笙为老头子，绝非若艺华之铲共队名义轻易动摇之者。”呈报中还列出了一份“左倾电影从业员”名单，共计16人，其中列名“电通”的有8人，包括“导演”许幸之、袁牧之，“基本演员”王人美、王莹、陈波儿，“设计主任”孙师毅，“编剧主任”左明和“宣传主任”丁丁（注：左明时为新地剧社的组织者，“宣传主任”丁丁当时只有19岁，消息似乎不确）。

据说，在此前后，国民党中央党部还曾约“马德建、司徒慧敏、应云卫、袁牧之、孙师毅、许幸之、吴印咸、陈波儿”等8人到南京开会座谈，军统局第一处处长徐恩曾还在会上要求他们“以三民主义为本，免受异己分子利用”。

电通向国华银行贷款的事，被国民党中央党部获悉，遂以“代偿”的名义向国华银行偿还本息约5万元，由此成为电通的债权人。在电通公司提出可否延期到

《街头巷尾》摄制完成后偿还欠款时，有人开来一辆卡车，来人向马德建经理出示了契约，并将作为抵押的录音机和摄影机从车间搬出，扬长而去。

时任电通美术师的张云乔在自己的“回忆录”中分析说：“南京中央特务运用经济手段轻而易举地把电通影业公司封杀，这是最简捷而毒辣的一着。如果按照政治的途径封闭一间企业，由于当时电通影片公司的地点在租界上，必须经过特区法院的批准，手续繁多而更无充分的封闭罪状，法院不一定能够批准。如果我们能够有足够的时间转移生产器材，就会有东山再起的机会。因此，我认为电通影业公司在政治上是成功的，而在经济上是失算。如果在经济计划方面能精打细算，力争收支平衡，必然还能将第五部影片《街头巷尾》摄制完成。接着，把远景规划中的《压岁钱》、《皆大欢喜》、《沙漠天堂》等进步影片问世，可以为革命作出更多贡献。”[12]

周伯勋则认为，除“资金周转不灵”之外，也存在着“恐吓”下，“主持人不敢继续投资”的因素，所以导致了公司的关闭。

如周伯勋所说，公司关闭的时间为1935年11月，是月的16日，第13期《电通》半月画报出版，这一期原叫作“革新号”的画报竟成了“终刊号”。

转型，以及“定性”

电通公司从录音器材公司转型为制片公司看似不难，这要得益于司徒慧敏从中的努力。这里面既有现实的考量，也存在着亲情的因素。

就亲情而言，广东开平的司徒家族在上海有广泛的人脉网络，而司徒慧敏的父亲司徒盛赞是加拿大温哥华的侨领，是早期追随孙中山的国民党员。电通的另一合伙人马德建自华盛顿大学毕业后曾任江南造船厂的工程师，而司徒慧敏的另一堂兄司徒梦岩则是江南造船厂首任华人总设计师，其间的情谊也一目了然。就现实而言，1933年时，国产电影进入空前的发展期，洪深在《1933年的中国电影》一文中说，“1933年春天，一方面因为电影刊物和电影观众对于有进步意义的作品有了热烈而严正的批评和督励，他方面因为社会和世界情势的变迁，使中国的电影从业员们对于本身的任务有了更明确的觉醒，于是在这三、五年来沉沉暮气的中国影坛，又吹进了一股清新的生气。”[13]

电通作为向电影业伸出半条腿的周边产业公司，在这样一种澎湃的局面下，介入电影业的生产并不是什么新奇的事。用电通公司在1934年《良友》画报第100期“公司说明”中的说法是：可以说在“心向往之”的情景下，欲在“电影花园里谋求一片领地”。由此，电通也就顺利扩张成了辖有制机厂和制片厂“两部”的电影公司。

而对司徒慧敏等人而言，建立自己主导的影片公司，无异于一块最正面的阵地，也是党的电影工作某种正面开始的象征。

1933年3月，经瞿秋白直接授意，共产党“电影小组”成立，成员计有五名，分别为沈端先（夏衍）、钱杏邨（阿英）、石凌鹤、王尘无和司徒慧敏，其中沈端先任组长。

据夏衍说，瞿秋白在1932年与阿英、郑伯奇打入“明星”公司时，就曾告诉他“在目前不可能由我们自己拍片的情况下，在条件许可时，在资本家拍的影片中加进一点进步的和爱国的内容。”[14]

1933年2月9日，夏衍等人先是主导了中国电影文化协会的成立，会上选出执行委员和候补执行委员31人，夏衍、聂耳、沈西苓分别负责文学部、组织部和宣传部的工作。8天后，21岁的组织部负责人聂耳参加了影协的欢迎萧伯纳的活动，他在日记中这样说：“新关码头上拥着人群，‘中国电影文化协会’的旗帜下站满了熟人。”[15]

显而易见的是，影协和电影小组，都是共产党在电影领域采取旗帜鲜明、正面作战，并且加强组织领导的一种斗争方式。至于电通公司的转型，则是顺应这种斗争方式，实现自主阵地目标的一种努力。

而这种努力的“现实指导文本”则是1931年左翼剧联通过的《最近行动纲领——在现阶段对于白色区域戏剧运动领导纲领》中关于电影的部分。《最近行动纲领》共有六条，其中第四条中说：“除产生电影剧本供给各制片公司并动员加盟

◎电通四导演孙师毅、司徒慧敏、许幸之、袁牧之

员参加各制片公司活动外，应同时设法筹款自制影片”。第六条中说：“为准备并发动中国电影界的‘普罗·机诺’运动与布尔乔亚及封建的倾向斗争，对于现阶段中国电影运动实有加以批判和清算的必要。”⑯

这种“斗争”、“批判”和“清算”的路线，其实就是后来被评价为“左倾冒险主义”（机会主义）和“左倾关门主义”路线的直接体现。1931年12月11日发表的《中央委员会为目前时局告同志书》，坚定地认为“一切反革命的在野派别的欺骗宣传是革命中最危险的东西”。而瞿秋白等人在当时也认为在阶级社会里是做不成什么“第三种人”的，尽管张闻天化名“歌特”在1932年11月3日的中央机关报《斗争》上发表了《文艺战线上的关门主义》，冯雪峰化名“丹仁”在1933年1月《现代》第二卷第三期发表了《关于“第三种文学”的倾向与理论》一文，但这些“化名”文章在“坚硬”的斗争路线选择面前收效甚微。

据夏衍在《懒寻旧梦录》里说，他是在1981年中央文献研究室整理张闻天著作并找他查证时，才发现《文艺战线上的关门主义》这篇文章的。他说当时阳翰笙、

周扬和他都没有看过。同时他说，让他纳闷的是，为什么冯雪峰不把这样的文章向“文委”所属各联传达？[17]

在该书中夏衍这样评价瞿秋白：“秋白的文艺思想是马克思主义的，对当时上海文艺界的情况，是有正确判断的，可是‘形势比人还强’，秋白当时也还有‘左’的倾向，例如，对文艺和政治的关系的问题，无产阶级要不要同盟军的问题……”[18]

由此，不难理解，夏衍和司徒慧敏等人领导的“电影小组”，其实一直在沿循以瞿秋白为上级的既定路线执行斗争策略的。

这种高调的、正面的、决绝的斗争在1933年面对一串长长的“被围剿”事实：3月26日，廖承志、罗登贤被捕；5月初，史沫特莱的秘书冯达被捕、叛变；5月14日，潘梓年、丁玲被捕，应修人拒捕牺牲；5月25日，黎烈文受到警告，在“自由谈”发表了《多谈风月》的声明；6月18日，中国民权保障同盟总干事杨杏佛被暗杀；7月14日，伊罗生在英文《中国论坛》上发表了拟暗杀的文化人名单抄本；11月12日，三十多名国民党特务捣毁艺华电影公司摄影场和良友图书公司，并散发“上海铲共同志会”的署名传单……

夏衍等人作为革命者还是义无反顾，终于实现了《最近行动纲领》的目标，将“电通”变成了自己的电影制片公司。

夏衍曾提到1934年农历年除夕，他和阳翰笙、周扬、孙师毅到田汉家度岁时的情形。他说，在大家谈到当前的形势时，他和田汉都还很乐观，那天晚上只有孙师毅头脑比较清醒，认为国民党在军事围剿取得了“胜利”（红军被迫开始长征），可能会双管齐下，加强对革命文艺运动的“镇压”。

沿循这样一个路线就会明白，若干年后，电通为何无法作为早期党的外围组织予以肯认了，其一这家公司资本来源与国民党政府的“奖励”有无法说清的粘连；其二它实质是当时左倾冒险主义下的产物；其三在面对“围剿”时，资方并没有进行持续有效的斗争；除此之外，更为致命的是，当时的蓝苹、后来的“迫害狂”江青也是电通早期的基本演员。对电通的肯认，也存在改写“上海滩三流明星

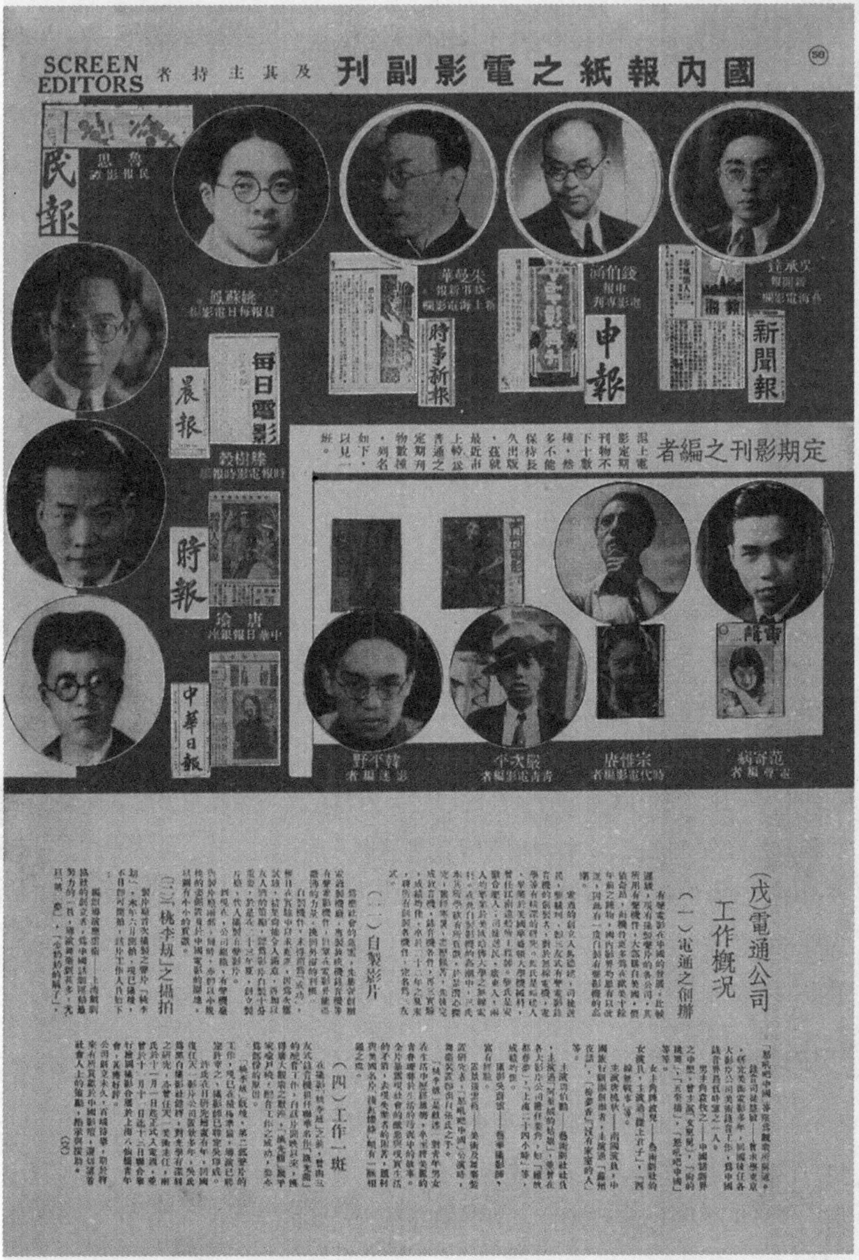

SCREEN EDITORS
國內報紙之電影副刊及其主持者
魯思 民報影譚
姚蘇鳳 晨報每日電影
朱曼華 時事新報
錢伯涵 申報電影專刊
新聞報
每日電影
晨報
時報
唐瑜 中華日報
中華日報
定期影刊之編者
范寄病 電聲編者
宗惟庚 時代電影編者
青青電影編者
影迷編者
(戊)電通公司工作概況
(一)電通之創辦
(二)自製影片
(三)「桃李劫」之攝拍
(四)工作一斑

◎百代发行的义勇军进行曲唱片

蓝苹”的尴尬。

同时，必须看到的是，尽管夏衍和司徒慧敏等无法“改正”电通在历史上的“属性”，但他们还是为参与“电通”工作的人士做了大量的历史证明工作，比如：在1986年，夏衍、阳翰笙、司徒慧敏向电影局证明，孙师毅为早期共产党员；在1982年4月，夏衍以《记者生涯的回忆》为题在《羊城晚报》发表连载文章，证明张云乔曾在“抗战”的桂林时期帮助周恩来开展党的工作，张云乔因此于1987年获得了“离休”待遇，革命工龄被提前到1939年；1978年，夏衍致信时任上海电影局局长的孟波，称应云卫是20世纪30年代左翼戏剧家联盟的秘密盟员，并称应云卫领导的中华剧艺社是在周恩来和郭沫若直接领导下的进步话剧社团……

历史现场和生命褶皱

一个电影企业的开创和结束史是容易搞清的，一个“组织”的“历史定位”也可以随着事实的重新发现与审视，在历史的发展中得以“改写”，但时过境迁的历史现场还原和生命褶皱的“熨平”却是最为艰难的。

◎电通业余生活

对于一个历史的研究文本而言，容易实现的莫过于用一种价值观或者某种正确、重要的标准，“去芜存菁”串联历史及人物的风貌。较难实现的，则是回到历史现场，拼贴历史的碎片，显现那些过去的时光与角色。而这种返回，应该以有效回到历史的语境当中为前提。也就是说，对“电通”及其主要人物的历史重述，回到上海这个都市的语境中是至关重要的，假使以异地的语境、以与都市相悖的乡村身份，其重述必将是缺乏意义的。

在诸多电影史文本中，以革命根据地为中心然后延至都市的评述方式，以无产者阶级斗争的惯常话语模式完成叙事，本身就造成了与都市生存、电影消费以及知识分子生活样态的隔膜。换一个角度说，用“延安”立场或者用由“京派”变异而成的权威话语方式来解读“海派”生存，注定是一条歧路。

而这条歧路的危险，“电通”的核心人物中袁牧之的命运就是一个有力的旁证。经由满映的接管路线成为东北电影领军人物和新中国电影事业奠基人的袁牧之，在1950年荣任中央电影局局长。在“挥师”北平后，他企图以东北的基础人脉和电影厂设置架构，“移植”延安“工农兵电影”的价值观，并期望将首都建成新中国电影的核心，而且在京郊畅想和规划了规模空前的“电影村”。这种无视上海电影传统的“大一统”构想最终在“多元化”的政治决策面前，变成了“不切实际

公司出品

錄音機第一次新收獲

DENTON SOUND

〔桃李劫〕片中之陳波兒與袁牧之。

[illegible]

[illegible]

（二）「烈焰」

這是導演[illegible]「中國海的怒潮」之後的名作，[illegible]

（三）「女人」

這是二十三年中國影壇實際最佳的三大名片之一；它寫現代中國女性[illegible]九一八，一二八之後的中國社會狀態[illegible]導演者史東山先生[illegible]王引胡萍[illegible]等的優秀的演技，使得這一片子獲得了廣大的觀衆，一切都是影迷們所熟知的了。

（四）「黃金時代」

導演者卜萬蒼先生，主演者金燄黎明暉胡萍等。這一片子在教育的意義上說，[illegible]演出的技術，也頗能使人滿意的。

（五）「人間仙子」

這是中國第一部有聲歌舞片，[illegible]可見[illegible]的演技之進步了。

（六）「飛花村」

[illegible]

（丙）天一影片公司概況

（一）沿革

本公司創立於民國十四年，[illegible]

（二）組織

本公司組織，分下列五部：（一）劇務部[illegible]

（三）出品一斑

本公司有聲無聲出品，共計一百二十餘部，茲將其列舉如下：

（甲）有聲之部

[illegible]

（乙）無聲之部

[illegible]

（丁）明星影片公司

（一）明星之歷史

明星公司，從開始到現在，已經有了將近十三年的歷史。在中國影壇，可說是屬於最初期創辦的一家。與明星同時出現的許多公司，大部份都已經陸續停辦了，[illegible]

（二）明星之組織

[illegible]

總務部：會計科、事務科、保管科

製片部：編劇科、導演科、攝影科、演員科、[illegible]

（三）攝片之步驟

[illegible]

為國內唯一
影教育雜誌
電影教育
當局應該向
法租界蒲石路
博物院路
友式錄
不獲泊來品……「大路」……「漁光曲」……「對花香」……「夕陽」……「回首當年」……等片，均係本機錄音！

電通

三友式

PRODUCT

由舞臺戲劇入影界之袁牧之，在「桃李劫」一片中飾一老校長。

電通公司製片廠攝一大有聲出品「桃李劫」中之陳波兒與袁牧之。

由舞臺戲劇入影界之袁牧之在電通公司工作情形，「桃李劫」劇照之一。

[illegible]

（二）人材

藝華對於藝人的選用，是非常嚴格的，這對於他們的出品當然有了極大的好處。現在把這些藝人的名單介紹於後，以見他們的陣容的整齊：

導演：卜萬蒼先生 史東山先生 岳楓先生 袁叢美先生 胡銳先生 鄭應時先生

攝影：沈勇石先生 汪洋先生 吳蔚雲先生 周克先生

置景：方沛霖先生 包天鳴先生

演員：（女）袁美雲女士 胡萍女士 [illegible]女士 [illegible]女士 [illegible]女士 [illegible]女士 黎明暉女士

（男）王引先生 王乃東先生 [illegible]先生 [illegible]先生 [illegible]先生 [illegible]先生 [illegible]先生 [illegible]先生

（名單均以姓氏筆劃多少排列先後）

當然，這些名字並不是全部的介紹，祇是幾個重要的藝人而已。此外，尚有編劇[illegible]。

（三）出品

片子已經公映的有：

（一）「中國海的怒潮」

[illegible]

廣推之樞紐

辦舉欲

接洽

製 馬德建

應雲衛

唐槐秋 周伯勳

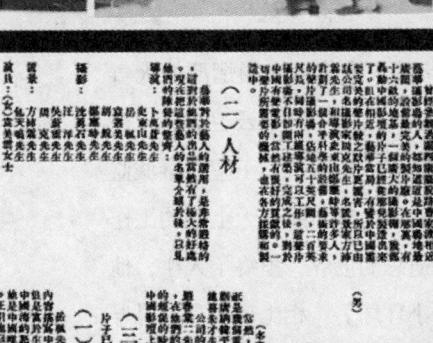

袁牧之 陳波兒

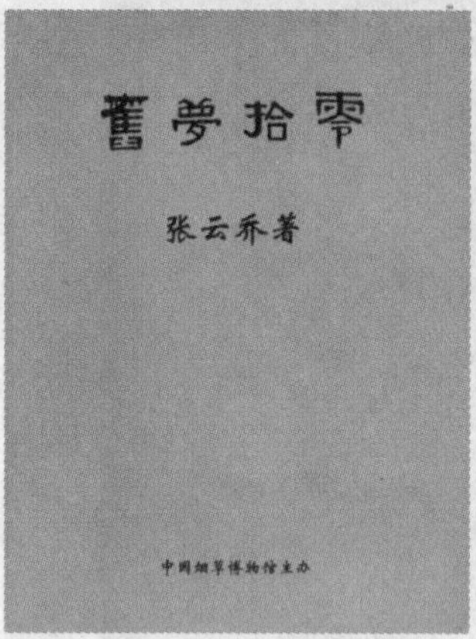

◎披露电通历史的重要文献

◎披露电通历史的重要文献

的想象”，以致他本人也在黯然神伤中挂冠而去。

也就是说，如果还套用俗不可耐的比喻将“历史作为现实的一面镜子”的话，那么只有这面镜子尽量真实，才有可能提供接近真实的反思。

即使我们抛却宏大的叙事诉求、高蹈的历史书写，回到一个个生命本身，那么，也只有不断去接近人物面相和诉求，厘清他们生存的现实和背景，才有可能把握住人物的成长及命运肌理。

从“电通”公司出发的“风云儿女”们，虽然诸多人走上过光彩熠熠的大舞台，但多数人最终的命运还是在政治风暴中雨打风吹去。文革中，应云卫被斗死在街头；孙师毅家里被贴满大字报，心脏病发作早逝于北京厂桥医院；王莹在秦城监狱“无名”地死去。陈波儿和袁牧之夫妇，一个于43岁时，猝然病逝于上海的工作途中；另一个早早地辞去职务，带着肺气肿病在“被遗忘的世界”里终了人生，他留给现实世界的最后文本，竟是一部无法排演的《小小环球》。相比较而言，早早离开电影界退守艺术的许幸之和一直在文化领导岗位上谨慎工作的司徒慧敏，应该算是其中的完美者了。而电通时代的蓝苹、后来的“革命旗手”江青，1991年5月

14日自缢于居住地的浴盆上方，她的翻云覆雨让包括电通诸多人士在内的电影界、文艺界、知识界人士饱受磨难，让整个中国领受了劫难。

任何命运都有终点，也都有起点。

就让我们回到20世纪30年代的上海，那是个1930年就拥有314.5万人口，1933年就拥有44家电影院、三百多间舞厅的繁华都市，那是许多人眼里的"洋场"、"魔都"和"江湖"，那是个"波希米亚"、文艺青年、进步人士泛滥的地方……

① 《中国电影发展史·第一卷》中国电影出版社1963年2月版378-395页，其后一直以再次印刷的方式刊行，至2005年3月印刷至5次，刊行数量为41200册。

② 《中国电影史》高等教育出版社2006年7月版69-72页。

③ 《上海影坛话旧》上海文艺出版社1987年3月版134-143页。

④ 《民国影坛纪实》江苏古籍出版社1991年3月版172-178页。

⑤ 参见应大白：《中国20世纪30—50年代著名影剧人画传 应云卫》，重庆出版社2007年4月版20页。

⑥ 田汉：《影事追怀录》中国电影出版社1981年3月版43页。

⑦ 司徒慧敏：《往事不已 后有来者——散记"左联"的旗帜下进步电影的飞跃》，载《左联回忆录》中国社会科学出版社1982年5月版767页。

⑧ 周伯勋：《从"左联"到"剧联"》，载《左联回忆录》中国社会科学出版社1982年5月版732页。

⑨ 《中国电影年鉴1934（影印本）》中国广播电视出版社2008年1月版528页。

⑩ 参见张云乔：《旧梦拾零》中国烟草博物馆2004年5月自印本22页。

⑪ 参见《懒寻旧梦录（增补本）》三联书店2006年8月版188页。

⑫ 参见张云乔：《旧梦拾零》中国烟草博物馆2004年5月自印本28页。

⑬ 洪深：《1933年的中国电影》，载《洪深文集·第三卷》1959年6月版498页。

⑭ 夏衍：《从事左翼电影工作的一些回忆》，载《电影文化》1980年第2辑。

⑮ 聂耳：《聂耳日记》大象出版社2004年4月版406页。

⑯ 《中国左翼戏剧家联盟最近行动纲领》，载《中国左翼戏剧家联盟史料集》中国戏剧出版社1991年9月版19页。

⑰ 参见《懒寻旧梦录（增补本）》三联书店2006年8月版143页。

⑱ 参见《懒寻旧梦录（增补本）》三联书店2006年8月版137页。

◎光环下的袁牧之

◎退守自我和艺术的许幸之

◎唐纳：情爱至上者的归途

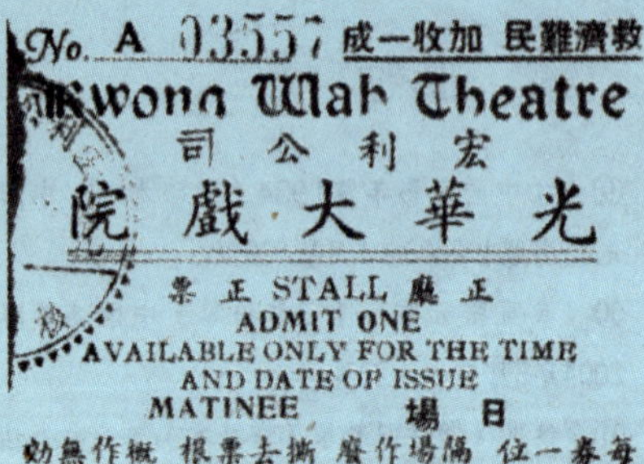

No. 6398 CO 2.30 P.M.

GRAND THEATRE

大光明大戲院

ADMIT ONE

三个“波希米亚”

他喜欢夜店，曾经是爱美剧场里的“浮华少年”；他迷恋绘画，曾经在油画布上涂抹《彷徨》和《晚步》；他渴求爱情，不惜为此数度自杀……

VALID FOR DAY OF ISSUE AND STATED PERFORMANCE ONLY

入座一位過期無效

STALLS 60 cts. 樓下（六角）

大明星·大导演·大人物
——光环下的袁牧之

在电通影片公司中，袁牧之是最具“光环”的人物之一。

袁牧之“出道”极早，他是早期剧社辛酉剧社的核心人物，也是“辛酉”发起人朱穰丞的爱将。朱穰丞曾翻译介绍了大量外国戏剧与剧本，是被戏剧界誉为第一个把斯坦尼斯拉夫斯基介绍到中国并运用到导演艺术中的人物。

辛酉剧社源自始于1921年的辛酉学社，是朱穰丞与精武体育会的朋友组织创办的。辛酉学社成立“爱美的剧团”（爱美的即Amateur，业余的译音），简称辛酉剧社。

在早期戏剧运动中，“辛酉社”与田汉创办的南国社、洪深创办的戏剧协社并称。辛酉剧社、戏剧协社，以及从南国社分列出的摩登社，后来与夏衍、郑伯奇等领导的上海艺术剧社等9个戏剧团体，于1930年3月发起成立了上海戏剧运动联合会[①]。

1928年，辛酉剧社提出了演“难剧”的主张，即上演艺术难度较高的话剧剧目，演出了契诃夫的《文舅舅》（《万尼亚舅舅》）和安德列耶夫的《狗的跳舞》等，两剧都由朱穰丞翻译并导演。而早期袁牧之的成名角色，即是文舅舅和《狗的跳舞》中的翟汉礼。其时，袁牧之刚刚19岁，还是上海东吴大学法律专业的学生。

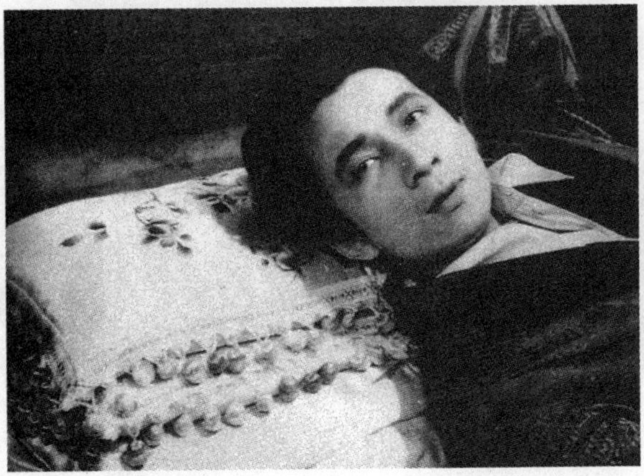

◎"浮华少年"袁牧之

青年袁牧之在揣摩角色的同时，还敢于创作，他的独幕剧集《爱神的箭》和《两个角色的戏》分别写于1928年和1929年，前者在1930年1月由上海光华书局印行，后者于1931年1月由上海新月书店印行。

1931年12月，袁牧之的第三本著作《戏剧化装术》又由上海世界书局推出。这本最早介绍话剧化装的专著，集合了袁牧之在话剧化装方面的研究与心得。1933年11月，上海现代书局又刊行了袁牧之的《演剧漫谈》，这本书收录了40篇演剧经验的文字，据说受到青年戏剧爱好者的欢迎。

在1932年，袁牧之还大放异彩地扮演了两个角色，分别是洪深编剧的《五奎桥》中的赵乡绅，苏联作家特列泰柯夫编剧的《怒吼吧，中国！》中的老船夫。

有关袁牧之对青年戏剧爱好者的影响，戏剧导演胡导的晚年回忆录《干戏七十年杂忆》中有所提及：1935年，参加光夏中学光夏剧社的胡导，就曾执导过袁牧之的《叛徒》，为了学习化装术，他还向同学胡大中借袁牧之的书来读[2]。据他说，1936年8月，金山在排演《赛金花》中的李鸿章时也承认，自己已经把袁牧之

◎经典化了的袁牧之形象

在《五奎桥》中周乡绅的全部化装都用上了[3]。

而在这一个阶段，袁牧之在表演方面的准备与积累也是煞费苦心的。

在饰演文舅舅时，据说后来也进入“电通”的孙师毅曾通过朱穰丞向袁牧之指出，应该注意俄国人的形象。袁牧之就跑到霞飞路的一间俄国餐馆里琢磨，好的俄国餐馆一汤一菜要大洋四角，而这间只要小洋四角（相当于12个铜板），价钱便宜，作为穷学生的袁牧之就在这里看着衣冠不很光鲜的俄国人边啃黑面包边喝酒，捕捉他们的神态与表情。

在饰演《五奎桥》的赵乡绅时，为了弄出额头上的皱纹，袁牧之经常揉搓自己的脸庞，直到容易造型产生皱纹为止。

叶灵凤说，袁牧之对于舞台表演艺术，不仅富有天才，而且是下过苦功的。他为了要研究化装，曾经经常同我讨论油彩的性质和色调配合方法，又将他画的静物写生拿来要我批评。[4]

与之相辅相成的，袁牧之对戏剧的狂热和努力，还表现在他的决绝之心上。从宁波老家来到上海时，袁牧之只有11岁，投靠的是他同父异母的姐姐。年长他很多的姐姐和姐夫一心想把袁牧之培养成“实务性人才”，从澄衷中学附小，到澄衷中学，再到东吴大学法律专业的求学路线，足以看出姐姐和姐夫的苦心。东吴大学法律专业，是旧上海大律师的“核心产区”，但袁牧之还是迷恋上了戏剧，姐姐和姐夫以断绝经济支持为要挟，袁牧之毅然选择了断绝关系。

如上事实，不难想见，在进入电通公司之前，袁牧之无论在理论、演技、还是心理上都是有非常充分的准备的，当然也是有了一定的社会名望与知名度的，这也使得他的进入带有了更多的自信。

这种自信，从戏剧上的自信蔓延到了电影领域中来。

迈入“电通”之前

袁牧之“跨界”进入电通，与辛酉剧社的解散有关。

1930年3月，中国左翼作家联盟成立。5个月后，戏剧运动联合会更名为“中国左翼剧团联盟”。会上选定上海艺术剧社负责总务，摩登社和辛酉社负责组织，南国社负责宣传。

8月份的上海，在左翼作家联盟的引导下，反对当局文化摧残、封禁书店、封闭学校、禁止上演，恐吓作家的呼声不断，在“反白色恐怖周”还举行了示威游行。当局查封了南国社，并扬言要逮捕洪深，洪深只得离开上海。

左翼剧团联盟内部也产生了分歧，应云卫声明戏剧协社不再参加剧团联盟。是年底，朱穰丞选择赴法国勤工俭学，求学于索尔邦大学，辛酉剧社自动瓦解。

袁牧之的朋友潘孑农说，朱穰丞走后，袁牧之“像一叶浮萍，在十里洋场过着波希米亚人的生活”；他喜欢“过夜生活，坐咖啡馆，进异国情调的酒吧和小舞场。”

这段时间，袁牧之在文字生活和戏剧生活之间游走，也靠这种游走来支撑自己的生活。

“那时袁牧之依靠写稿维持生活，在《矛盾》月刊上，他先后发表了以舞女的苦难生活为题材的小说《生命的旋律》，叙述他从演剧生活中的体会和心得的《从舞台上来》等篇。大家都知道袁牧之一生只写过唯一的话剧《一个女人和一条狗》，发表在当时被称作“第三种人”的施蛰存、叶灵凤、杜衡合编的《现代》月刊上……此外，牧之在《文华》画报，以及他后来为《中华日报》主编的副刊《戏》等刊物，都发表过文章”。[5]发表这些文章时，袁牧之通常化名为“袁梅”。

袁牧之还办过一种小型的《女学生》画报，经包天笑的推荐，得到邵力子夫人傅学文的支持，并亲为撰文，但《女学生》因销路关系或其他原因仅出了一期即“无疾而终”。

1931年，袁牧之加入了马彦祥的联合剧社，这个剧社是个临时“产物”，以寒假之便“搭班而成”，主要人物有马彦祥、沉樱、王莹(以“洁莹”为名)、唐玄凡、陆庆森、袁牧之、袁殊、马景星、王遐文等九人。联合剧社在南京的江苏省民众教育馆礼堂先后公演了《酒后》、《叛徒》、《蠢货》等剧目。是年春，袁牧之又应中国文艺社之邀，去南京导演了《茶花女》一剧。

1932年春末夏初，袁牧之在宁波青年会帮忙“搅”有声影院，因为买卖不行，就请黄耐霜等明星登台表演《啼笑姻缘》。

1932年11月，洪深的“农村三部曲”的第一部《五奎桥》发表，洪深将此剧交复旦剧社首演，朱端钧任导演，袁牧之被特邀客串乡绅一角。1933年5月18日，《五奎桥》正式上演。袁牧之以手挥蒲扇、小胡子、长指甲、花白头发，出现在舞台上时，连熟悉他的洪深都没有认出来，演出后还特意到后台去细看了一番。

1933年9月，袁牧之参演戏剧协社应云卫导演的《怒吼吧！中国》，饰演老船工一角。因为这个老船工有老寒腿的毛病，袁牧之在饰演时就在腿上缠了很厚的烂布条，使这条腿又粗又大。上场时又先用手扶住一条腿伸出来，在观众满怀猜测之时再伸出第二条腿。[6]

为了支撑这段时光的日常开支，1933年前后，他在回宁波老家参加青年会演时，又以3000元大洋的价格将故宅作期十年抵押给了邻居。以此为“经济后盾”延续自己的演艺之路。

客观地说，1930年初期，袁牧之并没有像主流电影史中描绘的那样一下子走上左翼的路途，他不是个天生的革命者，而且他的许多做法被视为“异类”。

当时上海艺术剧社的领导者夏衍后来在为袁牧之百年诞辰写的“场面”文章中说：他们重视表演艺术，强调从实践中提高，因此当时有人说他们是“为艺术而艺术”。[7]

曾传承艺术剧社衣钵的时代剧社，其主导者鲁思早在袁牧之诞辰七十年时（1980年）也写过类似文章：牧之也是沾染过“技巧至上主义”色彩的，但是他在这时候接触了“大众化”的新兴戏剧，逐渐地举了“觉今是而昨非”的感受，思想转变了。[8]

石凌鹤在剧联成立五十周年，也曾写有《30年代左翼戏剧运动及其它》，在提及朱穰丞、袁牧之和辛酉剧社时，他说，朱穰丞精巧细腻的导演手法，袁牧之深刻准确的表演艺术，当时使我衷心倾倒，尽管辛酉剧社并不完全同意我们所标榜的“普罗戏剧”。[9]

时过境迁的“宽厚”往往并不是历史本来的面目。

1933年6月4日，葛一虹在《民报》戏剧周刊第13期中撰文称袁牧之为“无耻的，没有灵魂的艺术家”，并说“帝国主义者屠杀殖民地劳苦大众的信号早举起了，我们还是这样的颓废、没落和彷徨吗？”

左翼剧人在文字大加挞伐的同时，还冷落在左翼阵营却与袁等人配戏的剧人，比如王莹。

而对袁牧之来说，放弃“艺术性”急遽左转是不可能的，一方面“技术流”是辛酉剧社的一贯“传统”，另一方面袁要否弃这一些也就意味着放弃多年来个人历炼和秉持的路线。

毕竟拍一部戏是需要时间的。《文舅舅》排了三个多月，袁牧之每个周六周日都得去俄国大餐馆吃饭；像《酒后》这样的独幕剧，也排过三个月，在这个过程中，袁“不但把自己的剧词念得烂熟，连别人的也能倒背过来。对于动作的预备更其琐碎得要命，连眼睛怎样看，手指怎样动，也都注在书上。”在1932秋，袁应道路协会之请，四演《酒后》后他说：“我对这一类茶余饭后的戏剧已没有那样浓厚的兴趣，而且这次出演也完全是因为时间匆促不及排练新戏拿来凑个数的。”[10]

◎桃李劫剧照

袁对准备仓促的戏也就不很看得上。在《演剧漫谈》的《动作与读词的难易比较》一文中，他曾说，最近上海的非职业剧人在陈英士堂联合公演了十二个戏，事前仅十天的筹备，当然手脚忙乱得要命。

与之相反，石凌鹤这样回忆上海艺术剧社的首次公演："1930年1月上旬，我记得天气很冷，我们在西藏路宁波同乡会举行第一次公演，节目是连同鲁史导演，陈波儿、刘升表演的《梁上君子》，共3个独幕剧。由于我们大多数都没有演剧经验，早已听说有人讥笑我们是外行，何况没有经过彩排和试演，第一场演出确是紧张混乱，破绽毕露。"[11]而在1929年冬天举行的摩登社"学校戏剧运动"巡回公演，"是只靠8个人和10块钱干起来的，8个人的分工是前台4个和后台4个，10块钱的来源是跑当铺和借贷来的"[12]。据说这次学校戏剧运动只准备了三天。

由此可以看出，促使袁牧之走上左翼道路是有一个过程存在的，他决不是受了左翼思想或者艺术的吸引。在这个过程当中，恐怕"九·一八"和"一·二八"事变催发的时代主调，才是迫使袁牧之检点自己原来的波希米亚状态的根本因素。而催化或者说深化袁牧之这一转变的，是他加入了电通公司。

从《桃李劫》到《都市风光》

潘孑农说：电影《桃李劫》[13]既是牧之表演艺术上的分水岭，也是他思想发展中的关键性转折。电通公司是以中共地下党员为骨干的制片组合，它摆脱了当时上海电影圈内鱼龙混杂、泥沙俱下的局面，用政治路线牵引着艺术方向。客观上促使袁牧之毅然收敛他过去一味刻意求工，近乎繁琐的形式演技，走向沈练的现实主义的艺术创造。同时也结束了他以前波希米亚的生活方式。[14]

《桃李劫》是电通的第一部影片，也是袁牧之编剧并主演的第一部电影。据影评人舒湮说，《桃李劫》改编自斯迭芬列浦的舞台剧《未完成的杰作》。

有关这部影片的拍摄与制作情况，司徒慧敏有过这样的描述：《桃李劫》经过补拍修剪虽然还留下浓厚的舞台表演带来的痕迹和导演手法上的缺陷，但应云卫、袁牧之、陈波儿的勇于改正的谦虚精神，也是使这部影片终于给人们留下了深刻印象的主要原因。[15]

《桃李劫》从筹备到制作大约9个月的时间，当大家第一次看样片时，包括投资人马德建在内的观摩人士都十分失望。虽然经过多次修改，故事线索仍然不十分清楚，舞台表演的痕迹太突出，语言动作不自然，不真实，当然也就不能感动人。1934年秋天的一个夜晚，影片在北京电影院试映，在往法租界金陵酒家走的路上，大家心情都很沉重。马德建劝慰大家“死马还能当活马医嘛，何况《桃李劫》的故事又是切合时宜，感人至深的。”

“最后决定由夏衍带领我们共同协助导演应云卫和摄影师吴蔚云、剪辑师陈祥兴。研究大家的意见，进行了两个月补戏，重新剪辑、配音，终于在当年的冬天，在金城电影院上映，并获得了观众和评论的好评。”[16]

《桃李劫》最终在结尾保留了将近五分钟的独白。这样的方式才是袁牧之所习惯的，他用一贯的认真来参与拍摄这部电影。司徒慧敏回忆说：“我和夏衍同志为了《桃李劫》陈波儿死的那场戏跟袁牧之争论很激烈。袁牧之一定要在那场戏把一大段话讲完。一段戏就从他进门跑到她床边，蹲下来一直讲了一大段话，波儿讲的很少，袁牧之讲的最多，讲到最末了扑在波儿身上。那段话他说是舞台演员的本事，非要那样不可。本来拍一百多尺就行，结果拍下来七百多尺。电影有剪接和其他各种手段，非用这办法不可吗？夏衍同志也跟他争了半天，最后还是按照他的作法，我们'投降'了，因为当时他非要坚持。实际上正式上演时我们还剪掉了一点呢，现在大家看不是还感到太长了点吗？"[17]

但无论如何，《桃李劫》的结果并不坏，据说在营业上也有不俗的业绩。

有评论这样写道："在国片中，像这样的表演技术是可惊的，演员是有他们多年舞台经验作保证的。袁牧之是对表演技术有研究，又有经验的演员，化装是他的特长，对于小动作有他特殊的天才。在《桃李劫》里，由青年到狱囚，中间的变化有多少；而他的表演则多么合适。据说，在这部影片开拍之先，他对于剧本曾有过周密的研究，声音的高低、化装的容貌、动作等，他都有计划，这样认真做戏的结果，他的成就我们就可以想到了。"

尽管有夏衍等人的参与，激进派还是有不满意声音，金光洲曾在1934年12月17日的《晨报》"每日电影"发表评论说：我认为对于这种题材的表现，最要紧的地方就是刺激观众们的情绪的一种实际情感的奔流和不能不到那种结果去的明确的原因和动机的把握了，而这是《桃李劫》所没有做到的。至于主人公建平和丽琳在贸易公司和轮船公司经理的对立里面，也缺乏他们两种不同的阶级的明确的表现力，这也是一个遗憾。

1935年1月9日《中华日报》发表"旅冈"的署名文章说："影片并不曾给正在看到自己没落的观众们以一条明显的出路！也许这正是它的缺点！"

比及《桃李劫》作为一种社会现实的描绘，《风云儿女》指向的则是一个诗人的"转变"。

诗人辛白华发型蜷曲，面部化装非常干净，衣着西装，戴着领花，披着斗篷；而战士辛白华则穿着臃肿的大衣，戴着皮帽，面部几乎毫无修饰。比及形象，更为鲜明的是对群落的描绘，原来袁牧之个人所认同的波希米亚群落——那些在艺术聚会中长发披肩的艺术家们，在影片中却成了一副副色迷迷的猥琐模样。

◎都市风光电影说明书

◎都市风光海报

进行了两部电影的尝试，喜欢建树的袁牧之马上开始了自己创造的路途，《都市风光》成为中国第一部喜剧音乐片，片中还创造性地使用了动画元素。

袁牧之在《电通》半月画报第十期发表了《漫谈音乐喜剧》一文，文中说：“孩子般的勇气支使了我自不量力地决定摄制了一部音乐喜剧片……喜剧，我想不该是跌跌打打的噱头或是哭哭闹闹的低级趣味所范围的，所以，我试想着能在这里贡献些能在笑里显现出丑恶的笑料。”

为了获得新的成功，袁牧之在拍摄此片时的投入毫不逊色于此前他煞费苦心地表演训练，1935年11月1日出版的《电通》半月画报第12期，曾这样描述他在制作《都市风光》后期时的情形：“摄影场的拍戏工作一完毕后，牧之就立刻躲在制片部里有整整三个星期未回到自己房间里睡觉过。每个工作人员也无不冲锋陷阵，日继以夜地拼命着，吃饭是深怕浪费了工作时间的，于面包和饼干每个人袋里藏满了，一边咬着，一边工作，二三夜没有睡觉，已是不要摆在心上，咖啡、可可，浓烈的烟草也拼命地喝着抽着，借以刺激精神，等到倦到忍不住一倒在沙发上，东斜西躺，形如败兵，上起镜头来真是滑稽笑料。”

不难理解，虽然身处一家左翼主导的影

片公司，袁牧之在精神上一直十分投入地保持着艺术的独立性和创造性，在一个本应书写悲苦的时代，袁牧之却用自己认同的艺术表明自己的主张，虽然从题材上与左翼的肌理有暗合之处，但不协调也是显而易见的。

“生死”未必“同心”

电通瓦解以后，袁牧之转入明星二厂，拍摄的第一部影片是阳翰笙编剧的《生死同心》。在这部影片中袁牧之一人饰两角，柳元杰是由南洋归国的进步青年，他因面似革命者李涛而被捕入狱，李涛得知有人代为受过后，一面照顾柳元杰的爱人一家，一面展开营救工作，在一次行动中，进入监狱的李涛带领难友越狱失败，只身逃出的他只好找来革命军“解放”整个县城，但在战斗中，李涛牺牲了。

应该说这部电影，有一种先天的前仆后继的意图在里面，尽管李涛和柳元杰身份不同，但志趣是相同的。袁牧之反其道而行之，着力塑造两人的不同面。这种对人物塑造和性格把握上的偏好，显然是在艺术内部的，与阳翰笙的初衷可能就是有差异的。

阳翰笙为此给袁牧之写了信，袁牧之在1936年12月1日出版的《明星半月刊》第七卷第四期中，刊发了《创造者的苦心和观众》一文。文章劈头引用了阳翰笙在信中对他说的一句话：“你演那个革命家的个性曾费了我一星期的构思才创造出来的”，袁牧之继而开始答辩：编剧的创造尚有主观的自由；而演员的创造则必须受到许多客观理由和客观环境的限制……实际上，也因为演员的创造，需要是客观的创造，所费的苦心有时也会超过编剧者，譬如我这次《生死同心》的角色，就费过两星期以上的构思，和六七次以上的实验。”

袁牧之的这种执著与自信，几乎与他当年著文反驳洪深如出一辙。辛酉剧社首演《狗的跳舞》时，洪深曾驾临，看了这出四幕五场剧的两场就走了，而且留下了一句话“这戏朱穰丞和袁牧之都还未了解。”此话令袁牧之大为光火，在逐幕逐点地对他所扮演的翟汉礼作了分析之外，还说了很多有情绪的话：“若是××先生说我没有留过学，我不觉得奇特，因为这是事实；若是说我书架上的书没有他的多，我也不觉得奇特，因这也是事实；但是××先生看了五分之二的戏而断定我不了解，我觉得奇特……我初识××先生是我十五岁那年加入了戏剧协社，那时××先生刚从外国回来，正在导演戏，××先生是高大魁梧，而我是矮小瘦弱，因此我望××先生是用一对牛眼，而××先生望我用一双鹅眼。想来××先生来看《狗的跳舞》时候还依旧是这双眼睛，那就无怪其然了。”⑱

其实，袁牧之的“用功”是极容易看到的，连当年因拍摄《清明时节》与袁牧之等共用一摄影棚的欧阳予倩也看在了眼里，他曾撰文说：有一晚，一觉醒来，听见隔壁正在拍戏，走过去看看，见袁牧之从床上翻一个身，膀子一伸，碰倒了床头小桌子上的热水瓶，几乎掉在地下打碎了，他一手把热水瓶接住。试了两次，都很准，看上去又很自然。他一定是下了功夫的。⑲

但他的这种率性与耿直却未必是讨人欢喜的。

好在阳翰笙在影剧圈落中是出了名的好人，也是很有雅量的。

袁牧之的做派，至少其在新中国成立之前的做派，是“出位”的，也是很有些争议的，即使他后来拍摄了名噪一时的《马路天使》。

袁牧之去世的11年后，夏衍曾在1989年纪念袁牧之诞辰80周年的一次活动上做过一次书面发言，这篇叫作《怀念袁牧之同志》的文章在结尾处这样写道：在“文革”前夕，我和他最后一次见面的时候，他还给我看了一份他已经写了几十万字的电影剧本。他还是孜孜不倦地在写一部以中华民族文化发展史为主题的电影剧本。当时就有人说他“不合时宜”、“自不量力”，但他那种生命不息，战斗不止的精神，对我还是记忆犹新。

夏衍文中指的几十万字的电影剧本是不存在的，“以中华民族文化发展史为主题的电影剧本”即是袁牧之晚年很是执著的《小小环球》。而夏衍的这篇不足千字的怀念文字，前面提及有人说他们“为艺术而艺术”，后来说他“不合时宜”、“自不量力”，也确实显现出至少在夏衍的印象中，袁牧之是一个有争议的人物。

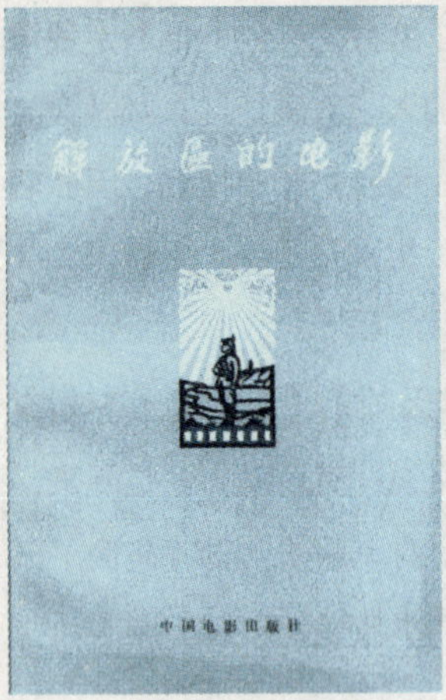

◎刊有袁牧之讲稿的《解放区的电影》

◎袁牧之纪念集

◎袁牧之著作

巅峰之作——《马路天使》

袁牧之一生的电影之路共有七部作品，1934年的《桃李劫》（编剧、主演）、1935年的《风云儿女》（主演）、1935年的《都市风光》（编剧、导演）、1936年的《生死同心》（主演）、1937年的《马路天使》（编剧、导演）、1938年的《八百壮士》（主演）、1939年的纪录片《延安与八路军》（编剧、导演，未出品）。在这七部作品中，《马路天使》无疑是他的巅峰之作，这部摄制于1936年下半年，1937年7月24日在上海金城大影院公映的影片，显现了袁牧之艺术才华的集中爆发，这部影片投拍的那一年，袁牧之只有28岁。

《马路天使》当中的人物关系，与现实中的人物关系有非常清晰的对应，是现实中的“把兄弟”情结，在电影中的投射。影片中吹鼓手小陈（赵丹饰）有四个把兄弟——报贩老王（魏鹤龄饰）、水果小贩（沈骏饰）、清道夫（裘元旦饰）、剃头的（钱千里饰），而构思这部影片的也正是五个“把兄弟”——袁牧之、郑君里、赵丹、聂耳、魏鹤龄。

这部电影诞生于上海的一间小酒馆里，兄弟五人常坐在店里聊天，连店里的“小开”（老板的儿子）都成了他们的朋友，可以赊账，还可以借钱。故事则源于袁牧之对生活的观察。

据说，袁牧之为此片做足了功课，在拍摄前，他把每一个镜头都写成一张卡片，记录演员的动作、对话、画面、音响、服装、道具以及对各部门的要求、工作中应注意的问题等等，一个装糖的盒子里放满了这样的卡片。每场戏实拍之前，趁着场上布置灯火时，他便把演员集合起来，拿出卡片，向大家详细讲解。[20]

赵丹说：“袁牧之抓住了我们每人的性格特征，创造了人物，表现了生活……他的剧中都是非要这几个演员不可的，他是按这些演员的特点写的……我至今佩服袁牧之的眼力。”[21]

有关《马路天使》在中国电影史当中的地位就不用赘言了。遗憾的是，因为“七·七事变”和“八·一三”的缘故，《马路天使》只获得了一轮的公映时间，7月24日至8月13日，在上海金城大戏院每日映三场，据说有十万人次观看了该片。

《马路天使》在艺术上的成功，却并没有扼止住袁牧之在生活方面被诟病。在这部影片的拍摄过程中，袁牧之深深地陷入了情感纠葛的漩涡。

在拍摄《马路天使》时，他跟赵慧深走到了一起。据说，赵慧深为了演好妓女小芸这个角色，与袁牧之一起去街头实地观察下层妓女的生活，练习抽烟，揣摩人物的姿态与形态。因为赵慧深在这部影片中几乎台词、表演完全依赖形神，她把妓女的内心描绘得令人难以忘却，曾主演该片的赵丹称赞她是“体验派的杰出的演员”。

有关袁赵的这段往事，夏瑜在《陈鲤庭传》里倒是有一段记述，因为陈鲤庭是在赵慧深怀孕后与她结婚的，陈自然不想要这个孩子，贺孟斧的妻子方菁去探望赵时却没有看见婴儿，赵说“吵死了，送掉算了。”据说，赵忍痛将孩子送给了四川的一户军人之家，而传记作者则用曲笔将孩子比喻作“马路天使”。[22]

而在陶金之子——陶令昌著写的《陶金：舞台银幕五十年》中，却对袁牧之没那么“客气”，“她在上海时曾与袁牧之相好，怀孕后袁牧之又不认账。这时正值抗战爆发，赵慧深拖着身子撤退到大后方，在四川成都产下一子。”[23]

陶金与赵慧深是在中国旅行剧团时的团友，其生前义愤可见一斑。

赵慧深所遭遇的这场伤害也不言而喻，这位才华横溢的演员，从此再也没有走上大银幕。

◎马路天使剧照，前为赵慧深

袁牧之为何不“认账”，此事尚无定论。但袁牧之在“电通”前后的这段生活，“绯闻”似乎一直没有停歇。《桃李劫》拍摄完后，就有人议论袁与女主角陈波儿的关系，百代公司录制《毕业歌》的答谢宴上，袁牧之与陈波儿共同署名发请帖宴请朋友，人们开玩笑说：“影片中他们是夫妻，这次可真是结婚了吧？……”㉔

有关袁牧之在这一时期的生活细节，吴印咸的女儿吴筑清在《延安电影团故事》一书中也有记载，她说：“袁牧之花钱无计划，常常要在月底当掉照相机，月底发了工资，再去赎回来，这事就常由钱筱璋帮他去办。”㉕

从武汉到延安

可以说，袁牧之后来的“转身”其实都与一名女性有关，她就是陈波儿。

1937年初，率领上海妇女儿童慰劳团北上抗战前线的陈波儿停留北平，她们在燕京大学礼堂演出了《汉奸的子孙》等四个独幕剧，并得以于2月5日在燕京大学临湖轩观看了斯诺在红区拍摄的纪录影片和照片。

从北平回上海后，陈波儿详细将在电影中看到的和展览中获悉的一切告诉了袁牧之。这对袁牧之有了很大的启发，促使他想到延安去拍电影，拍纪录电影。

《延安电影团故事》中说：“（1937年）8月下旬，战争形势急剧变化，上海已不能久留，文艺工作者纷纷随抗日救亡演剧队撤离上海。于是，袁牧之做出了一个大胆的决定：到延安去！到华北敌后根据地去！他很希望有一天，他能像斯诺到根据地去拍摄中国工农红军的纪录影片一样，到延安和抗日根据地拍摄八路军的纪录电影。他找到陈波儿，把自已的想法同陈波儿讲了，约她一同前往。正在此时，已经与中国共产党建立联系，并向党提出入党申请的陈波儿，也接到了党组织的通知，要她转移到武汉去。陈波儿正打算约几个志同道合的好友同行，她首先想到了袁牧之，拟约他一起撤退到武汉去。”㉖

这种戏剧性的描绘，显然让生活充满了巧合。《明星/战士/人民艺术家 陈波儿传略》一书中说法大致是这样“（陈波儿）她约袁牧之一起撤退到武汉，袁牧之也非常愿意与陈波儿合作，就高兴地答应了，他们还商议带上钱筱璋一起走。”

总之，袁牧之陈波儿钱筱璋随后的西行之旅开始了，陈波儿还带着儿子任克。他们的路线是绕道嘉兴经苏州去南京，从南京乘轮船往武汉。这一天，钱筱璋记得非常清楚，是1937年9月13日下午。[27]而此前的8月20日起，由上海电影戏剧工作者组成的演剧队早已经开始出发了，这个庞大演剧队群体共有十三支队伍之多，袁牧之一行显然很有些“特立独行”。

抵达南京，袁牧之去找了阳翰笙，然后他们一行与阳翰笙一起乘船奔赴武汉。

到达武汉后，袁牧之住进了杨森花园。“杨森花园”位于汉口江岸，占地约十七八亩，内有一大块草坪和一条可行驶汽车的小马路。花园正中有一幢西式建筑，共分三层，另有地下室一层。袁牧之住在三层。“杨森花园”早在1935年就被郑用之“租用”，郑的身份是国民政府军事委员会南昌行营“电影股”股长。1935年春，郑所在的电影股改归湘、鄂、赣三省“剿匪”总司令部的政训处管辖，电影股后随总司令部移驻汉口。到达汉口后，郑想在行营汉口摄影场的基础上筹建武汉电影制片厂，并得到了20军军长杨森的支持，其花园就成了电影厂的筹建地，郑同时又取得了副总司令张学良的支持，从特别办公经费里每月划拨5000大洋。郑用之向德国、美国订购了摄制有声电影所必需的各种设备器材摄影机、剪辑机，外加灯光、音响、洗印、试片等器械一应俱全。

七·七事变后，蒋介石控制的军事委员会和国防政治会议，不仅可以控制军队，也控制了政府的全部职能。1938年2月，武汉行营改组为大本营，原政训处和陈诚负责的军委第六部，恢复为军委政治部，陈诚任部长，周恩来进入政治部任副部长，政治部下设主管文化宣传的第三厅。经斡旋，1938年4月1日，郭沫若出任三厅厅长，阳翰笙任主任秘书（办公室负责人）。郑用之的电影股改为第六处下设的第二科，郑用之任科长，负责电影制作与发行。郑梦想成立的武汉电影制片厂，正式成为中国电影制片厂，该厂直属军委政治部，但受第三厅指导，郑兼任厂长，阳翰笙则兼任编导委员会主任。

阳翰笙在1937年底创作了以上海“八·一三”抗战为题材的《八百壮士》，也

◎《风云儿女》剧照，右为王人美
◎《八百壮士》剧照

随即成为最早开拍的“中制”影片之一，而这部影片的男女主角，就是跟随阳翰笙抵达武汉的袁牧之与陈波儿。在这部影片中，袁牧之饰演“八·一三”抗战中浴血上海四行仓库的谢晋元团长。但袁牧之的扮相太瘦弱了，几无英武之气。

据钱筱璋回忆，到达武汉后，袁牧之还和他一起为“中制”编辑了一些新闻纪录片，《抗战特辑》第二集的《京沪之部》是袁负责编辑，钱动手剪辑的，而且袁牧之用了相当长的时间，将“中制”的全部新闻影片材料，进行了清查，整理分类登记制成资料卡片。[28]

1938年4月，通过“美国援华协会”关系，并获得蒋夫人宋美龄赞助的荷兰导演伊文思，在台儿庄完成纪录片拍摄后回到武汉，在参加了23日武汉文化界的欢迎会后，伊文思向周恩来提及了去延安拍摄华北敌后八路军游击战争的打算，周恩来建议他先到西安。但到达西安后，宋美龄打来电报进行阻拦[29]。伊文思怅然而归。临别武汉前，周恩来让阳翰笙安排袁牧之与伊文思见了面。袁告诉伊文思，此前他还去香港购置了一台16毫米的摄影机，计划用这台摄影机到延安拍摄纪录片。伊文思决定留下一台35毫米手提摄影机和两千英尺胶片支持袁牧之的拍摄

◎袁牧之化装照

计划。

因为担心引起特务的关注，获悉此事的周恩来，示意让到达武汉不久的吴印咸去完成摄影机和胶片的“交接”。

是年8月，袁牧之终于与吴印咸一起走上奔赴延安的道路。但带着陈波儿和钱筱璋同行的计划被周恩来取消了，原因是人走得多了会引起国民党方面的注意。

钱筱璋曾这样描述袁牧之即将启程的情形：“在离别的前夕，我们在汉口民生路一家小旅馆的房间里倾怀畅谈。这一夜，牧之同志特别兴奋，也非常激动，滔滔不绝地谈着党对电影事业的希望、未来工作的设想和我们今后各自应做的事情……第二天分别的时候，牧之同志在列车缓缓离站的刹那间，激动得流出了眼泪。”[30]

到达延安后，袁牧之加入了1938年9月成立的八路军总政治部电影团，并作为正式参加八路军的人员，享受领导干部待遇，每月5元边区薪金，是延安干部中的最高标准；吴印咸是因为“需要”摄影师被专门请到延安的，每月给他老家寄120元的生活费，供其家用。[31]

袁牧之的“延安道路”只有差不多一年半的时间，从1938年8月28日抵达，到1940年5月4日离开。

在这一年半的时间内，袁牧之的主要成就是完成了纪录片《延安与八路军》的拍摄，此片于1938年10月1日在陕中黄帝陵开机，1939年1月曾赴晋察冀根据地拍摄，拍摄组曾兵分两路，一路由袁牧之、徐肖冰率领开往晋东南，一组由吴印咸带领奔赴晋西北和平西。

在奔赴根据地之前，袁牧之还与1938年11月抵达延安的陈波儿，合排了话剧《延安生活三部曲》，此剧的演出团队以抗日军政大学文工团为班底，由袁牧之编导，陈波儿在剧中扮演一个活泼可爱的“红小鬼”。此剧于1939年1月6日公演，大约只演了四五场。在这个过程中，袁牧之与陈波儿还有一次遇合发生在1939年4月间，其时《延安与八路军》摄制组到达河北阜平，陈波儿率领的战地妇女儿童考察团也到达这里，两组人马在当地马兰村举行一次演出与联欢活动。

◎袁牧之

◎《生死同心》剧照

在此次拍摄过程中，袁牧之与关向应结下友谊，关亲自致信中共中央组织部长陈云，介绍袁牧之入党，袁牧之在返回延安的1940年初，成为了一名中共党员。随后，他受命去苏联完成电影的后期制作。同行的有负责为影片配乐的音乐家冼星海。出发前，袁牧之和冼星海还受到了毛泽东的接见，在毛面前，袁和冼星海表示，为了方便出境，他们分别化名为“李涛”和“黄训”，“李涛”是袁牧之在《生死同心》中所扮演的主人公的名字。

阴暗的苏联之行

袁牧之和冼星海都没有想到，这次苏联之行，成了他们生命中的阴暗之旅。冼星海把生命“留”在了苏联，于1945年10月30日病逝于莫斯科克里姆林宫医院；而袁牧之也是数度历险，《延安与八路军》更是下落不明。

苏联之行成了袁牧之生命中隐隐的痛。

曾对袁牧之深为仰慕的干学伟，曾有过一段对东北电影制片厂旧时光的回忆，那时的东影在东北佳木斯以北的鹤岗煤矿附近，晚饭后，大家常常一起散步。

"不免问问他在苏联的情况，他总是笑笑，不多讲。从旁人处听到，他在苏联的时期正在进行苏德战争。他的工作、生活都很紧张。刚去时，不太懂俄文，他就随身带着《日露辞典》。人家以为中国共产党刚经过长征，又开始了抗日战争，不可能培养出自己的电影导演来，以为他不懂电影，生活待遇很菲薄，后来请他剪接一部分样片，他不用声画编辑机就接上了，人们很奇怪，才稍许对他有了点了解，生活也有了些改善。战争年代在苏联的口粮是很少的，他常常吃不饱……"[32]

据潘孑农推测，袁牧之在苏联的窘境萌发于他对朱穰丞下落的追查。

朱穰丞在1938年4月15日被哈萨克共和国内务人民委员会拘捕，1939年6月，根据苏联内务人民委员会特别会议决议，以"间谍罪"被判处监禁8年。1943年1月17日死于西伯利亚劳改营。

不明真相的袁牧之到了苏联后，就迫切地寻找朱的下落。"在一切社交场合，袁牧之总打听不到朱穰丞的半点消息。不得已，转而求助于派来接待他的苏联青年，居然答应了。可是过了个把月，不仅没有回音，连那青年也不见面了。换来个中年接待员非常严肃，服务则特别周到，袁牧之走到哪里，他跟到哪里，紧随不舍。后来袁牧之发现自己随带的皮箱竟被翻动过了，不胜困惑，很想尽快结束工作回国。"[33]

不想，二战爆发，德国军队兵临莫斯科城下，袁牧之随苏联电影厂迁移到中苏边境的阿拉木图，在迁移过程中《延安与八路军》也遗失了。在阿拉木图，据说袁牧之给爱森斯坦当过助手，还主持拍摄过描绘苏联吟唱诗人江布尔的传记纪录片。1945年12月，袁牧之终于从阿拉木图回到莫斯科。次年2月，回到国内。

从东影到中央电影局长

历经周折回到国内的袁牧之，直奔位于辽宁抚顺的中共中央东北局宣传部报到，宣传部长凯丰安排袁牧之参与接管伪满映。在抚顺，袁牧之见到了一直在努力实施满映接管工作的钱筱璋。

郭学勤著写的《千面人生——袁牧之传》，曾多次正面提及袁牧之对满映的接管工作，并称“4月14日，我军从长春四周逐渐向市区推进，袁牧之、舒群等人随东北局进入长春市区，随即由凯丰部长主持会议，正式下达了舒群、袁牧之前往伪满映执行接受任务的命令。1946年4月18日，舒群、袁牧之带着东北民主联军司令周保中签署的命令，进入伪满映，由舒群当众郑重宣布了东北局宣传部的命令：舒群为东北电影公司经理，袁牧之为顾问，张辛实为副经理，田方任秘书长。”[34]

然而在钱筱璋主持编写的《延安电影团八年纪事》中，却这样写道：“不久，袁牧之也进入长春，任东北电影公司顾问。”[35]

程季华在《袁牧之与新闻纪录电影》一文中则说，当众宣布周保中命令的是田方，宣布的命令也是东北联军的接管命令。[36]

舒群则在《我在东影的经历》中回忆说，“经过近四个月的筹备，1946年10月1日将东北电影公司改名为东北电影制片厂，我任厂长，张辛实任副厂长，袁牧之任顾问。”[37]

据舒群回忆，满映设备的搬迁工作是由田方、许珂、钱筱璋等人进行的，他负责的是总动员和总组织。

大批设备从长春搬到了哈尔滨，又撤到佳木斯，最后到了兴山（1946年6月1日）。陈波儿于1946年8月抵达兴山，任编导室副主任。1946年底，舒群辞去东影厂长职务，转至东北大学工作，袁牧之正式接任厂长。1947年夏，袁牧之与陈波儿在哈尔滨结婚。1948年东影改组成三处一室（艺术处、管理处、制作处、秘书室），并实施管委会集体领导制度，袁牧之和陈波儿同时列名管委会委员，陈波儿兼任艺术处处长。

因为人员设备等种种局限，东影最初的制片方向主要是生产新闻纪录片，最初派出了徐肖冰、吴本立、马守清三个摄影队，到东北民主联军前线和后方拍摄影片，后又增派包杰、王德成到农村和城镇去拍摄。送回的素材，则由钱筱璋、许珂编辑成《民主东北》专辑。

与此同时，“东影从1947年5月至1949年6月，开办了四期训练班，为新中国电影事业培养了650多人，其中在电影口工作的人员，多数都成了电影事业中各企

（事）业单位的领导骨干和业务技术骨干。”[38]

东北战场的决定性胜利，使国共之间的战局急剧转向。以东影为班底的新中国电影团队开始走上了“接收”的道路，1948年9月，袁牧之为中共中央宣传部撰写《关于电影事业报告（一）》，三个月后又递交了《关于电影事业报告（二）》。是年冬，东影秘书长田方随军入关，进北平接管了中电三厂、清华电影制片厂及一切电影机构。1949年4月，北平电影制片厂成立。同月，中央电影管理局在北平正式成立，袁牧之任局长。

三个月后，中华全国文学艺术工作者代表大会（一次文代会）召开，袁牧之和阳翰笙在大会上分别做了《关于解放区的电影工作》和《国民党统治区进步的戏剧电影运动》的专题发言。

袁牧之的发言比较简短，发言稿的长度不及阳翰笙的一半，在发言中袁牧之说：“这期间曾与种种的困难作斗争，但更重要的是与思想作斗争。这是人民电影事业成长起来的主要因素。在思想斗争的过程中，不断地克服了小资产阶级的思想意识与爱好，而逐渐摸索着建设为工农兵服务的电影事业。”[39]

阳翰笙的发言比较全面，最后还提及了缺点，第四条缺点是“在艺术形式上，我们不善于运用为工农兵所喜闻乐见的形式”“因此，我们为了要克服我们自身的缺点，为了更好地运用我们的戏剧电影去为工农兵服务，我们就应该而且必须加深对马列主义与毛泽东思想的研究与学习，深入到工农兵群众中去生活……”[40]

袁牧之与阳翰笙的这两段讲话，无疑为新中国电影的起步定下了“为工农兵服务”的基本调子。1949年7月26日，在中华全国电影艺术工作者代表大会上，阳翰笙被选为主席，袁牧之被选为副主席。

虽然作为新中国的第一任电影局长，虽然足迹踏遍旧上海、延安与东北解放区，虽然曾经参与并见证了三十年代中国电影的短暂辉煌、延安电影的艰苦建设和新中国人民电影的奋然起步，看起来似乎是立于主流潮头的袁牧之，从其经历中却可以看出，他在哪一个环节都不是十足的主流——离别上海时，没有随抗敌演剧队出征；进入延安后，还没来得及深入“生活”就去了苏联；参与满映接管是在很多人做了大量工作之后；接任东影厂长，该厂实施的是集体管理制度。

尽管他做了电影局长，但未必能够迅速弥合在多支队伍之间的距离。

1949年5月28日，后来出任中央电影局艺术委员会主任的蔡楚生在日记中写道："午后访阳翰笙兄，适牧之亦在座，即共谈电影问题，至晚七时余，王明来访阳，我与牧之即辞出，赴欧美同学会进餐。我为牧之谈沪上之过去一些情况，——彼对沪上情形几乎是一无所知也。"次日，蔡楚生又在日记中写道："下午赴翰笙处，遇牧之兄，因之共谈电影之一般问题，重心尤在对沪上电影界今后之措施。袁拟采较放任政策，我殊未能尽赞其议。一直谈至夜十时始与袁偕返北京饭店。"[41]

显然，蔡楚生的两访阳翰笙都是"适逢"袁牧之在座，而且蔡与袁在"认识"上显然是有距离的。

遗憾的是，熟悉戏剧电影工作，在业界有广泛影响力和亲合力的阳翰笙并没有在新中国成立之后出任与电影戏剧事业紧密相关的工作。开国大典后，阳翰笙被

◎东影时期的袁牧之

◎袁牧之和东影的领导层

任命为中央人民政府政务院文化教育委员会委员、副秘书长和机关党组书记，同时分管文化、教育、卫生几个部门工作，兼任中央统战部第一处（文化处）处长。次年夏，改任总理办公室副主任，兼文化部电影指导委员会委员。

而袁牧之却站在了电影事业的前台。

局长的工农兵道路

和在一届文代会上的讲话一脉相承，袁牧之在中央电影局局长的任上，开始了他的“建设为工农兵服务的电影事业”的道路。

为了让广大工农兵都看上电影，袁牧之在1950年年度规划中，要建700–750支巡回电影放映队，并在南京一次性培养了1886名专业电影放映员；为拍摄火热的工农兵生活，袁牧之在全国六大行政区建起了新闻摄影点，设立了61支摄影队，并提出要将新闻摄影队发展到120支，组成全国各省市摄影网。据说，他在1950年的新年讲话中，拟了三副对联“争取进步片优势，保证工农兵电影主导；试行企业化管理，扩大国内外城乡发行”；“提高思想性艺术性，掌握新现实主义创作方法；不做市民观众俘虏，防止小资产阶级思想感情”；“缩小新片需要量，扩大放映网，争取城乡观众均衡；先到基本群众去，后到电影院，改变发行宣传方法”，三联横批“团结学习”。[42]

与此同时，袁牧之在1950年还请捷克专家代为拟定“首都电影村建筑计划草案”，此电影村计划建于北京西郊颐和园北面，占地8000亩，建筑性质分14大类，仅故事片场的摄影场就有21座。

显而易见，在袁牧之的构想当中，北京是无可置疑的新中国电影的中心。

1951年2月20日，电影局制片处处长罗静予主持商讨电影村修建问题座谈会。参加者有：钟敬之、吴印咸、官质斌、特伟、李景文、袁庶华、李昌运、白大方、周从初等。[43]在这一名单中，钟敬之、吴印咸、特伟、白大方、周从初皆出自东影，官质斌则系原北平清华电影制片厂的负责人，他们一起拟定了“电影村”五年建设计划表。

1951年七一前夕，袁牧之从苏联带回的《党论电影》一书翻译出版，袁牧之在《写在前面》一文中写道："对一切不从工农兵大众出发而只从小资产阶级出发，来降低、冲淡或曲解党的方针——毛泽东的方针的论调与意图，必须进行严肃的批评，不能允许自由主义态度的存在。"[44]

1952年1月5日，袁牧之又在中央电影局整风学习学委会上作《两年来的电影工作及今后的任务》发言，发言中称："必须肃清统治中国电影市场有40余年历史的美英帝国主义有毒影片和有30余年历史的中国封建落后以至反动影片，为年轻的人民电影扫清道路，同时，又必须与具有20年历史的革命小资产阶级进步电影合作中，保证以工人阶级思想领导的工农兵电影为主导。"[45]

尽管袁牧之的电影管理理念有着鲜明的时代进步意义，但对上海电影传统的否弃也是决绝的。

1957年3月26日，钟惦棐在《论电影指导思想中的几个问题》中这样写道：牧之同志在短短的不足两千字的前言中（指《党论电影》前言）不仅错误地解释了党的文艺方针，而且把各种可能的通路都堵死了。谁敢怀疑、反对"工农兵"电影……牧之同志笔下的"人民电影"则另有含义，即不仅以"工农兵电影"去区别解放以前的电影，而且以"人民电影"去区别解放以前的电影，把解放以前的电影，在电影工作的实践中统称之曰"小资产阶级的电影"；把解放以前的影片统称之曰"消极片"。因之牧之同志所谓的"人民电影"，实际上又是一种宗派情绪的表现。[46]

1952年10月23日，周恩来在由他召集电影问题座谈会上指出，电影事业不能集中，不但不必要，而且不应该……如果制片厂集中北京就会脱离全中国的广大实际，也不能带有地方性。集中思想是错误的，是种"新村"思想，无政府主义思想，受好莱坞思想的影响……

无论钟惦棐的思考，还是周恩来的批评，虽然其时袁牧之已经脱离了中央电影局局长的岗位，但所纠集的矛盾无疑也是不能回避的。

此前的1952年5月23日，王阑西被任命为文化部电影副局长，在袁牧之养病期

◎赵慧琛在《马路天使》中

间暂代局长，“到职视事”。1954年，袁牧之正式离开中央电影局局长岗位。自1949年至1952年，袁牧之实际在岗三年。

走下政坛

1952年袁牧之的“抱病休养”，其实与陈波儿的去世有极大关系。1951年11月，陈波儿病逝于工作途中，令原来身体欠佳的袁牧之雪上加霜。

而这一年电影界所遭受的政治上的风浪，比及情感上的风浪有过之而无不及。1951年4月17日，周扬在电影局干部大会上的讲话记录稿显示，三部影片问题性质不同，都被采取了“措施”：对于私营电影制片厂拍摄的《武训传》，公开批评；对《内蒙春光》，因为充分表现了人民的力量，只是在描写对待上层人物的策略上犯了错误，所以可以修改；《荣誉属于谁》对于中国革命的力量与中国人民的传统作了错误描写，在根本上错了，所以无法修改。[47]

1951年5月，毛泽东在《人民日报》撰写社论《应当重视电影〈武训传〉的讨论》，更是进一步催化了全国的批判潮；继而践行与表现工农兵生活的《关连长》和《我们夫妇之间》等影片也遭受批评，这两部影片都由上海的私营厂拍摄，前者出自“文华”，后者出自“昆仑”，分别被指责为“歪曲解放军”“诬蔑工农干部、共产党员”。

袁牧之为此自我批评说：“我在电影局的工作中，一方面是面对着一系列有关重大原则的错误意见保持沉默，不在所属系统中展开思想争论，自己也从不发表有系统的关于电影事业的全面性意见；另一方面在长久的时期内，对私营电影事业的实际制作情况，也没有做到起码程度的关心注意，从未在这方面正式地提出过有系统的意见与思想指导方针，一直到对于传播反动思想的《武训传》的上演并反映出电影批评界方面混乱的情况，我都没有做过任何一点正式的批评与自我批评。”[48]

个人感情生活与事业的内外交困，对政治缺乏足够积极敏感的袁牧之终于力不能支。更何况，陈波儿对于袁牧之的意义不仅仅限于生活上，她既是袁牧之走向“进步”的推手，同时因为一直活络于电影戏剧与社会工作，她与旧上海影剧人士和高层人士的关联，似乎要远远强于袁牧之，因此她也可以说是袁牧之社会网络的一个触角，她的逝去，对袁牧之而言，无异于全方位的釜底抽薪。

从政坛走下的袁牧之陷入了人生的归隐阶段，只有重大历史时刻，他才会偶尔“露面”，1957年反右时，他就“电影村”一事写了检查报告；1969年，他及全家被下放到湖北丹江五七干校劳动改造。

在这一过程中，他都怀揣着笔记本创作他的《小小环球》，但这部书稿一直发表无门，临终前这本书稿，被放在了他的胸膛上，并带到了天国。1984年，才在陈荒煤的努力下，得以作为《袁牧之文集》的附录披露于世。

1984年出版的《袁牧之文集》，有一篇代序，作者正是陈荒煤，这篇文章的题目是《不会被遗忘的人——怀念袁牧之同志》。文中说：“1978年春天我重返北京，记不清哪位同志告诉我，牧之还在北京，身体仍然不好。我倒想去看看他。问了电影界的几位同志，有的同志根本不知道他住在哪里，有一位同志对我叹息道，已经是一个被遗忘的人了。”

从黄昏到早晨

晚年的袁牧之一直寓居于朝阳区三里屯南35楼2单元401号，他在这里过着平静的生活，有妻有儿也有女。

1955年，袁牧之与昆曲演员朱心结婚，后育有两女一男，大女袁牧女，小女袁小牧，儿子袁牧男。

袁牧之与朱心结缘应该得益于他于1954年拯救了生存艰难的昆曲。朱心曾写有《袁牧之和昆曲进京》一文，文中说，1954年春（朱文误为1955年）袁与丁玲在杭州疗养时，无意中看到昆曲演出讯息，在一间破烂的小剧场，看到了精湛的艺术，于是袁、丁回京后，袁分别游说了田汉和浙江省省长沙文汉，使昆曲剧团得以国营化。丁、袁同时促成了1957年昆班进京。袁牧之和丁玲所看演出的剧团，正是朱国樑先生的国风昆苏剧团。

而朱心正是朱国樑之女，原名朱世藕，是昆界“世”字辈大师姐，尤工于作旦，曾供职于北方昆曲剧院，据说因为“南”昆的师承渊源，生前在“北昆”的朱心的从艺道路一直不太顺畅。袁牧之逝世十年后的1989年，她以三级导演“身份”退休，并于2009年1月22日在北京病逝，享年74岁。

这个曾经的明星其早年的感情生活很少被提及，除却陈波儿与赵慧深之外，早年袁牧之还有一段感情，被老友潘孑农说出：

袁牧之早年的对象是一位商业中学的学

◎袁牧之身后出版的文集

◎◎袁牧之传记

生，出身于资本家家庭，名叫袁家宝，此女身材修长，面容酷似美国影星瑙玛希拉。袁牧之运用他的化妆术给她拍过了几张照片，并将她的照片用在了《女学生》画报的封面。1931年春，袁家宝曾与同学一起到南京，为在此巡演的袁牧之“助阵”。自袁牧之进入电通公司拍电影以后，与袁家宝的关系日渐疏远，抗战爆发后，袁家宝与一名牙科医师结了婚。[49]

① 1930年3月5日，《民国日报 戏剧周刊》第38期刊有《上海戏剧运动联合会宣言草案》，发起人为：辛酉剧团、剧艺社、摩登社、艺术剧社、复旦剧社、大夏剧社、交大剧社、青鸟剧社、新艺剧社。

② 胡导：《干戏七十年杂忆》中国戏剧出版社2006年12月版34、35页。

③ 胡导：《干戏七十年杂忆》中国戏剧出版社2006年12月版53页。

④ 叶灵凤：《袁牧之与辛酉剧社》，载《叶灵凤文集·第四卷》花城出版社1999年10月48页。

⑤ 潘孑农：《舞台银幕六十年》江苏古籍出版社1994年8月版135页。

⑥ 参见汪岁寒：《随袁琐记》，载《当代电影》1999年第5期。

⑦ 《人民电影的奠基者——宁波籍电影家袁牧之纪念文集》，宁波出版社2004年10月版3页。

⑧ 鲁思：《影评忆旧》中国电影出版社1984年版 111页。

⑨ 《中国左翼戏剧家联盟史料集》中国戏剧出版社1991年版70页。

⑩ 《袁牧之文集》中国电影出版社1984年4月版412页。

⑪ 《中国左翼戏剧家联盟史料集》中国戏剧出版社1991年版186页。

⑫ 《中国左翼戏剧家联盟史料集》中国戏剧出版社1991年版196页。

⑬ 《桃李劫》故事梗概：陶建平被判处死刑，临

刑前他向以前的校长讲述着事情的缘由……陶建平和黎丽琳刚从学校走进社会。他们结婚后，陶建平到了轮船公司工作，但和公司经理发生矛盾，双方冲突起来，陶建平一气之下辞了职。陶建平四处奔波寻找工作，但到处碰壁，遇到的不是白眼就是欺骗，对此他深感灰心。看到丈夫这种状况，黎丽琳也出去找工作，很快被一贸易公司录用了。陶建平也找到了一份在营造厂的工作。但不久，正直的陶建平不肯为老板偷工减料，再次辞职。黎丽琳也因不堪受贸易公司经理的污辱离开贸易公司。为了生活，陶建平只得去做造船厂的苦工，每天做着繁重的劳动。不幸的是，黎丽琳因产后身体虚弱，晕倒跌伤。为了救治重伤的妻子，陶建平恳求工头借用一笔钱，而工头说什么也不肯。被逼无奈的陶建平只好偷了工头抽屉里的钱。当陶建平拿着钱去请医生时，黎丽琳因伤势过重得不到及时治疗死去了。陶建平忍痛将孩子送到育婴堂。当承受着亡妻离子的巨大悲痛的陶建平回家的时候，工头带着巡捕来逮捕他。经过一番挣扎与反抗，陶建平还是被判死刑。老校长听他讲述完，不禁万分惋惜。片中由田汉作词、聂耳作曲的《毕业歌》，是一支充满鼓舞力量的歌曲，随着影片的上映，成为当时广泛流行的歌曲之一。

⑭ 潘孑农：《舞台银幕六十年》江苏古籍出版社1994年8月版138页。

⑮ 《左联回忆录》中国社会科学出版社1982年5月版 770页。

⑯ 《左联回忆录》中国社会科学出版社1982年5月版 770页。

⑰ 司徒慧敏：《左翼电影的经验与教训》，载《当代电影》1991年第8期。

⑱ 《袁牧之文集》中国电影出版社1984年4月版455页。

⑲ 欧阳予倩：《电影半路出家记》中国电影出版社1984年6月版27页。

⑳ 参见郭学勤：《千面人生——袁牧之传》浙江人民出版社2005年12版92页。

㉑ 参见赵丹：《地狱之门》文汇出版社2005年8月版96页。

㉒ 参见夏瑜：《遥远的爱——陈鲤庭传》中国电影出版社2008年10月版137页。

㉓ 陶令昌 金义端：《陶金——舞台银幕五十年》开益出版社（香港）1988年1月版74页。

㉔ 参见王永芳：《明星/战士/人民艺术家 陈波儿传略》中国华侨出版社1994年12月版64页。

㉕ 吴筑清、张岱：《中国电影的丰碑——延安电影团故事》中国人民大学出版社2008年6月版20页。

㉖ 吴筑清、张岱：《中国电影的丰碑——延安电影团故事》中国人民大学出版社2008年6月版24页。

㉗ 参见张建珍主编：《钱筱璋电影之路》中国电影出版社2006年1月版15页。

㉘ 参见张建珍主编：《钱筱璋电影之路》中国电影出版社2006年1月版19页。

㉙ 参见倪震：《背着摄影机走向延安——吴印咸传》中国电影出版社2008年10版61页。

㉚ 钱筱璋：《最初的甘苦》，载《解放区的电影》中国电影出版社1984年第2版30页。

㉛ 吴筑清、张岱：《中国电影的丰碑——延安电影团故事》中国人民大学出版社2008年6月版61页。

㉜ 干学伟：《忆牧之同志》，载《电影艺术》1980年第10期。

㉝ 潘孑农：《舞台银幕六十年》江苏古籍出版社1994年8月版85页。

㉞ 郭学勤：《千面人生——袁牧之传》浙江人民出版社2005年12版159页。

㉟ 参见张建珍主编：《钱筱璋电影之路》中国电影出版社2006年1月版60页。

㊱ 参见《人民电影的奠基者——宁波籍电影家袁牧之纪念文集》，宁波出版社2004年10月版250页。

㊲ 苏云主编：《忆东影》吉林文史出版社1986年9月版72页。

㊳ 杨海洲：《生聚嫌年短，死别恨月长——为缅怀袁牧之同志而作》，载《当代电影》1999年第5期。

㊴ 参见《解放区的电影》中国电影出版社1984年第2版3页。

㊵ 参见《阳翰笙百年纪念文集·第三卷》中国电影、中国戏剧出版社2002年12月版161页。

㊶ 参见《蔡楚生文集·第三卷》中国广播电视出版社2006年2月版281页。

㊷ 参见郭学勤：《千面人生——袁牧之传》浙江人民出版社2005年12版224页。

㊸ 解治秀：《袁牧之与“电影村》，载《人民电影的奠基者——宁波籍电影家袁牧之纪念文集》，宁波出版社2004年10月版214页。

㊹ 参见《人民电影的奠基者——宁波籍电影家袁牧之纪念文集》，宁波出版社2004年10月版211页。

㊺ 参见《人民电影的奠基者——宁波籍电影家袁牧之纪念文集》，宁波出版社2004年10月版328页。

㊻ 钟惦棐：《钟惦棐文集·上》华夏出版社1994年7月版371页。

㊼ 孟犁野：《新中国电影艺术1949-1959》中国电影出版社2002年9月版18页。

㊽ 袁牧之：《两年来的电影工作及今后任务》，载《人民电影的奠基者——宁波籍电影家袁牧之纪念文集》宁波出版社2004年10月版219页。

㊾ 参见潘孑农：《舞台银幕六十年》江苏古籍出版社1994年8月版137页。

退守自我和艺术的许幸之

“纠缠”许幸之一生的一共只有两部电影（故事片），一部是在“电通”时拍摄的《风云儿女》，另一部是新中国成立后的《海上风暴》。

两部与“风”有关的影片，显现出许幸之身上固有的诗人和艺术家的气质，源于自然又超乎自然的宏大气息似乎即将扑面而来。

1946年，上海联华书店出版了许幸之的话剧集《不要把活的交给他》，其中收录有一个独幕剧也与“风”有关，名字叫做《狂风暴雨之夜》。

翻检许幸之跨越电影、戏剧、诗歌、美术四界的创作，此类气息的名称无处不在，电影剧本有《随波而逝》、《望夫石》；戏剧里有《没有祖国的孩子》、《英雄与美人》；诗歌里有《扬子江》、《万里长城》、《大板井》、《五月的太阳》、《割麦鸟》；美术里有《碧波帆影》、《太湖之晨》、《牧歌》。

从这些名称中可以寻找出一条脉络，就是似乎许幸之比较钟情于自然与人、与时代的关联。

1936年9月，32岁的许幸之曾经这样来描述自己的性格：至于我的性格，这也许是从小出生地的缘故吧？与其说是接近奢华的都市，毋宁说是喜爱淳朴的城镇和乡村，所以大部分作品，如同我的绘画一样，不是在城镇和乡村中写的，便是描写

◎青年许幸之

◎许幸之油画晚步

了城镇与乡村的景象。然而，无情的职业老是把我拘留在都市里，不允许我和大自然接近，也很不容易引起我的写诗与作画的情绪来。也许有人会这样嘲笑我，你倒是当今的田园诗人和画家哪！可是我也应该这样回答他："至少像上海这样的社会——只是被帝国主义和资本家们吮血的都市，我并没有多大的留恋。"[1]

喜爱淳朴的许幸之，由此也定下了他一生的基调，他既是无意于繁华与绚烂的人物，也是纠葛与是非的逃避者，在这些形态面前，退守进自我的领地似乎更为妥帖，但这并不意味着许幸之是一个避世主义者，在民族危难的年代，甚至恰恰相反。

融入"大时代"

祖籍安徽歙县的许幸之1904年4月5日在江苏扬州出生，自幼爱好绘画的他于1917年至拜吕凤子[2]为师，其时吕凤子任职于扬州第五师范，而介绍许幸之结识吕凤子的是许家的邻居李涵秋，李是扬州第五师范的国文教师。

拜师后，许幸之还曾于暑期入吕凤子创办的丹阳正则女子师范学校接受吕的指点，许家则同时为该校捐款五十大洋。

1919年，许幸之进入上海美专西洋画科就读，推荐人正是吕凤子，吕致信时任上海美专教务主任的弟弟吕秋逸，使许幸之得刘海粟批准免试进入该校，许幸之读至高年级时，吕凤子进入该校接替弟弟的职位。

1922年从上海美专毕业后，许幸之入上海东方艺术研究会进修，经同学倪贻德介绍，在研究所春季习作展览会上认识了郭沫若等创造社同仁。在这次展览中，许幸之展出了《母与子》、《落霞》、《天光》等作品，成仿吾撰写“印象记”称赞说：“幸之君的《天光》是最浪漫的作品，然而那一束微弱的天光把一只无处投奔的小鸟，只是停留在空际，下界还是沉沦在黑暗里……幸之君的《母与子》、《落霞》及其他都好。”③

1924年，20岁的许幸之赴日勤工俭学，入川端画会专学素描，后又考入东京美术学校西洋画科。这期间，郭沫若给予了他经济上的资助。据说，每月汇他20元，大致持续了约半年时间。④

1927年，闻到大革命气息的许幸之致信郭沫若盼望回国参加革命。是年3月他到上海创造社出版部，又转而参加北伐军总政治部宣传科做美术工作。

四·一二政变事发，许幸之被疑为共产党员而被捕，在上海龙华监狱坐了三个月牢，经东京美术学校校长正木直彦致函保释出狱，重入东京美术学校藤岛武二画室学习。许幸之入狱后，郁达夫和许幸之的好友吴印咸多次到狱中去探望他。

革命的壮烈与痛疼对许幸之的刺激不言而喻，他陆续在创造社主导的诸多刊物上发表过诗歌与绘画作品，1928年，由创造社出版部发行的《流沙》半月刊，曾于2期刊出他的《解放的囚徒》（1928年4月），4期更是在头题位置刊出了他的《血轮》（1928年5月）；除此之外，《创造月刊》1卷第7期刊有《牧歌》，8期刊有《石膏习作》；《洪水》半月刊，25期刊有《通信》，29期刊有译作《第三者》（国木田独步 原著）；《新消息》周刊第2号曾刊有他的《艺术家与农民革命》；

《文艺生活》周刊第3号刊有他的《资本家的养犬》。

这些作品，都显现着许幸之与创造社"普罗精神"的关联，但这普罗也并非是一味的"大众"和"革命"，仍然带有强烈的个人情怀，《创造月刊》1卷第7期中的《牧歌》，充满了"恋爱的哀伤、人情的变幻和历史的悲运"。

在东京美术学校期间，他联络周扬、司徒慧敏等人发起组织"青年艺术家联盟"，在筑地小剧场，参加了进步戏剧的演出。

1929年，许幸之回国，参加上海中华艺术大学，任西洋画科主任、副教授。1930年2月，许幸之与沈叶沉（西苓）、王一榴、刘露、江丰、胡一川、蔡若虹、张谔、汤晓丹等创办了左翼美术团体——"时代美术社"。1930年3月16日刊行的《艺术》月刊1卷1期上刊发了许幸之的文章——《新兴美术运动的任务》，该刊由沈端先（夏衍）主编、艺术社出版发行。许幸之在这篇文章中提出："我们面前只有两条大路：一是新阶段的高塔，一是没落阶级的坟墓。诸君既是新时代的青年，决不愿意向没落阶级的坟墓前进吧？时代的青年，应该充当时代的前驱。时代的美术应该向着时代民众去宣传"。他疾呼道："我们的美术运动，绝不是美术上流派的斗争，而是对压迫阶级的一种阶级意识的反攻，所以我们的艺术更不得不是阶级斗争的一种武器了。"

三个月后，仍是沈端先（夏衍）主编，沙仑社刊行的《沙仑月刊》1卷1期，刊发了许幸之的《中国美术运动的展望》一文，文中说："新兴美术运动的实践又以什么为根据呢？这儿我们可以毫无疑义地回答：是以无产大众的革命运动为根据；再进一步说，是以表现新兴阶级的革命斗争的思想体系为根据……新兴美术家还应该亲自体验工人劳动者的勤劳状态和被压迫的酸苦，从自己的作品中传达出来。""新兴的美术运动要和新兴的阶级革命运动合流，才是唯一的出路。"

1930年7月，上海"中国左翼美术家联盟"（简称为"美联"）成立了。在成立大会上，许幸之被推选为"美联"主席，并以他任教的中华艺术大学为联盟总部所在地。为避开当局威胁，1931年，"美联"以地下活动的方式秘密组织的"野风画会"、"涛空画会"、"春阳画室"、"春地画会"等美术社团相继成立。8

月，许幸之等“美联”成员在“中华艺大”开“扩大会议”时，和部分盟员遭前来查封学校的军警逮捕。由于许幸之佯称来开会的代表都是来校学画的学生，十天后，经吴印咸多方奔走，以“艺海布景公司”的名义将他保释出狱。

有关许幸之的这段经历，后世的美术史评价并不算高，有论者说：“在许幸之领导下的‘美联’初期活动，除了为飞行集会、示威游行或暴动演习散散传单，贴贴标语外，其应作为根本任务的艺术活动却几乎丝毫也未展开。充其量只是在左倾机会主义路线的刺激下显示了这些青年们的一时狂热与冲动。即使就这一时期的‘美联’组织而言也是一个‘松散联盟’，不久便因许幸之去苏州就更为松散了。”⑤

而出狱后的许幸之，确实先后避走南京和苏州，经吕凤子介绍，在金陵大学的艺术研究所做过短暂的美术史翻译工作，后又经同学张云谷介绍到苏州女职中学美术专科担任教师。大约于1933至1934年间才重回上海。

在此必须说明的是，许幸之在这一时期，积极尝试美术运动和诗歌创作的同时，也介入了戏剧领域的演出，因为有在日本筑地剧场的实践经验，他和吴印咸为演出作舞台美术工作，参与了《炭坑夫》、《爱与死的角逐》和《梁上君子》三场话剧的演出。

从潮头到潮头

尽管身为左翼美联的主席，尽管曾经为了“革命”两次身陷囹圄。但许幸之还是认为，真正刺激自己从生活到思想发生转变的还是在“九·一八”之后。

1939年5月1日，许幸之在上海写下了这样的文字：从1931年“九·一八”事变开始，我从东京回国以后，因为，国家和民族的危机，农村和家庭的破产，连年不断的兵灾，大革命的抢购，洪水淹没了大地，旱灾荒芜了田园，人民游离失所，全国没有一片安宁的土地。因此，使我苦闷达到极点，而在生活和思想上都起了剧变。⑥

1931年，曾任左翼美联副主席的叶沉更名沈西苓步入电影界，并进入“天一”

◎新四军臂章

公司从布景师做起，后来终于“升任”导演。“天一”是间迎合低层市民趣味的电影公司，“神怪”与“武侠”是该公司的“拿手戏”。是年9月，由应云卫执导、诸多热血剧人参演的《怒吼吧，中国》在黄金大戏院公演，沈西苓向公司当局推荐此剧，并表示应该改编成电影。不明深意的公司老板竟然答应了，临近开拍，才发现这是来自苏联的剧本，遂通知高季琳（柯灵）退掉此戏。⑦

其时，同为时代美术社同仁的汤琳（晓丹）也在“天一”，而曾在东京上野美术学院图案科学习的司徒慧敏则在“天一”作录音师，因为沈西苓执意要在“天一”拍摄夏衍的《女性的呐喊》未获准许，遂与柯灵等人转入“明星”公司。许幸之借机得以进入“天一”任美术师。许幸之又将吴印咸介绍到公司作布景师，兼写预告片的美术字幕。

1934年，许幸之和吴印咸在上海八仙桥青年会共同举行绘画摄影展，工人、逃荒者、铺路者成了他的绘画主题，夏衍、徐懋庸、任白戈、石凌鹤等左联人士也赶去参观，“随后在《大晚报》发表《画与诗的世界》和《从青年会出来》等评论，对他（许幸之）的埋头苦干、认真、踏实、力求进步表示赞赏。”⑧

据许幸之在《忆聂耳》⑨一文中回忆，建议他和吴印咸转到电通影片公司去拍摄影片《风云儿女》的是夏衍，夏衍对他说：“田汉和阳翰笙都被捕了，这部片子对当前的政治斗争有推动鼓舞作用，要尽快把它拍出来，和反动派作斗争，这是我们在外边的同志应尽的责任……最后，他严肃地对我说‘我和司徒慧敏、孙师毅商定，请你担负起导演的责任。’”

而这部影片的分场剧本创作者也是夏衍，其时，他因为躲避当局的抓捕隐匿在徐家汇一个朋友的家里，田汉被抓前，将《风云儿女》的故事梗概已经交给了孙师毅，孙师毅又交给了夏衍，夏衍在隐蔽期间写出了电影剧本，在《懒寻旧梦录》里，夏衍回忆道：“那里很安静，可以打电话和孙师毅联系，所以我利用这段时间把田汉留下的《风云儿女》故事改写成电影文学剧本，从电通公司得到一点稿费，让我妻子分送给林维中（田汉妻）和唐棣华（阳翰笙妻）作为她们暂时的生活费。”[10]

影片拍竣后，于1935年5月24日在金城大戏院首映。同年6月1日出版的《电通》半月刊第2期也成了《风云儿女》的特辑，并刊出了田汉的文学故事原文，共分成十五个章节：一、亭子间的奇遇；二、宴会席上；三、天上的福音；四、在医院里；五、新家；六、女同学；七、不测的风云；八、狱中风景；九、在风景地青岛；十、铁蹄下的歌女；十一、无限的惆

◎刊发许幸之作品的《沙仑》
◎风云儿女海报

帐；十二、投到祖父的怀里；十三、诗人与战争；十四、血写成的诗；十五、凤凰的再生。

虽然许幸之在此前并无熟稔的导演经验，但这个与诗人相关的故事，他却是极容易感受的。他在1935年印行的第3期《电通》半月刊上做了这样的阐述：“《风云儿女》这故事的形成，正和它的名字一样，是风云变幻中的儿女常情。他们在现成的环境中相识，他们被感情所冲动而结合，他们为外界压迫而受难，他们为生活的鞭挞到处漂流，他们一切的悲欢离合，和他们为了正义感的被激动而从戎抗敌，这一切都是仿佛从风云莫测的变幻中演成的人生戏剧，也应当用风云莫测变

◎王人美在《风云儿女》中的剧照

化无常的手法来完成它的姿态吧。”[11]

这种阐释，让人不禁想起他的诗作《牧歌》，但不同的是，诗人并不再耽于感伤当中，而是踏上了义勇军的征程，跟自己浸泡在温柔乡里的过去“决裂”。饶有意味的是，披着长斗篷留着长头发、生产浪漫主义的诗人，在导演的视域放大下，有了许多可以挑剔的所在，尤其是诗人的朋友们，一张张色迷迷猥琐的脸，让人感受到无论人生抱负还是个人品质，都是残次的一群。

而这种描摹，显然也包含了画家诗人身份的自我否弃。

由于这部电影从导演到摄影都是初次上阵，在技术上自然饱受了诟病，姚苏凤在《每日电影》上不遗余力地攻击故事与剧本差的同时，也提到“摄影技术颇不高明（打光不对，画面上的人物地位缺少层次）。配音甚恶劣，收音也未见进步。”同期上，署名流冰的文章也说：“开场时的模糊的上海夜景，很可以尽量省略，接着梁质甫出场到辛白华出现的中间的很长的摇镜头，是浪费的场面……许幸之先生在这开头已经用了这许多胶片，而为胶片长度的限制，便不能不在后面极力节省镜头，使许多镜头都患了太短促的毛病，影响到演员的情感变化，不能使表演做到深刻。”[12]

而的确，这部影片开头几十秒的模糊镜头也的确影响到了后来的票房收入及公司“营业”，尽管片中的插曲《义勇军进行曲》广为传唱，由许幸之作词、聂耳作曲的《铁蹄下的歌女》因王人美凄婉悲凉的演唱而令听者动容，但影片的轰动效应却远不及《桃李劫》。有研究者婉转地说，《电通》半月画报第2期在封二位置刊出《义勇军进行曲》的歌谱，很多人都以为这是首不朽战歌的首次发表，而其实这已是影片首映的一周之后了。[13]

许幸之因为拍摄《风云儿女》与在片中饰演护士“徐家珍”的陆露明相恋，不久同居。在结识陆露明之前，许幸之和吴印咸一起过着单身汉的生活，《风云儿女》之后，许幸之和吴印咸的交往与合作自然而然就少了。

倪震在《背着摄影机走向延安——吴印咸传》中，这样比较了吴印咸与许幸之和袁牧之的友谊：“许幸之，对吴印咸而言更多的是同窗之谊和几番落魄之时的相助，许幸之少年才子的那份才情和出洋留学的经历，都是吴印咸敬佩的。许幸之回国后做了大学教授、左联中坚，给了吴印咸思想上很多启发和引导，包括吴印咸的从影，也是和许幸之一起。然而，说起来，他们在艺术创作上的共同经历并不见多，从第一部《风云儿女》之后，两人就各自拍片了……而袁牧之就不同。袁牧之1909年出生，虽然与吴印咸隔了9年的年龄差距，但艺术取向的相似，让他们一见如故，互相钦佩对方的才能。年龄的差距有时候反而容易产生更深厚的知己之情。”⑭

作为评传作者和电影研究者，倪震笔触中的潜台词其实显而易见，虽然许幸之已经在艰难地克服着自己作为诗人和艺术家的“孤高”之气，但还是让吴印咸感觉到“高山仰止”，而倪震同时也为许幸之和吴印咸后来相对淡泊的交往留下了一个注脚，由此也可以看出，作为评传作者的用心良苦。

许幸之后来与吴印咸还是有过一次合作的，发生于1937年“八·一三”日军进攻上海时。其时，许幸之参加了由赵朴初领导的难民收容所，从事救济收容工作。沈西苓来鼓动他拍摄一部纪录片，并和他成功地说服了“明星”老板周剑云，周剑云将吴印咸调回，作为此片的摄影师，摄制剪辑了大型纪录片《中国万岁》。

许幸之回忆说：“在‘八·一三’全面抗战的纷飞炮火中，我们抢拍了敌机惨无人道地狂轰滥炸，民房和工场在熊熊烈火中被焚烧，扶老携幼的难民们惨遭杀害，无辜的老百姓尸陈遍野，家破人亡的难民四处逃亡……青年学生都纷纷走向街头，激昂慷慨地宣传抗日救亡，演剧队则在街头演出抗日救亡话剧等等热烈而又悲壮的场景。紧接着我们又把摄影机架设在某高层建筑上，抢拍了苏州河北岸坚守在‘四行仓库’的勇士们，不屈不挠地进行着英勇战斗，而鲜艳的红旗仍旧在仓库的屋顶上迎风飘扬的镜头。”

1938年春，经数月努力，许幸之与吴印咸携已摄制、剪辑了大批电影资料赴香港进行《中国万岁》的后期制作工作。这部纪录片2/3的内容不是许、吴二人的原创，而是大量穿插了台儿庄大捷和平型关大捷的内容，且全片的结尾以八路军将士驰赴战场，老百姓运弹送粮作收，《风云儿女》的主题歌也随之响起。

该片由周剑云将样片送交国民党当局审查，检察官以“宣传共产”为由将底片、正片全部销毁，令周大为光火，不仅许、吴二人冒着生命危险拍来的珍贵资料荡然无存，他们两人几个月的欠薪也化为泡影。[15]

另一种“自我实现”

拍完《风云儿女》，许幸之计划在电通投拍《牧歌》，《电通》半月画报第11期也赫然做了“新片预告”，但这一切都因为电通公司的歇业而作罢，没有电影可拍的许幸之，只能在戏剧和诗歌的兴趣中徘徊。

1936年10月，许幸之创作了一幕三场剧《古庙钟声》，其气息和《风云儿女》一脉相承，写的是东北人民抗日的故事。次年2月上海新知书店出版了单行本，书中附有许幸之作词的两首插曲和一幅舞台设计图。

1936年10月19日，鲁迅逝世，许幸之即着手将《阿Q正传》改编成为话剧，四易其稿后，完成改编，这部六幕剧刊发于1937年4月25日出版《光明半月刊》二卷第十号上[16]。《光明半月刊》[17]由洪深与沈起予于1936年6月创办，是“国防戏剧”的重要刊物之一。是年，许幸之还参与了上海剧团春季戏剧联合公演，演出契诃夫、果戈里的《求婚》、《结婚》等名剧。

《阿Q正传》得以出版的当天，许幸之参加了中国诗人协会在上海举行的成立大会，与王统照、穆木天等7人当选为理事。在此前后，许幸之还在筹划着诗集的事情：“1934年，亡友君冶[18]未死之前，已三番五次地督促我出一本诗集了，那时因为诗的质与量多嫌不够，在一九三四年与一九三五年之间，因从事于电影艺术运动的忙碌，便把诗集的事情一直延宕到今天。一九三六年开始了，露明又对我重新提起这件事情，我本想再等待些时候，等诗的质与量上格外充实些再说；但她竭力主张把现有的先行出版，将来的将来再作计议，于是由她搜集，由她誊写，在火炉之旁，她花费了两个星期的时间给我抄好了两本诗集。一本是一九三O年以前的旧作，题名《牧歌》，一本是一九三O年以后的作品，就是这《大板井》的诗集了。”[19]

◎光明书局印行的《阿Q正传》剧本

◎联华书局印行的许幸之戏剧集

“八·一三”之后，许幸之并没有随“救亡演剧队”出走，在短暂拍摄了纪录片《中国万岁》后他又回到了上海，他在《大型纪录〈中国万岁〉的不幸命运》一文中曾解释说：“因家庭关系”。

其时的陆露明除却给许幸之“抄写”诗集外，还在做着电影“明星”的工作，她也没有像《风云儿女》中的徐家珍那样，作为南方妇女救护队的一员奔赴前线，到1940年之前，她在多部影片中饰演了角色，《母亲的秘密》（1937）、《社会之花》（1937）、《压岁钱》（1937）；《日出》（1938）、《孤儿救母记》（1938）、《桃色新闻》（1938）；《化身人猿》（1939）、《王熙凤大闹宁国府》（1939）、《少奶奶的扇子》（1939）、《云裳仙子》（1939）；《玉蜻蜓》（1940）《中国白雪公主》（1940）。

许幸之则奔波于英、法租界内的各种演出，青鸟剧社、上海艺术剧院、上海剧艺社、中法戏剧学校、中法剧社、大钟剧社都有过他的身影，而且他还执导了曹禺的《雷雨》、田鲁的《衣锦荣归》、夏衍的《花烛之夜》（即《一年间》）以及罗曼·罗兰的《爱与死的搏斗》等剧。其中，影响较大的是他在中法剧社执导的《阿Q正传》。

此外，身处“孤岛”的许幸之还编写了电影剧本《望夫石》，被导演高梨痕搬上了银幕；著写有独幕剧集《小英雄》，上海光明书局则出版了许幸之根据法国作家小仲马的小说《茶花女》改编的五幕话剧《天长地久》。

1940年秋，许幸之终于像《风云儿女》中的诗人“辛白华”一样，离弃了都市里的生活，离开了明星陆露明，应邀赴苏北新四军抗日根据地参加鲁迅艺术文学院华中分部的建校和教学工作，并开展话剧活动，与他住在一起的，是后来随鲁艺二队在突围中自杀的小说家丘东平。

因为身跨多界，许幸之除在鲁艺华中分院的文学、美术、戏剧三个系里担任教学任务外，还指导戏剧系学生排演戏剧节目。他在破旧的盐城大众戏院基础上，设计并筹划改建成“鲁迅艺术剧院”，使其成为新四军和群众集会的场所。不久，又完成了新四军后方医院的设计改建任务，并被选举为一些文化艺术团体的负责人。1941年1月，“皖南事变”后，国民党当局试图取消新四军的建制，斗争形势十分严峻。在新四军重建军部的誓师大会上，许幸之慷慨激昂地朗诵了自己的诗歌《打起你的战鼓吧，同志!》，以激发官兵们的革命斗争热情。不久，接受了重新设计新四军臂章的任务，最后由陈毅军长在他设计的三四种方案中，选定以“N4A”（新四军英文译名NEW 4 ARMY的缩写）图形为新臂章样式。

据莫朴回忆，1941年的三四月间，苏北文联成立，许幸之还和刘汝醴合画了《高尔基》、《莎士比亚》、《贝多芬》和《达·芬奇》的大幅彩色像用以布置会场。[20]

1941年7月，日伪军对苏北抗日根据地进行“大扫荡”。在盐城，鲁艺华中分院部分师生学员被日伪军包围，是次扫荡，致使包括许幸之亲侄子许晴在内的30余人壮烈牺牲。根据严峻的斗争形势，刘少奇等军部领导决定安排许幸之、贺绿汀等人回到上海，后经地下党帮助，乘船远赴香港。

继而太平洋战争爆发，香港沦陷，许幸之重新回内地。在桂林中山大学师范

◎暮年许幸之

◎在中央美院与董希文、梁运清等人合影

学院接受过短期教职，在桂林出版的《艺丛》等文艺刊物上发表美术、戏剧评论，如《论风格与气氛》。创作了抒情长诗《飓风》和多幕剧《最后的圣诞夜》。[21] 1943年2月，在湘桂列车上，他有感而发，写下了《不平等的列车》："不平等的列车，吐着乌黑的煤烟，吼着嘶哑的汽笛，在原野里匆匆奔跑，在那华贵的头等车厢里，有弹力的天鹅绒沙发上坐着高贵的绅士和淑女，穿着长毛虎腿的皮袍，拄着粗大手杖的官僚，戴着高高的獭皮帽子……在精致的二等车厢里，蒙着羊皮垫的沙发上坐着一批发国难财的奸商和一些走私越货的走私贩，他们穿着不合身的西服，有的则披着宽大的长袍……在灰暗的三等车厢里，旅客们挤得水泄不通，有穿着油腻工服的工人，有裹着破棉袄的农民，有披着制服的公务员，有套着拉链皮袄的大学生，还有一些扶老携幼的妇女们，他们在车厢里到处议论纷纷，心怀不满。"

在避走内地期间，许幸之一度贫病交加，在1944年7月，"文协"募集到"援助贫病作家基金"后，许幸之曾申领5000元"打发"生活。[22]

在抗战"大后方"四川壁山，许幸之又和早年的恩师吕凤子重逢。应吕凤子邀约，许幸之和新婚妻子卓文心回到吕凤子在四川创办的“私立正则艺术专科学院任教”。日本投降后，许幸之夫妇二人携带着吕凤子为他们画的“流亡图”回到老家江苏，在位于苏州拙政园的社教学院任教。[23]

退守艺术世界

新中国成立后，许幸之当选苏州市文联主席。1950年，从“电通”走出的袁牧之出任中央电影局的局长，作为袁牧之的老朋友，许幸之被调至中央电影局艺委会任编导，并赴烟台拍摄故事片《海上风暴》[24]，这部影片是电影局“工农兵”题材中以兵为题材的重要影片。编剧为羽山（刘白羽）和黄宗江，许幸之为导演，丁峤为副导演，主要演员有沈默君、赵铠、苏平、牛耕夫、丁尼、柏李等。

来自新解放区、老解放区和部队文工团的剧组阵容，显然令许幸之一筹莫展。部分演员发挥“当家作主”的作风，常常现场发问，令习惯“导演中心制”的许幸之非常恼火，认为这些人不懂电影生产规律、短话长说、循环放映……而摄制组里来自五湖四海的新影人们又斥责许幸之是“没有改造好的旧知识分子”，对立的情绪使摄制组在烟台陷入僵局。许幸之致信袁牧之要求“解困”。

袁牧之派遣程季华前往烟台，程季华抵达后，先去做曾出任文工团长的丁峤的工作，并表示：“演员中如有个别人仍不听劝告，继续闹的，调离摄制组。”[25]同时开导大家恢复摄制日程。程季华告诉大家，上级决定，如果8个摄影组都能在当年12月31日完成送审样片质量，全厂发双薪，否则“竹篮子打水一场空”。

结果，《海上风暴》平息了转型时期纠纷，任务完成，上影厂全厂也领到了双薪。

《海上风暴》之后，有些兴味索然的许幸之被调往川西协助地方土改工作，工作完成回京获调上海筹建上海科教电影制片厂，并任副厂长。

对科教电影知之不多的许幸之重新萌发了回归艺术的决心，他已经无法再继续“幼年时的梦”。早年1935年6月出版的《电通》半月画报上，他曾撰文说：“我以为制作电影和制作其他的艺术并没有两样。电影演员，在我看来，就是和画家的画笔一般，把种种的情节，画成一个具体的形象。绘画是用笔来驱使各种线条和色彩，电影是借演员表演来创造各种不同的典型。如同画家把线条色彩、笔触等统一起来一样，导演是在把演员的动作、表情、对白等等片断的剧情组织起来。然而，电影不像其他的艺术用一个人的力量来完成，电影是需要有很多人的分工，如同工场里制造物品一样，电影是结合许多人的精力来完成的，是艺术和科学结合的结晶品。制片厂如同画家的画室，同时也像科学家的化验室，制片厂，实际上是生产电影艺术的工场。”

其时，左翼美联的成员江丰已经出任中央美术学院的主要负责人。1954年，经过近两年的协调，许幸之步入中央美术学院理论研究室，重新致力于美术教育和创作。

在许幸之重新开始新的一轮绘画创作之时，正值苏联的所谓“社会主义现实主义”文艺路线在我国画坛占统治地位之时，许多教条和框框束缚着文艺工作者的头脑。当许幸之以自己的绘画风格在探索油画民族化的道路时，有人在背后讥讽他的作品“不能算作油画”。在那时，如果不画重大革命历史题材的作品，如果不以苏式油画的手法进行创作，都会被视为脱离革命创作道路的“异端”倾向。

对此，许幸之的回答是：“自己近年来密切注意油画中国化问题，并且在创作中也试图把中国民族、民间的艺术传统吸收到油画中来。正在尝试用中国人民所习惯的绘画形式和艺术语言，来表达中国人民的生活感情。以尽可能地使自己的作品能平易近人，为劳动人民所喜爱，作为自己的努力方向。”

许幸之的儿子许国庆说，在这种思想指导下，许幸之有意识地将自己的绘画构图、绘画色彩、造型方式和表现手法等方面与所谓的“正统油画”拉开了距离，而这种大胆的尝试在当时的政治氛围中是“别开生面”的。

令许幸之后来引以为痛的是，1957年“反右”风潮泛滥后，他也随波逐流卷入了对老朋友江丰的大批判中，这篇写于1958年2月26日、题为《批判江丰在美术史研究上的反马克思主义观点》的“文章提要”这样写道：江丰反党、反人民、反社会主义的阴谋活动，虽在政治战线和思想战线上已被击破，但在学术战线上，特

◎许幸之油画作品

别是在美学、美术史的问题上，还未全部缴械。因此，有把他最后、最顽固的所谓“学术”堡垒攻破的必要。这篇论文就针对江丰在“西洋美术史”的专门问题上，对他的反马克思主义的美学思想，和反历史唯物主义的历史观点着重地予以批判，从而揭露他反党、反社会主义的文艺思想的根源。[26]

汤晓丹的夫人蓝为洁说，汤很同情许，理解教育家热情善言。当然，言多时会有所失，祸常从口出，汤比许幸运一点，因为汤的个性是少言寡语、埋头苦干。

许幸之在中央美院的艺术教育岗位上一直持续到1991去世，他生前唯一不解的是职称问题，他说：“坐着满屋的人，评我够不够教授级，我不明白，大家为什么看不见我30年代就是教授呢？”

① 参见《许幸之诗集》，香港天马图书有限公司2004年1月版6页。

② 吕凤子，1886年7月7日生于江苏丹阳，1959年12月20日卒于南京。原名吕浚，字凤痴，号凤子，别署凤先生。吕凤子15岁中秀才，曾在苏州武备学堂和南京两江优级师范学堂图画手工科学习，后到上海创办神州美术院。1909年毕业于南京两江优级师范图工科。曾任两江师范附属中学教师、北京女子高等师范教授兼专科主任。1911年创办丹阳正则女子职业学校，1919年起，先后任上海美术专科学校教授兼教务主任，江苏省立第六中学校长，南京国立中央大学艺术系国画组主任、教授兼大学研究院研究员。1935年任其创办的丹阳正则女子职业学校校长，日军侵占丹阳后，率部分教师内迁四川，创办私立正则艺术专科学校。后受教育部聘任璧山青木关国立艺术专科学校校长。1940年任国立艺术专科学校校长，1942年创办正则艺术专科学校。1951年任苏南文化教育学院艺术系教授、江苏师范学院图画制图系主任。1953年任江苏师范学院图画制图系主任，兼中央美术学院民族美术研究所研究员。1958年任江苏省国画院筹备委员会主任。吕凤子擅人物、山水、花鸟，尤

以仕女和罗汉著称。其人物画大多取材现实生活，或寓嘲讽，线条有力，运转变通，具有表现力。

③ 成仿吾：《东方艺术研究会春季习作展览会印象记》，载创造社《创造周报》第8期。

④ 参见单杰华：《现代艺术史上的名家全才——许幸之》，载《党史纵览》2005年第7期。

⑤ 参见张少侠、李小山：《中国现代绘画史》江苏美术出版社1986年12月版168页。

⑥ 参见《许幸之诗集》，香港天马图书有限公司2004年1月版8页。

⑦ 参见司徒慧敏：《“剧联”的活动和统战工作》，载《中国左翼戏剧家联盟史料集》中国戏剧出版社1991年版152页。

⑧ 姚辛：《左联史》光明日报出版社2006年11月版707页。

⑨ 载1982年12月15日《人民日报》。

⑩ 夏衍：《懒寻旧梦录》三联书店2006年8月版186页。

⑪ 许幸之：《〈风云儿女〉的自我批评》，载《三十年代中国电影评论文选》中国电影出版社1993年12月版524页。

⑫ 《三十年代中国电影评论文选》中国电影出版社1993年12月版520-523页。

⑬ 参见张伟：《前尘影事》上海辞书出版社2004年8月版128页。

⑭ 倪震：《背着摄影机走向延安——吴印咸传》中国电影出版社2008年10月版50页。

⑮ 参见许幸之：《大型纪录〈中国万岁〉的不幸命运》，载《电影艺术》1992年第4期。

⑯ 参见马良春、张大明：《三十年代左翼文艺资料选编》四川人民出版社1980年11月版539页。附识：包括许幸之之子许国庆在内的诸多人士认为，1937年春，在延安排演的《阿Q正传》与许幸之有关，其时该剧本尚未发表。1937年3月7日，为进一步推动陕北戏剧运动的开展，由中央剧团、平凡剧团、青年剧团等联合组成的（西北）人民抗日剧社宣布正式成立，并在延安成立总社。该社成立后，即着手改编排演《阿Q正传》，该社社长赵品三，正是《阿Q正传》的主演。

⑰ 《光明》：1936年6月10日创刊于上海。半月刊。16开本。洪深、沈起予主编。发行人洪深。生活书店出版。1937年8月10日出版第3卷第5期后终刊。共出版29期(第1卷第7期另有附刊1册)。1937年9月1日起，复出《光明战时号外》周刊7期，小32开本，同年10月30日停刊。洪深在创刊号上写的《光明的态度》，即表明了抗日到底的态度：一些摇笔杆子的书生，“需要有‘以牙还牙’的决心和勇气的抗争者，不再有一丝一毫所谓‘艺术家底灵感’或人道主义或博爱，只是充满着那坚强的求生的志愿，与那不动摇的抗战的胆量——为了争取民族的生存而抗战!为了争取我们子孙的生存而抗战!为了我们自己的‘少死须臾’而抗战!”该刊主要撰稿人有茅盾、周扬、夏衍、洪深、舒群、沙汀、戴平万、杨骚、任钧、徐懋庸、立波、王统照、罗烽、艾芜、柯灵、叶圣陶、穆木天、魏金枝、郭源新(郑振铎)、许杰、臧克家、关露、周木斋、王任叔、张若英(阿英)、王西彦、姚雪垠等。作品形式多样，短小精悍，内容包括小说、报告文学、散文、诗歌、剧本、论文、翻译、随笔等。曾发表了许多控诉日本侵略者罪行，揭露投降派汉奸丑行，歌颂群众不屈斗争，鼓舞人民斗志的短小精悍的报告、特写。重视戏剧创作，开展戏剧评论，发表了许多剧本，该刊发表夏衍的《包身工》，在中国报告文学上开创了新的纪录。该刊还发表于伶、洪深、章泯、张庚合写的《汉奸的子孙》剧本。还出版过“追悼高尔基特辑”、“高尔

基哀荣录”和“哀悼鲁迅先生特辑”等。

⑱ 指陈群冶（1914—1935）左翼作家，江苏扬州人。三十年代在上海震旦大学读书。加入中国左翼作家联盟，为“左联”闸北支部成员。热心左翼文艺运动，从事写作和翻译，在1933年8月《现代》3卷4期发表翻译小说《谎语之夕》（意大利摩莱帝作）。在1934年1月7日、14日《申报·自由谈》发表杂文《谈第一人称写法与写实小说》和《论写实小说答穆木天》。同年3月1日和盟员庄启东合编的左翼文学月刊《春光》创刊，创刊号发表论文《论朱湘》，否定诗人朱湘在黑暗面前自我毁灭的厌世人生观。在《现代》4卷5期发表短评《一种倾向》，反对在文学作品中一味罗列事实的倾向，强调左翼作家“不应该只注意到现实表面的现象”，“应更进一步地去把握现实的本质”，“去追寻那典型的事件，典型的人物，来做具体的表现”。同年7月5日，小品文半月刊《新语林》创刊，在创刊号发表论文《关于沙汀作品底考察》，指出沙汀小说的基调是“通过那些平凡的故事的描写”，“鞭打”黑暗，显示了“对未来的憧憬”，反对侍桁对沙汀小说集《法律外的航线》“笼统的抹杀”和“对新写实主义的攻击”。在《新语林》2期和3期发表翻译长篇小说《耶稣》（连载两期）。1935年，他的《新文学概论讲话》一书由上海合众书店出版。同年因肺结核病逝世。

⑲ 参见《许幸之诗集》，香港天马图书有限公司2004年1月版5页。

⑳ 莫朴：《华中鲁艺美术系的回忆》，载《莫朴之路》中国美术学院出版社1998年2月版100页。

㉑ 参见《桂林文化大事记》漓江出版社1987年11月版934页。

㉒ 参见《抗战时期西南的文化事业》成都出版社1990年12月版29页。

㉓ 参见许幸之：《回忆恩师吕凤子对我的教育与培养》，载《南京艺术学院学报(美术与设计版)》1986年第4期。

㉔ 上海电影制片厂投拍的故事片。解放初期，我军某部赴东海执行作战训练任务的42名指战员，在行至深海时，遭遇强风暴，航船损毁，被困孤岛15个日夜。全体指战员团结一致，不屈不挠，靠着高昂的斗志和顽强的作风，打退了匪兵的两次进攻，战胜了饥饿和困苦，终于迎来了救援的战友。1950年，中国人民解放军第九兵团长江报社记者娇福纯根据他们的事迹，撰写了报告文学《海上风暴》。随后，作家刘白羽写成同名小说，1951年，由上海人民美术出版社改编成同名连环画册。与此同时，开拍同名故事片。

㉕ 参见程季华：《首任中央电影局局长——袁牧之同志片段》，载《当代电影》1990年第5期。

㉖ 原载《美术研究》1958年第4期。

唐纳：情爱至上者的归途

如果在“电通”要寻找一个最迷离的人物，那么非唐纳莫属。他身上迷离出的气息，多年以来，就像是一层氤氲的云烟，就像是都市里霓虹闪烁的瞬间，充满了不确定和想象。

1985年，唐纳携妻子和女儿回国，这是他人生中的第二次阔别故国的重温之旅，也是他的人生和祖国贴近的最后一次历程。三年以后的8月23日，74岁的唐纳在巴黎过世，弥留之际留给女儿遗嘱中的一句话是“要热爱祖国！”[1]

是次归国，唐纳与友人在北京饭店小聚，酒过三巡，黄宗江笑骂：“都因为你唐纳是罪魁祸首，要是那时候，你能留住她（注：蓝苹）一直跟你在一起，我们这些老朋友也不至于遭难受罪了！”[2]

黄宗江的话迅速引起大家的附和：“果如我戏言，中国的现代史会因之有所改写吗？其必然性中又会发生什么样的偶然呢？”黄宗江自我垂问。

其实，这一问的质询意义是非常耐人寻味的，即使历史的大进程不发生转变，那么至少曾经与蓝苹发生关联的人物的命运或许会有所转变，他们不至于那么精确地受伤，乃至消亡。

由此，有关唐纳的往事，也必然要由情谈起，由蓝苹谈起。

被气着了的男人

黄宗江称唐纳为“好人”，缘于一段往事，40年代孤岛时期，上海张家花园里，有唐纳和郑君里夫妇以及宋之的、黄宗江等人一场聚会。聚会人中有一女孩，年方二八，其形极媚，其声极嗲，女孩突挽黄臂，称“咱们去赏月”，唐纳顿时颜面失色。黄宗江由此结论说：“这被女人气着了的男人，可真是好人。”

另一次，吴祖光跟黄宗江谈起唐纳：唐纳有一次非常严肃地跟吴说，他已和小姐拥抱了，再怎么办呢？

黄宗江由之感叹：“谁能料到十里洋场、剧场、情场孵出来的三郎唐纳，会是这样一个情窦未开的鲁男子呢？鲁男子怎么曾陷入那么可怕的女祸呢？或惟鲁男子当陷。”

1933年12月13日，唐纳在《晨报·每日电影》“痛批”华电公司出品的影片《都市的罪恶》，他在文中说：“在国片公司中，向称三大鼎峙，现在艺华新创，然尚无成绩表现。其他时起时仆的小公司，限于资本，我们对他们不能过分的苛求。然在大公司开始转变作风的现在，这些小公司却还多逗留在武侠与恋爱至上的圈子内。不能张开眼睛看一看这个世界的现实。”

不难发现，唐纳对武侠横行与恋爱至上是很有些意见的。但他自己无法排拒的是，他的一生却和恋爱至上紧紧地粘连在一起，无法分开。

唐纳进入电影圈是在1933年，那一年，他还是上海圣约翰大学的学生，因为文笔不错，被《晨报·每日电影》的主编姚苏凤发现，以影评进入电影界。是年底，《现代电影》第六期刊发《硬性影片与软性影片》，正式引发了电影的软硬之争。唐纳向左翼电影靠拢，1934年6月10日，以“唐纳”化名在“每日电影”刊发以“太夫人”为题的评析文章，两天后刊发《〈民族精神〉的批判——谈软性电影论者及其他》，6月15日连续刊发《清算软性电影论》，由此被与姚苏凤等人打笔战的石凌鹤引为“同道”，被“吸收”进“星期餐会”。是年秋进入艺华公司任编剧，后经袁牧之介绍兼任电通公司的编剧与宣传主任。

◎蓝苹漫画像

◎在电通画报上蓝苹唐纳已经俨然情侣

唐纳到“电通”后追求的第一个女性并非蓝苹，而是陆露明。有传闻曾做过这样的披露：唐纳一开始拍戏就开始追求女演员了，在电通他第一个追求的是陆露明。虽然那时陆露明是许幸之、吴印咸用全力争夺的目标物，唐纳却还勇敢地在三角形上加划一角；可是，不久陆露明明白表示投入许幸之怀中去了，吴印咸很忧郁，唐纳无可奈何而闷闷不乐。

1937年6月5日，蓝苹在《联华画报》9卷四期刊发《一封公开信》时对此有旁及式的“回应”：那是在“电通”的时候，我还没有和他恋爱之前，那时我们是好朋友。什么人（公司的同事以及他的朋友）都知道他那时在爱着一个女孩子（为了不要牵上别人，恕暂不提名）。后来，他同我恋爱起来之后，我曾问他这事。可是他说那是个烟幕弹，为了怕人知道他在追求我。对一向不曾怀疑过爱我的人会对我说谎的我，这事像一颗流星在心上一闪就过去了，没在心上留下一点痕迹。

唐纳和蓝苹的爱情在1935年算是进展顺利，这一年，蓝苹参加了上海业余剧人协会，并于6月27日在金城大戏院演出了《娜拉》，并因此而一战成名。与唐纳渊源极深的《晨报》迅速发表评论说：“我要说出我的新发现，饰演娜拉的蓝苹，我惊异她的表演与说白的天才！她的说白我没发现第二个有那么流利（流利并不一定指说的快）的。自头到尾她是精彩的！……”

而蓝苹自己也觉得这是自己一次“如鱼得水”的演出：“记得在演《娜拉》的时候，我在台上真是自在极了，好像娜拉与我自己之间没了距离，把娜拉的话当作我的，把我的情感作为娜拉的，什么都没有担心，只是像流水似地演出来了。”③

1935年秋，《都市风光》开拍，在片场多有合作的唐纳和蓝苹擦出爱的火花，两人迅速同居，住进了南洋路89号的寓所。

按照蓝苹在《一封公开信》里的阐释，唐纳和她的危机发生在1936年的“三八节”之后，蓝苹“回到家忘了是为了找什么，在桌子上发现了他写给别的女人的情书及那位姑娘给他的情书。”

蓝苹所发现的情书，是唐纳写给张新珠的，张新珠在《都市风光》里充任了女主角，而唐纳是与其演对手戏的男主角，在影片中，唐纳尽现了一种“求之不得，寤寐思伏”的状态。张新珠在演出该片时并不是电影界的人士，只是一名舞女，演完该片后，就东渡去了日本。

这两段感情显现有交互对撞的成份，唐纳就情书事件认错，尽管蓝苹表示原谅了，也还是在苏州唐纳的一个亲戚家“躺了将近两个月”。此后，轰轰烈烈的六合塔集体婚礼举行，赵丹、叶露茜，顾而已、杜小鹃，唐纳、蓝苹以明星恋人的光彩闪现在世人面前。

六合塔归来，唐纳和蓝苹搬到了环龙路23号的寓所，据佣人秦桂贞回忆，唐纳讲话软绵绵，有点“娘娘腔”。蓝小姐讲起话来呱哒呱哒，笑起来咯咯咯咯，只是她的脾气喜怒无常。两人住在一起经常吵架，秦桂贞就常成为蓝小姐与唐先生的劝架人。让她惊奇的是，“动武”的还常常是蓝小姐。④

其时，蓝苹早年青岛时期的恋人俞启威南下上海旋而北归，蓝苹于1936年的夏天起意北上，借口是母亲病重。送走蓝苹的唐纳心神不宁，几天后竟收到了邻居代蓝苹送来的分手信，1936年6月27日，北上济南求见蓝苹未果的唐纳决然在旅馆中吞食有磷的火柴头自杀，并留下了一封情真意切的遗书。[5]

◎唐纳与张新珠

◎《都市风光》剧照

唐纳被救起后，其好友包之静专程赴济南请蓝苹回心转意。唐蓝事件迅速引发媒体关注，仅6月28日就有多篇报道出炉：《影星唐纳自杀》（消息，《华北新闻》）、《唐纳旅济服毒，蓝苹归宁迹往被拒》（消息，《大晚报》）、《明星——明星失恋自杀唐纳访蓝苹不遇愤而自杀后遇救》（消息，《大公报》天津版）、《唐纳自杀有感》（杂感，《大晚报》）。

蓝苹就此做过回应：“他在济南自杀后，我回到济南时，主要是想跟他当面讲明，并劝他看重自己，以后不要再这样，然后再分手。可是当我看到他那可怜的样子，可耻哟！我的心软的叫人不能相信，我甚至于完全饶恕了他的不忠实，可觉得人人都有错处，只要认错改错就行了。”

回到上海的蓝苹竟又在一本书里发现了一首情诗，是不舍爱意的唐纳写给张新珠的，再次愤怒的蓝苹与唐纳分居，并迅速与排演《大雷雨》的导演章泯同居，获悉此事的唐纳于1937年5月27日借酒后跑到吴淞口跳海自杀，被救起后送吴淞医院抢救，因为这事件隐藏着多元的戏剧性和话题意味，唐纳和蓝苹再次成为媒体的焦点。1937年6月，诸多媒体竞相报道这一事件：《蓝苹婚变之自白》（6月3日《晶报》）、《影评人唐纳二度自杀蹈海获救》（6月3日《影与戏》一卷二十六期）、《唐纳二度自杀的我观谈》（6月10日《影与戏》一卷二十七期）、《唐纳蓝苹交恶原因》（6月15日《时代报》）。

6月15日的上海《时代报》向公共揭开了谜底——《蓝苹想出风头，用的是美人计》，讲述了蓝苹移情章泯的事实，而此前一日，章泯与妻子萧琨在于伶家办理了离婚手续。

7月1日，《影与戏》一卷三十期以《钱千里发现新大陆，唐纳将作若何感想》为题披露了钱千里发现蓝苹与章泯偷情的事实。

受到伤害、被二度救起的唐纳选择了"北上"，他在剧本《中国万岁》的自序里说："1937年3月，我有过一次神秘的旅行，带着淡淡的哀愁，我悄悄地离开了家，走向现在正展着壮烈的游击战的——冀察。在北平北海的白塔上，我望着故城的落日，在天津东车站的小旅舍里，我听着敌人的炮声，在张家口的大境门外，我数着荒漠中间谍的骆驼的行进，原先是想藉此旅行，撒一撒堆积在心底的私人的烦闷，然而，在当时，苦恼却是愈积愈多了。一直到我在通州，在潞河中学校外的草坪上，和新识的章君谈了话，我的心才轻松了不少。他告诉我的故事，他指示给我的许多事实，给了我无限的欣奋和无限的勇气。这是我第一次，在抗战前即已沦陷的区域里，接触到了我中华民国的新生的一面，那是多么令人感动，可歌可泣的一面呵！"

是次北上，让唐纳从感情的阴影中逃离了出来，并以《大公报》战地特派员的身份，开始了战地新闻采访工作。上海沦陷后，唐纳转至汉口。1938年6月26日，大公剧团在汉口公演了《中国万岁》，导演正是唐纳在上海影评界的好友石凌

◎陈璐

鹤，主演是舒绣文和施文起。在武汉期间，唐纳还采写了《保卫大武汉》等文章，反响较大。

一张张的情网

都说失恋的人最容易的就是移情别恋。

“伤口”刚愈的唐纳又和演员陈璐坠入情网并且同居。陈璐原是汉口人，原名陈丽珍，曾就读汉口第一女中，16岁时被一陈姓地主看中，陈璐不满于这段婚姻，离家弃学，参加了在武汉的四川旅外剧团。在重庆经人撮合与唐纳碰出爱的火花，两人迅速同居，并经香港转道回到上海。

在上海，唐纳以“蒋旂”为笔名写了剧本《陈圆圆》和《生路》，《陈圆圆》由上海剧艺社搬上了舞台，唐纳在1940年1月25日写的剧本《后记》，对“魏如晦（注：阿英）、于伶、许幸之、吴天、叶蒂、于由诸”等人表示感谢。唐纳认为这是“困居在孤岛上，阴郁而烦闷”产生的作品，可以“稍稍告慰于自己的良心”。另一剧本《生路》则被收录入“光明戏剧丛书”。

1940年5月1日，唐纳和陈璐的儿子出世。唐纳为儿子取奶名“红儿”，是从他为陈璐所取的艺名“红叶”演绎而来，正名为“马均实”。

◎1936年六合塔前的婚礼
◎1952年唐纳与陈润琼在巴黎结婚

陈璐也在唐纳的人脉助推下，走上影剧界的前台，参与了《乱世风光》，《天网恢恢》，《雷雨》，《日出》等剧的演出。因为她的皮肤较黑，因此，也有了“黑女美星”之誉。据说陈璐一度对唐纳十分痴情，在唐纳嗣母去世的时候陈璐还专程赶到苏州，并且哭得死去活来“我生是马家的人，死是马家的鬼。”

1942年，盐商汪兴瑶和陈璐传出绯闻，《申报》和《铁报》上都有“影星黑美女陈璐和著名盐商汪某的一些风流绯闻”，曾经深受“出墙”之累的唐纳果断与陈璐分手。

汪兴瑶的儿子汪泰强后来披露说：多年后，陈璐在儿子的问题上曾懊悔不已，原因是唐当年在出国前，曾经到圣母院路的汪家向陈璐要儿子，但是她没有给他。⑥

而唐纳的儿子马均实后来证实，陈璐与汪兴瑶后来到青岛结婚，仍活跃于舞台和银幕，还在天津演出《千年冰河开了冻》、《乌鸦告状》等话剧，后在上海参加影剧协会，被武汉中南部队艺术剧院聘为话剧队演员。后来艺术学院根据指示不要非部队人员了。工薪制演员被辞退，划归到全国各大电影制片厂去。谋求去“上影”的她，被分配到了“珠影”，因未去就职而一直失业在家。在“文革”中，陈璐被打成“现行反革命”，罪名是“攻击中央首长”（江青），之后被下放到襄樊农村达10年之久。1979年才回到武汉，于2000年11月25日辞世。而红儿于1950年参演了赵丹导演的新中国第一部儿童影片——《为孩子们祝福》，由赵丹、高正做主改名为陈小璐。⑦

与陈璐分手后，唐纳则转赴内地，于1943年在重庆出任英国大使馆新闻处顾问，同时与冯亦代共组“中国业余剧社”，分任正副社长，剧社公演了《职业妇女》（吴祖光导演）、《大马戏团》（陈鲤庭导演）等剧目。

是年，赵丹将在《中华儿女》（沈西苓导演）中饰演自己妻子“刘二嫂”的康健介绍给了唐纳。康健原名章向璞，系原上海明星公司的女演员，曾在沈西苓导演的成名作《十字街头》中扮演过邻家女。

唐纳与康健在嘉陵江边举行了婚礼，但这段婚姻也只维持到了抗战胜利。

在重庆期间，据说以看牙为由随毛泽东参加重庆谈判的江青（蓝苹）曾托孙师毅约见唐纳，唐纳没去赴约。

抗战胜利后，《时事新报》复刊，这份报纸的后台是孔祥熙，唐纳因为与孔的长女孔令侃是圣约翰的前后同学，被邀请出任总主笔。由于观点偏左，唐纳在《时事新报》并不称心，当孔祥熙安排一老牌特务坐镇编辑部加强领导后，唐纳发现难有作为，遂偕同夏其言和女记者麦少楣退出了《时事新报》，应邀去《文汇报》工作。⑧

延聘唐纳的是《文汇报》的创办人严宝礼，孤岛时期，《文汇报》因短暂停刊险些被聘请的英籍发行人克明出卖，严宝礼找到《大公报》李子宽凑齐了三分之一以上的股权，并通过唐纳向英国驻华大使寇尔申请吊销了登记执照，而唐纳与寇尔关系极睦，曾经出任过他的私人秘书和中文教员。

严宝礼此番属于投桃报李，延聘唐纳为《文汇报》总编辑，而由徐铸成出任总主笔。在任职期间，唐纳还抽空给副刊《浮世绘》写了《桥边私语》系列小品，

◎唐纳文集书影
◎比较八卦的唐纳传记

这些小品文字，从1946年12月4日一直连载到1947年3月19日。

1947年5月，《文汇报》因支持学生运动被淞沪警备司令部查封，麦少楣也被中统逮捕，唐纳不得不选择离开上海去香港。

1946年，唐纳在《时事新报》工作期间，在一次记者协会活动中遇见了一位再次令他心仪的女士，她是驻法大使陈箓的三女儿陈润琼，陈自大学毕业后在《上海法文报》和英文《自由论坛报》当记者，精通英法两语。陈润琼最初并没有接受唐纳的追求，而是于1948年离开上海赴纽约入联合国总部工作。

经过香港的一年筹备，香港《文汇报》于1948年9月9日正式出刊，出任总编辑的唐纳却无心留恋，在获悉陈润琼赴美后，数月后，他也以《文汇报》驻联合国特派员的身份离港赴美。

据说，在离开香港前唐纳曾致信好友郑君里，信中说："前天我卜了一卦，算命先生告诉我'鸳梦重温，凶多吉少'。我信他，我现在很认命……"⑨

到达美国后，唐纳受聘于《纽约日报》；1951年秋，陈润琼母亲在台湾去世，

◎电通画报第八期封底人物唐纳

陈奔母丧，唐纳赴巴黎参加联合国大会，他们一度相约返回祖国，后此事搁浅，两人遂留在了欧洲。1952年，经过四年的苦苦追求，唐纳终于和陈润琼在巴黎结婚。

洋派少年的晚年

今天看来，唐纳生命中所有的曲折和迷离，都似乎是冥冥中早已经注定。在唐纳身上，洋派少年的气息不绝于缕，这和他终老海外，似乎是一种最贴切的唱合。

1914年5月7日，唐纳生于苏州吴县，其父马培甫当时任津浦铁路局洋务译员。少时唐纳入读的是苏州私立树德初级中学，后考入江苏省立苏州中学。

唐纳属于年少成名，16岁时就在《吴县日报》发表散文、短诗，并于1931年加入吴县"社会科学联盟"。

少年唐纳受史枚（佘增涛）影响极大，史枚1931年加入共青团，30年代曾任共青团沪西区委宣传部部长、沪东区委书记。唐纳到上海后，一度和史枚合租房子住在福熙路的四明村。1935年，周楞伽、宋之的和唐纳曾就电影《新女性》发生笔战，其时唐纳采用的笔名就是"史枚"，1935年4月17日至26日，周楞伽化名"枚史"恶搞，两年后，周楞伽与唐纳在一个朋友孩子的汤饼宴中对饮了一杯酒，才算化解了心结。[10]

1932年3月，吴县共青团组织遭遇破坏，唐纳离开吴县去上海，同年夏考入圣约翰大学，在"圣约翰"，唐纳是文体活动的活跃分子，还曾是篮球队的队长和学生剧团的骨干。

受姚苏凤之邀为《晨报·每日电影》撰写影评后，唐纳一发而不可收拾，以罗平、陈陀等多个笔名在《申报·电影专刊》、《新闻报·艺海》、《中华日报·银座》，以及《大晚报·剪影》等报撰写评论。

唐纳早期影评的特征非常明显，除顺应当时报纸的要求，不分良莠，"无片不评"之外，最大的特色，莫过于时常夹杂英文，比如说，他说美国影片《小妇人》是一个Home Life的故事，说影片《互助》是用最粗壮的手法来完成一部

Comradeship等等。

软性电影论的论辩，使唐纳调转了与姚苏凤等人接近的方向，但应该看到的是，他与石凌鹤的靠近，除却史枚在姿态上对他的影响之外，并没有从根本上完全转换其人生姿态。非常显而易见的是，尽管加入了以左翼为特征的电通公司，他走近的人物，并不是夏衍、阳翰笙等有极端左翼情结的人物，而是像袁牧之、赵丹、郑君里等带有明显海派气息的青年。

1935年，他在《申报》发表的《电影漫话》里，还曾简略地提及他与君里、牧之、赵丹三人的辩论，他们从晚8时一直辩论到12点半，“每一个都很热诚，都很兴奋”，他们讨论的是中国演员的演技问题。而这一点，在左翼阵营里，是不很十分看重的。

所以，1935年底，当唐纳要彻底革新《电通》半月画报时，他的主张就非常的明显，带有鲜明的强调技巧、强调艺术、强调中西参照的特征。他在1935年11月1日出版的第12期《电通》半月画报编后记《余力·约法三章》一文中说：从下一期起，在内容上将根据下列具体计划，充实起来和读者们见面。列出了“电影艺术名论”、“电影技巧研究”、“明星素描”、“从业员作品”、“半月中外新歌”、“半月中外新片”、“中外电影新闻”“半月读者编者问答”、“编者座谈”和“半月漫画”等栏目。

半个月后，唐纳主编的“革新号”出炉，欧美影片的剧照和报道受到了充分的“关照”，他本人还亲自上阵推出两篇译文，一篇以“唐纳”笔名译 Gvace Lytton的《电影剧本编制上的特点》；另一篇则是以“罗平”的笔名翻译的乌克兰作者“劳而”所写的《我的创作方法》。

在“革新号”的编后记里，唐纳还表示：“从本期起一副沉重的担子到了我瘦弱的肩膀上来了，因为是剥削的缘故，使我艳羡过去几位如师毅、慧敏的健壮，而同时对我自己就感到了无限的羞惭。……也好，这瘦弱的肩膀是得经一番锻炼的。”

令人无奈的是，《电通》半月画报的“革新号”只出了一期，就随着公司的

◎唐纳之子陈小璐

◎回归的唐纳与司徒慧敏

关闭而终了，唐纳“自我锤炼”的愿望，因此也就划上了句号。

唐纳此后的路径，尽管与电影的关联变得不那么紧密了，而是把“矛头”调向了话剧和报纸，但无可否认，此间，“洋务”工作他一直是在做着的，无论是与寇尔的关系，还是他为英国驻华大使馆新闻处效劳，都是诸如此类的显现。

在大时代当中，他一直不是个融入者，而更像是一个有积极倾向，但又徘徊在边缘的看客；而过多的江湖传闻和被媒体过度明星化了的渲染，又使得他不容易被轻易地接受或认同。1945年，在抗战即将步入胜利的末期，他就办好了去英国的护照。

但唐纳身上的矛盾之处，恰如一个恋爱至上主义者和革命者的矛盾，这两者早年在唐纳身上就呈现出一种很值得玩味的交集，在其去国之后，又再度得以显现。

1950年，他在美国创作了剧本《回国之前》，这个剧本以一对夫妇收拾行李准备回国作主线，以行李的多少和必要性为矛盾点，勾划出了理想与世俗现实不可调和的一面。

而恰恰又是这种不可调和，使他与国内严酷的政治现实隔绝，使他的命运得以被安妥置放于国外，尽管他和陈润琼在巴黎开设的中国餐馆，有无法隔绝的家国情结，但情结仅仅是情结，更像是一种无关痛痒的背景。

1979年和1985年，在国内刚刚洞开的时刻，唐纳带着妻子和女儿“马忆华”回到了祖国，他像寻找过去一样，在国内寻找与他失散了的、与陈璐生下的儿子“红儿”，但直到去世，他也没有见到他。

① 叶露茜：《思念唐纳》，载《马季良（唐纳）文集》华东师范大学出版社1993年版473页。

② 黄宗江：《好男唐纳》，载《大忙大闲·偷忙偷闲》广西人民出版社2003年3月版36页。

③ 蓝苹：《从〈娜拉〉到〈大雷雨〉》，载《新学识》一卷五期1937年4月5日。

④ 叶永烈：《阿桂的非常经历》，载《解放日报·朝花》2007年3月30日8版。

⑤ 唐纳遗书：阿苹，我决不埋怨你，真的，一点儿都不，为了你的壮志，为了你的事业，为了你所憧憬的生活，你抛了你的爱人，这正是你可崇敬的地方，我能埋怨你吗？决不！

但是，阿苹，你知道正因为这样，更使我万分难受，阿苹，如果你是平凡的，或是你爱了别人，或是你像璐（大约指郑君里之旧恋白璐）那样堕落，或是你真闷死了，我的悲痛是有限度了，阿苹，我不埋怨你别的，只是为什么你要在我心底留下那样真挚，那样诚恳，那样坦白，那样勇敢，为什么你不说你不爱我了。

从初恋到临走，你是无时无刻不鼓励着我的，你叫我早起，你叫我勤写作，你叫我守时刻不苟安，你叫我不要放荡，可是我的相信是这样深，随便的时候，我一点也没表现我的改善，从你回家后，一方面想减少寂寞的痛苦，一方面想在回来时夸耀，我是尽了我的负重，我写好了三个剧本，筹备了一个公演，还有很多；朋友说这时我正可玩玩，没有人管，可是我没有，这一点是对得起你也对得起我自己的。

为了工作，精神上受了不少的打击，可是我一想到你的鼓励。

但是现在，呵，现在，阿苹，你虽叫我不要悲痛，你虽更加倍的鼓励、安慰我，可是我现在是失了慈爱，失了扶助，失了护卫，失了一切的被击伤的小羊，失了舵的孤舟！

我想丢了家、丢了名誉地位和所爱好的电影事业，追随你去，共同去和帝国主义作真实的艰苦的斗争，同时也好照顾我多病的身体，但是已经迟了，你姊姊告诉我已经走了十多天了。

我本想努力找到你，但是沧海茫茫，我上那儿找去？

沦落异乡客邸，雨，老是在铅皮上滴着滴着着，现在只是我孤零零的一个人，一个人，现在谁是真正爱我的人？谁能再真正爱我像你一样？

我死，对社会没有什么利益，可也没什么害处，我再能做些什么有益的事情呢？我死了，我相信只有使你更发奋、更努力，因为可以常常使你遐想，常常使你追怀的人，现在，现在已经死了！

没什么别的遗憾，只是没有见到你最后的一面和那两个圆圆的笑涡！

祝你加倍努力去争取全民族的自由独立和解放！

阿仁（二十六日夜远处传来鹧鸪啼声和着雨声时）。

阿苹，连最后最后的见你一面的希望都给无情的信差毁掉了！

记得你曾含泪的告诉我，‘放心吧，你是胜利了！’可想不到，在今年今月今日我会含着泪地告诉你：‘我是失败了！’

我羞惭，我讪笑我自己，我失了自信力，我是这样一个连垃圾都不如的东西！

阿苹，假使你常为我的死而不安、而悲痛，我在地下将永远得不到安宁，只有我对不起你的地方，没有你的份，我很想在最后听一声你的宽恕我的话，可是办不到了！

阿苹，我绝不埋怨你！

好好珍重你的身体，我把你害得这样羸弱！

阿苹：你远远的叫我一声‘我的阿仁’！

（署名‘仁’之下又签一‘纳’字）

⑥ 参见汪泰强：《唐纳前夫人陈璐是我的后妈》，载《美洲文汇周刊》第334期2007年6月9日。

⑦ 参见陈小璐：《父亲唐纳的三段婚姻》，载《长江日报》2009 年 9 月 16 日。

⑧ 参见夏其言：《唐纳与我》，载《炎黄春秋》1996年第2期。

⑨ 参见高明：《著名文人唐纳的悲欢离合》，载《文史春秋》2008年第6期。

⑩ 参见周允中：《唐纳与周楞伽、宋之的的一场笔战》，载《电影艺术》2008年第6期。

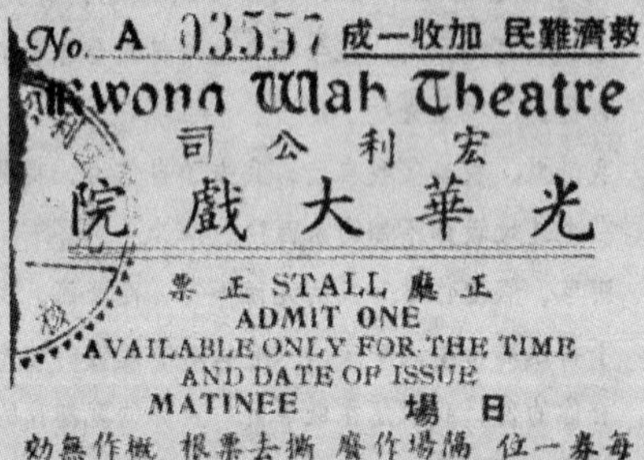

◎陈波儿的「角色」之变

◎王莹：文艺青年的洁癖与挣扎

◎1930年代的蓝苹

No. 6398 CO 2.30 P.M.

GRAND THEATRE

大光明大戲院

ADMIT ONE

三个“摩登女性”

她是“时代的小姐”；她是出走的“娜拉”；她是百灵庙抗敌前线演出“放下你的鞭子”的女星……

VALID FOR DAY OF ISSUE AND STATED PERFORMANCE ONLY

入座一位過期無效

STALLS 60 cts. 樓下（六角）

羽化的蝴蝶
——陈波儿的“角色”之变

陈波儿是电通影片公司最早的基本演员之一，也是首部影片《桃李劫》的女主角。

出演《桃李劫》时，陈波儿与电通签订的是演出合同，该合同的服务时限为三个月——自民国23年5月16日起至民国23年8月15日止，陈波儿拿到的演出薪金为三百元，其中一百五十元是签合同时付的，另一百五十元影片完成后付。该合同由陈波儿与马德建签署，介绍人为司徒慧敏，证明人为应云卫。

1936年4月3日，陈波儿与电通签订了长期合同，成为电通的基本演员，该合同的服务时限为两年——自民国24年5月至民国26年5月，薪水是按月支付，第一年为每月一百四十元，第二年为一百六十元。这份合同明确注明：“乙方应绝对遵守甲方通告之时间，无论日夜准时到厂拍戏或排练，不得迟到。如未经请假，届时不到者，即为无故旷职。”“乙方在合同期内若有其他与甲方业务并不抵触之职业或业余的活动，如舞台演剧、唱片收音、无线电播音或其他个人表演等情事，为共同维护甲方所建立之社会信誉计，应于事前征得甲方之同意，否则应受甲方之制止。”该合同由陈波儿与马德建签署，证人为关性灵律师。

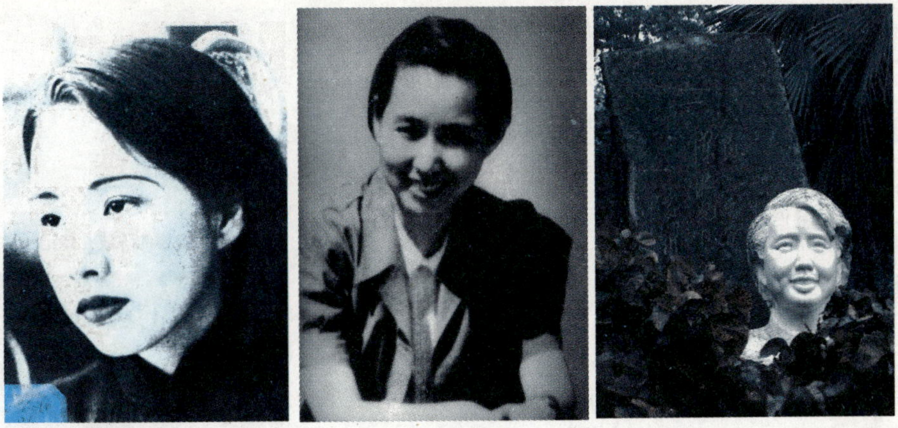

◎经典化的陈波儿形象

而这份长期合同的签署，也意味着陈波儿彻底走上了电影明星的道路。

这条道路，却是陈波儿一直为之彷徨的所在。

传记作者王永芳曾为陈波儿找出过许多个第一：比如她是中国人民电影事业的第一位女导演，因为1947年她在东影导演了木偶片《皇帝梦》；她是中国人民电影事业第一位女编剧，因为她在延安时期与伊明合作编写了电影剧本《边区劳动英雄》。

这种定位几乎与对袁牧之的定位如出一辙，袁牧之是新中国电影事业的奠基人之一，中央电影局的第一任局长……

这样的定位方式，无疑可以为传记作者的写作制造一个借口，以及一种神圣感和价值感，但同时也无法回避地容易出现“神化”的问题，在强调其历史地位时，把一些充满溢美意味的“大词”放诸于传主身上，让传主的任何行动，都有了因果关联，也就是说有了走向神圣的必然逻辑，而这些逻辑往往使隐蔽于人生历程的一些细节被忽视，一些思想的颤抖被省略，变成了一味地向前向前。

迄今为止，有关陈波儿最详尽的传略当以王永芳的《明星/战士/人民艺术家 陈波儿传略》莫属，其爬梳史料、连缀经历的贡献自然不容抹杀，但这一标题隐藏的逻辑关系也是一目了然。这也使得回到陈波儿人生的褶皱深处显得尤为必要。

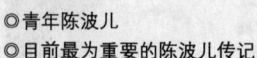

◎青年陈波儿

◎目前最为重要的陈波儿传记

最八卦的传说

自明星制进入影剧产业或事业以来，最引人入胜的“消费”和“谈资”莫过于绯闻。

有关于陈波儿整个影剧人生最大的绯闻，当然是她在40年代与周恩来所传的绯闻，这条新闻流布甚广。1958年，别有用心的香港明报有文章说，抗战期间，周恩来在重庆与陈波儿相互吸引生出恋情，邓颖超获悉大怒，并亲自兴师问罪。这一流言的始作俑者，是40年代到中国采访的外国记者，他的作品中清晰地谈及了陈波儿和周的一些流言，但并无证据。另有说法是陈波儿对周恩来的崇拜是圈中很多人都知道的，但毕竟崇拜和绯闻之间还有一道鸿沟存在的，崇拜归崇拜，距离还在那儿摆着，绯闻则常常是没有距离的。

当然，这条八卦新闻里其实也是隐含着事实的，也就是说，陈波儿在40年代的感情生活是有所动荡的。

其实这个原因不言自明。自30年代起，陈波儿与丈夫任泊生的关系，就因为两地分居而淡漠。

陈波儿和电通公司签订长期合同的1936年，他的丈夫任泊生就奔赴了延安，1937年曾回到上海，后在汉口八路军办事处、武汉国民党军委政治部第三厅、新四军等处工作。1945年时，还出任中共华中分局联络部副部长兼华中军区政治部联络部部长。

在这一阶段，任泊生在新四军的工作经历较长，1938年10月，他时任新四军游击支队驻亳县联络站站长，后改任第六支队政治部联络部部长，支队首长为彭雪枫。任泊生所做的联络工作，主要是邀请开明士绅参观边区，争取"红缨枪会"、"白莲教会"等帮会组织参加抗日；同时在国民党控制区发行《拂晓报》，宣传共产党政策；利用民众组织"动委会"，动员民众支援前线，鼓励青年学生去根据地学习。

1940年5月28日，彭雪枫曾为任泊生与陈波儿两地分居的事致信邓颖超①，而其时陈波儿正率领战区妇女儿童考察团在重庆举行报告、座谈活动。

这段时间，也正是周恩来在重庆曾家岩的休养期，也是陈波儿与周为时不多的接触期，从1940年3月26日周恩来由苏联回抵重庆，到1940年8月底周恩来安排战区妇女儿童考察团返回延安，周与陈的接触时间并不长，可见所谓绯闻是有很多疑点存在的，但未必妨碍"崇拜"的滋生。

而更早一段时间，陈波儿与周恩来的接触是1937年9月陈波儿与袁牧之、钱筱璋等一行抵达武汉后的交往。但在1938年11月，陈波儿即步袁牧之后尘抵达了延安，陈、袁前后抵达延安的时间只有三个月，而这一段时间陈波儿的"绯闻男友"，正是和她共同主演过《桃李劫》、《生死同心》、《八百壮士》的袁牧之。

在《明星/战士/人民艺术家 陈波儿传略》一书中，王永芳对陈波儿与任泊生之间的感情波折的分析，把更多的责任推给了任泊生，归咎于任泊生的不够进步与不作为。

任泊生与陈波儿相识于1927年，任泊生是黄埔六期学员，他与同学梅公毅的一次广东潮州之行，在庵埠镇结识了还叫陈舜华的陈波儿。后任泊生和梅公毅入上海

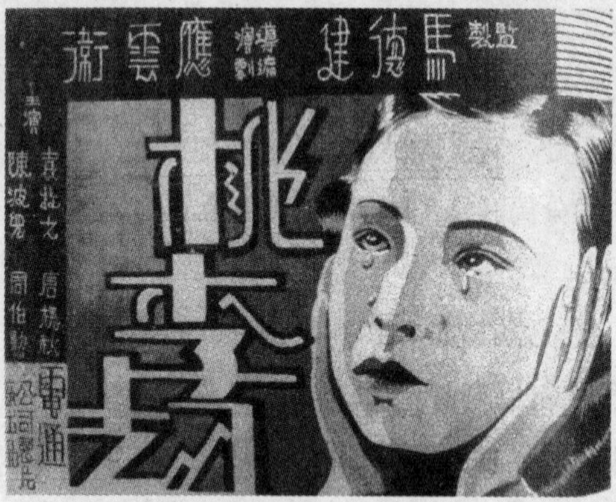

◎桃李劫海报

劳动大学和法政大学读书，梅因成为“共产嫌疑分子”被学校开除，任泊生避祸汕头，与陈舜华发展了恋情。

热恋后，两人先后抵达上海，入上海艺术大学文学系读书，两人于1929年开始同居，是年陈波儿加入上海艺术剧社，陈任二人就住在艺术剧社窦安路社址。陈波儿于1930年走上了戏剧舞台，参加上海艺术剧社《炭坑夫》、《梁上君子》和《西线无战事》的演出，并在冯乃超、龚冰芦合编的一幕五场剧《阿珍》中饰演了角色，此剧由叶沉和许幸之导演，夏衍任舞台监督。1930年4月28日，艺术剧社被查封。艺术大学也难逃厄运。陈波儿转入中国公学，读政治经济系。

任泊生曾是艺术大学共青团组织的小组长和交通员，还是《红旗报》的摄影记者。艺术大学关闭后，他在家学习日语，陈波儿建议他去日本留学，“任泊生听了陈波儿的建议后，而有难色，表示不愿去留学，主要原因是离不开陈波儿”[③]；后来终于去留学的任又被父亲催促回国。1931年4月18日，陈波儿与任泊生在香港举行了婚礼，任泊生的朋友朱光被邀作伴郎，朱光同时也是任泊生组织关系的联络人。朱光动员任泊生去苏区，任泊生以陈波儿怀孕为由婉拒，此事令陈波儿很恼火，甚至觉得“任泊生说的照顾自己，只是不愿意离开这个温暖的小家庭。”[3]儿子任克出生后，“任泊生有时做点小生意，有时回潮州波儿的家乡住一阵子，倒也相安无事。”[4]

而在任泊生与陈波儿这段共同生活中，任曾于1929年6月23日参加艺术大学纪念沙基惨案四周年的游行而被捕，经潘汉年营救才得以出狱；是年秋天离沪去日本，也是经过组织同意的；在香港期间，也曾企图与潮州党组织取得联系；1936年在获知朱光在延安后，又跑到延安恢复了组织关系；从其后的经历看，任泊生1946年后由华中军区政治部联络部部长任上转回上海、昆明从事地下工作；1948

◎生死同心剧照

年9月又在昆明被捕，经营救出狱；新中国成立后，任泊生曾任广州民航分局局长兼党委书记，并在香港两航起义中做了许多工作。这些经历，都无法看出任泊生的“不够进步”，如果换一个叙事策略，甚至可以成为一种“足够进步”的解读。

有关任泊生与陈波儿的仳离，王永芳延续了这种叙事方式，说是1946年陈波儿从延安到重庆，为筹建延安电影制片厂去购买摄影器材时，在重庆听说任泊生已经另娶妻子；1946年4月5日，陈波儿和欧阳山尊、李丽莲回到上海，夏衍、于伶、宋之的等人在红棉酒家设宴欢迎，陈波儿在席间介绍了解放区的戏剧活动情况。陈回上海后，“一天，任泊生突然找到这里，要见陈波儿。陈波儿礼貌地接待了他。他竟然提出愿意与陈波儿恢复夫妻关系。由于任泊生已再娶，理所当然地遭到陈波儿的严词拒绝。陈波儿认为这要求对自己简直是极大的侮辱，任泊生只好怏怏不快地离去。这样，结束了他们之间的夫妻关系。”⑤

从前后文的铺垫与关联上看，传记作者王永芳显然是煞费苦心。无独有

◎《桃李劫》海报

◎《桃李劫》剧照

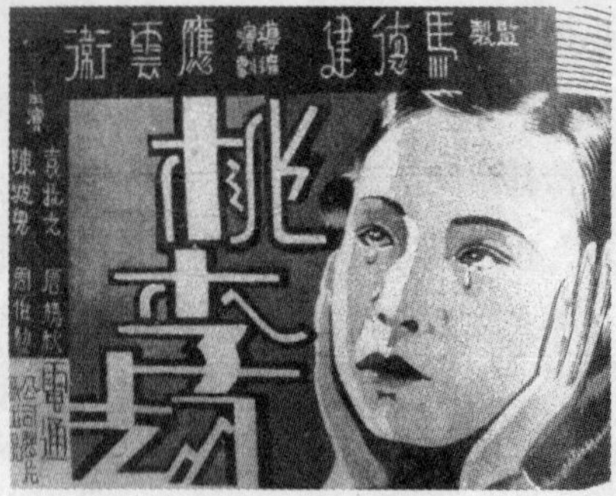

偶，《千面人生——袁牧之传》的传记作者郭学勤，在写陈波儿与袁牧之在哈尔滨结婚前后的这段“故事”说，“袁牧之从书桌的抽屉里，拿出了一封信，交给陈波儿。这封信是伊明写给袁牧之的。信的大意是，听说任泊生已经另娶，对波儿十分同情；他觉得袁牧之和陈波儿是一对共同生活的最佳伴侣，建议袁牧之明确向波儿表示这一点，并让袁牧之一定要很好地对待波儿，照顾她，关心她，使她今后的生活更加幸福。”⑥

而这伊明，正是与陈波儿合作编写电影剧本《边区劳动英雄》⑦（该剧本已经散失）的另一作者。

如同陈波儿与周恩来的绯闻是一种满怀猜想的八卦一样，一本正经地虚设逻辑其实也未尝不是另外一种八卦，尽管这种八卦是以“历史”为名义，以“赞美”为借口。

在明星与新女性之间

反观陈波儿的人生历程，影剧明星不过是她人生当中的一个角色而已。相比而言，新女性的代言角色，陈波儿似乎演得更为“投入”，也更为积极。

陈波儿较早的社会活动履历，当始于1929年10月，她加入了由共产党人恽代英、郭沫若、杨贤江、陈望道创立的“中国济难会”，该会于是年12月，改称中国革命互济会。

1930年，经潘汉年介绍，陈波儿又加入“中国自由运动大同盟”，并出席了是年2月13日的成立大会，鲁迅、田汉、郁达夫、郑伯奇、潘汉年等人出席了大会，在该会的发起人中，计有三名女士，分别是陈波儿、徐华和徐诚梅。

1935年，经电通公司摄影场主任司徒慧敏介绍，陈波儿结识了廖仲凯的夫人何香凝，何香凝是中国妇女慰劳总会上海分会的主席，陈又在何家认识了孙夫人宋庆龄。

是年，在宋庆龄、何香凝的支持下，陈波儿与史良、沈兹九、胡子婴等成立了“上海妇女救国会”，同时又发起组织了“青年妇女俱乐部”，“青年妇女俱乐部”设在吕班路万宜坊一座洗衣店的三楼上，陈波儿同时也住在这里，俱乐部的任务是团结各阶层妇女，从事妇女与劳军活动，蒋光慈的夫人吴似鸿，艾思奇的夫人吴佩兰、《立报》记者熊若兰，以及郁风、蓝苹等人也随即加入。

1936年11月23日，国民党政府以“危害民国”罪名，将上海救国会领导人沈钧儒、王造时、李公朴、沙千里、章乃器、邹韬奋、史良等7人逮捕，同为“救国会”执行委员的宋庆龄，在当月26日的《大美晚报》上，对“七君子”的被捕发表了一个声明：“关于全国各界救国联合会七位领袖的被捕，我以这个组织执行委员会的名义，特提出抗议，反对这种违法的逮捕，反对以毫无根据的罪名横加在他们身上……救国会的七位领袖已被逮捕，可是我们中国还有四万万七千五百万人民，他们的爱国义愤是压制不了的。让日本军阀担心吧！他们虽然可以在幕后指使逮捕七位领袖，但是全中国的人民是不饶他们的。”当局于6月11日，在苏州对“七君子”进行了“一审”，6月25日“二审”。为表示抗议，宋庆龄与何香凝等16人，于当天向江苏高等法院递交呈文[⑧]，要求愿与“七君子”同罪，自请入狱。这16人中包括宋庆龄、何香凝、诸青来、彭文应、张定夫、汪馥炎、张宗麟、潘大逵、胡愈之、王统照、张天翼、沈兹九、刘良模、胡子婴、陈波儿、潘白山。

将早期陈波儿的社会活动推入“高峰”的，当数1937年1月组织上海妇女儿童慰劳团赴绥远前线的劳军经历，其时傅作义部队攻克被日本占领的百灵庙，胜利的消息传到后方，民众欢欣鼓舞。陈波儿将儿子任克托付给张文渊，于1月9日，带领七名成年团员，三名儿童演员团员[⑨]离开上海，乘船北上。

一行人13日到天津，14日抵达北平，受到北平各界的热烈欢迎，招待会、宴会、新闻采访以及慰劳物资奔涌而来。

吴似鸿在《北上劳军日记》里这样写道：“说来已经不早，记者又赶到不少，拉住波儿拍照，最后我们几位女的也来一下，但是我们不想多留菜馆中……时已十二时，重回青年会已经关上铁门，费了些麻烦，从侧面进去……”

“十四日，下午二时许，到了北平，车子刚停下，月台上就有许多人站着，望着我们，执着旗帜，有的是北大的学生，有的是记者，脚还没有全跨下地，提照

◎陈波儿、蓝苹、
陆露明、王莹

相机的就准备摄影……肚子，想多吃一点，新闻记者却等在门口……并且第一句，都是‘哪位是陈小姐？’，拍照也多给她另拍一张。”

“十五日，下午二时光景，参加中国大学女同学同乐会，刚进校门，一班男学生把波儿包围，侧着头，尽量看望，摄影机立刻对准她的头，走一步，围一下，进一步，拍一张……我们等在外边急，因为去见宋哲元的时间已过……”

吴似鸿以女性的视角、细腻的笔触记录下了她的所见所闻。

慰劳团其后的活动包括16日中山公园记者招待会；17至19日参加北平国内和平统一促进会、北平作家协会、妇女联合会、戏剧协会、《科学时报》等团队举行的茶会。

20日凌晨，乘坐平绥铁路局的包车出发；21日抵达归绥，参加傅作义的招待会；22日在归绥公共礼堂演出《张家店》和《走私》；23日抵达百灵庙；24日下午，在百灵庙前线的广场上演出了《放下你的鞭子》；25日返回归绥；26日会见汤恩伯；27日返回北平。在北平留至2月28日，期间在燕京大学礼堂演出了四个独幕剧：《女记者》、《汉奸的子孙》、《黎明》和《弃儿》。

3月7日回到上海后，陈波儿撰写了《在国防线前演国防剧》的长文，刊发于《大公报》上。虽然北上的慰劳活动，其真正在前线的慰劳行动只有几日，鼓舞士气的作用亦很有限，但其社会意义和影响却极为深远。

此行，光彩夺目的陈波儿也遭遇过指摘，吴似鸿《在北上劳军日记》里说，南京的几名劳军妇女代表曾揶揄她“我们不会像你那样在士兵面前演戏”。陈波儿答复说：“平市各界的一部分中，当我们是戏班子，其实从事戏剧的人只有我个人……说到我个人吧，在一般的人眼中，我是个戏子，就算是戏子吧，但我这个戏子是在前线抗★（日）将士前演抗★（日）戏剧的戏子。如果不是戏子的人，能够理解我们这般所谓‘戏班子’的演戏价值，以及它的社会意义的话，那么应该发动全力扶助我们。”

七·七事变爆发后，陈波儿又参加了上海文化界抗日救亡协会、中国电影界救亡协会等组织，并参加了三幕话剧《保卫卢沟桥》的演出。

《妇女生活》编辑沈兹九后来在1939年8月刊发的《〈陈波儿从战地里的来信〉附言》曾这样描绘过陈波儿：“八·一三以后，她常常从摄影场里偷偷地跑到何香凝先生家里，来寻取业余的抗战工作，因为那时候，何先生是中国妇女慰劳总会上海分会的主席，她的家，也是上海妇女界抗战工作的集中地。我们常常可以看到这位耀人眼睛的星儿，也会默默地赶缝着战士的寒衣或两手灵活地卷着绷带、揉着棉花球。等到傍晚，她也随着大家，跨上大卡车到东战场去慰劳英勇的战士……”

在此必须说明的是，沈兹九的回忆多少有些问题，“八·一三”后，陈波儿并无电影要演，其签约的电通公司也已经关门，从摄影场去何香凝家并不存在，但其中陈波儿所参与的工作却可见一斑。

自八·一三到陈波儿离开上海一个月里，陈波儿并没有随救亡演剧队同行。

传记作者王永芳说，上海话剧界救亡协会组织了十二支救亡演剧队，“陈波儿也在演剧队中担任了领导职务……陈波儿在8月下旬，接到党组织的通知，暂时退出演剧队，先行撤退，转移武汉。”[10]

其时中共党组织对于救亡演剧队的组成和安排，是由潘汉年领导，由于伶通过上海戏剧界救亡协会负责实施的，协会与上海文化界抗日救亡协会都在卡尔登大戏院设址办公，在各队队长名单宣读时，盛况空前，有二百多人参加。尚不是共产党员的陈波儿是否另有授命，不得而知。

陈波儿和袁牧之一行带的第三人是钱筱璋，而钱筱璋正是《救亡日报》的临时摄影记者，该报的总编辑是夏衍，社长是郭沫若，而协调郭沫若夏衍合作共同办起此报的正是潘汉年。

钱筱璋有关此行的回忆里，并没有提及他为此请示过夏衍，所以至少可以说钱筱璋随同袁牧之与陈波儿的出行，更多的是源于他对袁牧之的信任。

据王永芳考证说，陈波儿是在袁牧之和陈波儿取道南京时入的党，而且出发前任泊生还在上海，并为她收拾了行李，同时告诉陈波儿他也将去武汉八路军办事处工作，有关陈波儿入党的事，任泊生也已经与潘汉年沟通，让她取道南京时解决此事。

难以想象的是，如果任泊生在上海，为何不同妻子一起带着孩子去南京和武汉？而是让她与袁牧之一起去武汉？

这里面可以说通的唯一逻辑是，陈波儿取道南京是为了入党，而其目的地则是武汉，“党组织的安排”有可能是任泊生与潘汉年协商后的安排，也有可能是任泊生的安排或潘汉年的默许，还有可能根本无人安排，陈波儿要到南京找李克农。

陈波儿的入党介绍人正是李克农与叶剑英，王永芳说李克农已经收到了潘汉年的“介绍”。李克农1928年在上海从事秘密工作时，就在上海艺术剧社与陈波儿相识，穿着裙子摇着小扇子的陈波儿还在街头营救过地下党员，所以陈波儿很顺利在南京入了党。[11]

成为党员的陈波儿到武汉，仍然延续她对社会活动的热情，钱筱璋说：“我们到武汉后，她不顾旅途劳累，立即投身到救亡活动中去，从早到晚在伤兵医院里，为受伤的士兵服务。”

1938年11月，陈波儿抵达延安，在完成了《延安生活三部曲》后走上了新考察路途，这一次她带领的考察团是“战区妇女儿童考察团”。考察团历经山西、河北、河南、陕西等地，历时一年零三个月，到达重庆，在重庆广泛宣传八路军在战区及敌后的军民抗敌和生活情况。

团员王紫非是吴印咸的爱人，她在《战区妇女儿童考察团简况》一文中这样描述，他们在阜平马兰村时的情形（与袁牧之的《延安与八路军》摄制组在此地汇合）：“我们发现，该地虽比较安全，却很闭塞，群众工作也比较薄弱。于是，波儿同志自己带头，全团动手，把全村的妇女儿童组织起来，教她们识字、唱歌、讲抗日救国的道理，把全村搞得红红火火，村里的中、青年妇女大都剪掉了长发。我们离开该地时，在全村的联欢会上，小媳妇大闺女都敢于上台扭秧歌，大唱抗日歌曲振奋了群众的革命精神，轰动了全乡和邻村！”

1940年9月陈波儿再次回到延安，入马列学院三部学习，后加入延安业余剧团，排演了《马门教授》、《新木马计》、《俄罗斯人》、《同志，你走错了路》等剧，1944年11月获评为“陕甘宁边区甲等文教英雄”。

1944年11月27日，中共中央党校编辑出版的《群英报》曾为此发表专题报道，“经过大家讨论，公认她，在参加《同志，你走错了路》的导演上，采取了群众路线，与工农干部打成一片，尊重他们的意见，在群众中改造自己，因而在手法上打破了洋教导，在舞台上冲破了旧形式，使工农干部能够根据自己的生活，很自然地在舞台上表演，演得像八路军像共产党人！大家认为她在这个剧上有创造，有成绩，且博得群众的喜闻乐见；并认为她具有刻苦耐劳，切实朴素的作风，没有旧文化人的那种古怪高傲的习气。她带着病编导《同志，你走错了路》，曾经昏倒两次，但始终不请假不休息，这种对工作的认真的精神，值得学习。大家一致通过她为文化事业上的劳动英雄，并希望她今后针对着党的需要，多创作，多排戏，坚持并发扬群众路线，更加和工农兵结合起来。”

显而易见，陈波儿获得了至高无上的“延安评语”，尤其是她“没有旧文化人的那种古怪高傲的习气”，为她日后被描述为“人民艺术家”奠定了基础。

此后，陈波儿一度谋划成立延安电影制片厂，自主拍摄《边区劳动英雄——吴满有》一片。陈波儿为此专程到重庆请示周恩来，并由重庆飞转上海找潘汉年协助采购器材，当时得到了蔡楚生、孟君谋等人的帮助，买到35毫米手提摄影机一台，电影胶片一万余英尺。1946年8月，延安电影制片厂正式成立，直属西北局宣传部领导，由陈永清任厂长兼党支部书记，又由伊明、钟敬之参加组成领导小组。[12]

经过延安淬炼的陈波儿于1946年7月乘机飞抵东北，并转往兴山，协助袁牧之管理东北电影制片厂。

从明星的路途上出发

由陈波儿的新女性路途，反观她的明星经历，心有不甘肯定是非常明显的一个特征，但无可回避的是，如果没有明星这个路径，要成为社会活动的新女性代表的陈波儿，其影响和光耀度必然大打折扣。

在进入延安之前，陈波儿最重要的电影作品有五部：《回首当年》、《青春线》、《桃李劫》、《生死同心》和《八百壮士》。

传记作者王永芳这样写道：“1934年12月12日，《青春线》[13]在上海新光大戏院首映。这部影片因其内容在一定程度上反映了社会现实，表现了青年人如何选择人生道路的问题，且演员大多是由舞台转向银幕的新人，特别是陈波儿，她的表演才能早已为人们所称道，所以，放映后引起了轰动，影迷们争先恐后地去看这部电影，到处传说着‘陈波儿枪杀姜尼克’的故事。众多新闻媒体也做了报道，一时电影《青春线》成了人们议论的热门话题，大大提高了演员名声。”

《青春线》的导演是CC系潘公展支持的姚苏凤，姚是《晨报·每日电影》的主编，是被强行派入明星公司的编导，原因是由夏衍、阿英、郑伯奇组成的左翼电影小组在明星公司“大行其道”，引起了潘公展等人的警觉。让姚进入“明星”是公司当局和执政当局互相妥协的产物，这一点，夏衍等人也表示理解。

因此陈波儿参加该片的拍摄，与明星公司签订演出都有左翼影人的参与，在

◎作为首期电通画报封面女郎的陈波儿

民国二十三年五月十七日签订的这份合同上，见证人为张凤吾（阿英）、郑平子（郑伯奇）。该片的演出薪金为三百元。

但不幸的是，《青春线》“杀青”之前，姚苏凤和左翼影评人石凌鹤等人进行了一场文字骂战，在骂战过程中，姚的文字涉及了在戏剧界有极高声誉的田汉，除此之外，姚还在《每日电影》上组织了对苏联电影《循环》的批判，指出“苏联的影片不一定是好的，犹之美国的影片不一定是坏的”，这些都加深了左翼影人对姚的反感。

唐纳、陈鲤庭、柯灵等脱离《每日电影》，改投鲁思主持的《影谭》，夏衍、阿英、郑伯奇也以“明星”编剧委员会解散为由，不再为《每日电影》撰稿，姚苏凤继而不点名批评鲁思，使《每日电影》在舆论对决陷入进一步的孤立。

日本学者张新民对《青春线》公映后的情况，有了与王永芳截然相反的考述：“公映当天，姚苏凤在《每日电影》上发表了《〈青春线〉上》，对影片创作经过作了较为详尽的说明，并表示热诚地期待着‘朋友们和观众们给我以最严格的批判’。但是，出乎姚苏凤意外，影片公映后不仅一般的副刊杂志，甚至连《每日电影》也没有收到一篇有关影片的批评文章。在不得已的情况下，第二天姚苏凤又在《每日电影》上发表了《〈青春线〉自我批判》，在对剧本、导演进行自我批判的同时，并再次表示‘有待于朋友们的批判的再批判’。但是，直到《青春线》第一轮公映结束，各报刊杂志对于《青春线》的批评是一片沉默，而且观众对《青春线》的反应也十分冷淡。事后，有人嘲笑姚苏凤因《青春线》公映后各报纸不予批评而大窘。”⑭

传记作者王永芳还对陈波儿参加“软性电影”杂志《现代电影》的助理编辑工作，做了这样的描摹：“一个偶然的机会，她碰见了中学时的同志吴贯忠。吴听说了陈波儿的情况后，答应帮助她联系工作。过了几天，吴把她介绍到了《现代电影杂志》当一名助理编辑。这个杂志的主办人是刘呐鸥与黄天始，这二人在当时是十分落后的，他们反对石凌鹤、蔡楚生和唐纳等进步影人。而且作风不正，经常打着电影的幌子对女青年进行骚扰。对此，陈波儿十分反感。她只在这里工作了三个月，便辞职不干了。”

其时，陈波儿因她所担任教职的上海外国语专科学校被封闭而失业，生活困顿，谋个差事是顺理成章的欲求。作为同仁刊物，1933年3月创刊1934年6月停刊的《现代电影》出出停停，只出刊七期，陈波儿在此杂志只工作三个月也符合该刊的出刊状况。而且《现代电影》虽负有“软性电影论”的恶名，但对中国电影理论的发展与完善也起到过极为重要的作用。就这一点而言，尽管传记作者王永芳的出发点是在于突出陈波儿的进步性，但刻意求工的方式还是有可以商榷的所在。

陈波儿的第二部影片即是电通公司的《桃李劫》。这部影片的拍摄，是司徒慧敏邀约陈波儿参演的。有报道说：“《桃李劫》的大饭店一场……所用电力，竟有五万瓦之多，实在非同小可。灯光的高热，没有影响演员的表演。为了塑造好角色，陈波儿显得心事重重，进餐时也若有所思，简直不能下饭。”

北利在《表演技术随感》一文中写道：“陈波儿初上银幕，在《桃李劫》里她是最努力的了。在《西线无战事》里，她扮演妹妹，在《梁上君子》里，她扮演律师太太，在《桃李劫》里，她却扮演一个从活泼的表妹到妇人的角色。在处女时代，她那羞嗔的态度，结婚后的妇人气，产后的疲困，却很毕肖，至于从楼梯上滚下一景，更是富于感情的压力……”

比及《青春线》，《桃李劫》让陈波儿获得了更为广泛的声誉，这部电影的主题歌《毕业歌》更是传唱一时。在电通公司编辑发行的《电通》半月画报上，在全部13期中，陈波儿是第一期和第十一期的封面人员，其在“电通”当中核心演员的地位毋庸置疑。

在“电通”，陈波儿也遇到一件不开心的事，因为香港全球影片公司与“电通”有技术合作关系，即“电通”为“全球”提供“三友式”录音机和录音技术，陈波儿作为特派演员被派到香港主演了《回首当年》一片。该片的导演为关右章，主演为陈波儿、游观仁、陆小仙、许曼丽，这部改编自粤剧《斗气姑爷》的影片，是部低成本、一两周就可拍竣的粤语电影，讲述了一个丈夫在外寻花问柳，而妇人在家恪守妇道和孝道，丈夫死后还为之守节的故事。

据她的朋友王为一说，陈波儿觉得这部戏思想和情趣都与她相差甚远，很不想演。但此片是司徒慧敏与全球影片公司导演苏怡牵的线，而且陈波儿与“电通”有演员合约也推脱不掉。为了入戏拍一场掉泪的戏，陈波儿只好请王为一到片场给她放悲怆的音乐听。

陈波儿1934年11月赴港，1935年春节过后返回上海，而这一年的年底，“电通”公司停业了，“电通”剪辑师陈祥兴回忆，公司结束前，正在拍摄孙师毅导演的《街头巷尾》，该片的主演正是陈波儿。[15]

1936年6月1日至1938年5月31日，陈波儿与明星公司签定了为期三年的演员合同，薪酬为每月二百元，合同的“见议人”为明星“三巨头”之一的周剑云，“证明律师”为凤昔醉。

陈波儿在“明星”拍摄了《生死同心》，其搭档依然是袁牧之。在明星公司1936年7卷4期《明星半月刊》上，陈波儿撰写了《关于赵玉华》一文，文中称：

"很诚意的向观片的朋友们、我们的导演和剧作者抱歉，因为我在这张片子里没有很忠实的演出，原因固然是我们开拍的时间太匆忙，没有工夫把全剧统一去理解它，以致不能将赵玉华这个意志模糊的女性，很细腻的从心理上如何受客观环境所影响而转变到她参加革命的阶段来演出，只是依靠故事的自然开展而转移而已。"

陈波儿接着分析该片女主角的缺失："赵玉华的革命动机完全是为了恋爱"；"恋爱革命已经是十年前的讨论的材料，现在提起来是太陈旧了，尽管这现象仍有一部分存在"。

这部影片相比《桃李劫》而言，显然也没有给陈波儿以精神上的满足，尽管在《明星半月刊》7卷3期奥尼撰文赞美道"陈波儿在这里是个很典型的女性，她曾为失去爱人而伤感，但最后却获得了她的新生命，为更有意义的事业去努力，是值得许多沉湎于爱的酒杯里之女孩儿们自勉的一个人物。"

陈波儿却说："在国难十分艰难的今日，《生死同心》所能指示给我们的，当然是太不够兴奋了。"

比及《生死同心》，陈波儿在武汉中国电影制片厂参与拍摄的《八百壮士》，更有一点身份的切合性，因为无论此前的上海妇女儿童慰劳团绥远前线的经历，还是在上海为八·一三抗战服务的经历，都使得陈波儿在这部影片当中扮演女童子军杨惠敏这个角色，有非常高的接近性。在影片中，童子军队长拿来一个纸包说："这件东西，希望有一个机警的同志，设法送到四行仓库去，谁愿意自告奋勇？"杨惠敏从队中走出："我愿意去。"接过纸包，杨来到河边，找到一只小船，向四行仓库前进。枪弹、炸弹向小船袭来，船翻了，杨惠敏泅水前进，终于爬上河岸，守卫四行仓库的官兵们把杨惠敏迎了进来。杨惠敏说："我是代表上海三百万民众，给你们送一份贵重礼物来的。"谢晋元打开一看，一面国旗，全体敬礼。士兵们把国旗升到仓库楼顶，士兵们、谢晋元、杨惠敏等仰视着国旗……

影片在抗战大后方和港澳、东南亚华侨区域的广泛发行，对正面、全面抗战的宣传无疑具有极大的推动意义，而且这部影片无意中促成了陈波儿两种公众形象的粘连，使其明星角色和社会角色真正合而为一。身着童子军装的陈波儿不必再在意发型、口红、脂粉与高跟鞋，而这些带有明星特征的元素，在从前的陈波儿眼中，一直是排拒的。

早在1934年的10月29日，《现代演剧》杂志记者吴湄曾对陈波儿有一段采访，被问及喜欢穿什么衣服和每月的化妆费时，陈波儿说“不管什么颜色的都爱穿，只有太花的不要”；“粉不用，一瓶雪花膏已经用了二个冬天”，在这篇访问中陈波儿还坦陈自己结了婚，年龄已经25岁，每月的生活费不到一百块，以至于《现代演剧》在次年1月号刊出配发了一个意味深长“编者按”，感叹“波儿还不够女明星资格”。

著作者与管理者

学者周慧玲曾经以女性主义的角度来“打量”陈波儿，她说《八百壮士》之后的陈波儿，“以自己刚创造出的新演员身份，一边从事教育民众抗日活动，一边丰富自己心中所想的新女性角色。此时陈波儿的名字，逐渐从电影画报上消失，而改以一篇篇的文字报道作者现身，或成为战争报道的对象，在不同的战区新闻间出没。”⑯

在周慧玲的论述中，陈波儿是具有强烈的女性意识的，并通过不断地著文探讨女性的社会角色问题，1936年在《妇女生活》2卷2期发表《女性中心的电影与男性中心的社会》，认为电影以女性为中心，是女性之羞而不是女性之荣；因为女明星的中心化是男观众统治性类心理的直接表现，而女观众对女明星美的承认是对男性中心社会的审美标准的应和。

1940年，她又在《妇女生活》8卷1期，发表《三个小脚代表印象记》，在该文一开始她就说动员全中国妇女参与抗战，不仅是为了“积极地追求我们民族的复兴”，也是为了“达到妇女自身的解放”。

周慧玲说，陈波儿所描述的农村妇女参与组织的情形，似乎说明“从家庭走出，参与抗战”已俨然成为妇女摆脱传统桎梏的最有效手段，参与国家大事自然成为“新新女性”的指标，更重要的是这群“新新女性”和以往不同，她们既无城乡

◎百灵庙前线演出

差别，没有年龄差限，也不限于知识阶级的区分。

无论周慧玲的论述和评判，是否意味着陈波儿在当时的历史环境和语境当中具有多大的影响力，但最低限度可以说明，陈波儿是经由了自醒到号召觉醒这样一个路径的，无论其作为明星，还是作为社会工作者，亦或是著作者，她努力向前的姿态是一直不变的。

不难理解，始终与进步同步又经过延安历练后的陈波儿，在1946年8月抵达兴山对袁牧之的重要意义，据说“按波儿的意思办”是袁牧之在领导岗位上，很经常使用的一句言语。

袁牧之给东北局宣传部和中央宣传部撰写两份《关于电影事业的报告》也凝聚了陈波儿的心血。

陈波儿在一篇叫作《故事片从无到有的编导工作》的总结文章中，将东影的艺术创作方针做了这样的归纳：首先是确定了“写工农兵”和“写给工农兵看”的方针，在写工农兵中又把重点放在写兵上。同时要求影片创作要努力建立新的风格，反对脱离内容的技巧卖弄，提倡从纪录片的基础上发展故事片创作。在具体的创作过程中则采取从小型影片做起，在创作中锻炼干部，熟悉制作过程，摸索电影表现技术的方法。⑰

陈波儿对“东影”方略的归纳，也深深影响了袁牧之对新中国电影的定调，他在1951年6月17日写就的《党论电影·写在前面》就是最为贴切的事例。

不仅如此，把“工资都给老袁买咖啡喝了”的陈波儿，在袁牧之就任中央电影局局长后，对新中国电影事业的布局，以及在分别疏通来自延安、国统区、旧上海等多方面人脉方面也起到了至为关键的作用。

1949年9月19日，蔡楚生在日记中写道：“下午陈波儿来访，旋我又访之于其住处714号，互谈中央电影管理局之艺术委员会事，甚融洽。承其见赠高丽参一小包。”⑱

1951年，颜一烟就创作《一贯道害人》一片表示为难，陈波儿就带她去参观“一贯道罪行展览”，并帮助她去公安部门提审案犯。

而在袁牧之踌躇于将北京作为全国电影的中心、着手兴建“电影村”之前，全国各省都有筹建中小电影制片厂之势，广东已经率先起步，酌王为一从上海购置了设备，在广州搭建了摄影棚准备开建“珠影”，为了制止有些省效仿广东，陈波儿于1951年11月7日赶至广州责成“停办”。曾在香港与陈波儿有过交往的王为一邀请陈波儿上楼，陈波儿指着五六级台阶摇摇头说：“我上不去……别看这几级台阶，对我就像爬座高山那么害怕。”⑲

1943年即已罹患心脏病的陈波儿，病情渐次恶化，北平解放后，她就曾致信给青年时的好友梅公毅说“我将不久于人世了！”。她的秘书齐宇在《回忆波儿同志》的文章中称：“每天将近黄昏，当她解决了编剧同志、导演同志的一些问题，解决了许多剧本上、制片工作上的问题之后，轮到我上她办公室去交代工作的时候，我永远不能忘记，这时候她总是无力地躺在那只长沙发上，我看到她那疲惫不堪的样子，听到她因心脏衰弱而粗重的喘息声时，我总不忍心再去打扰她……”。

1951年11月9日，陈波儿应钟敬之的邀请从广州乘坐火车抵达上海，参观完上影厂晚上在张家花园出席座谈会，在讲话的过程中心脏病发作，于次日零时三十分病逝于同济医院。享年43岁。

在离开广州前，她还和王为一说："不能停留在上海。"

---

① 彭雪枫：《给邓颖超同志的信》。

小超大姊：

汉皋一别，三个年头，无时不在念中，这之间您走了一趟莫斯科(注：指1939年8月至1940年3月邓颖超陪同周恩来到苏联首都莫斯科医治臂伤)，可谓幸福之至!我则深入敌后，每天冒着枪林弹雨，风来雨去，肉体上虽不舒服，精神上倒也愉快，不过反共分子随处皆有，总有点讨嫌耳!

任治生同志在我处工作。他自己以及我们大家都盼望陈波儿同志来。她去年在洛阳曾给我一封信，说打算要来华中。请您成人之美吧，不仅他们夫妇团圆，而主要可给我们在敌后活动的部队，在文化娱乐工作上以大的开展。我们在望着!

特向大姊郑重声明，我个人的问题并未解决，也不打算解决，海阔天空，独来独往，岂不写意？已经老了，已经老了!（吴振英〈注：时任新四军第六支队司令部机要员〉问候你安好）

要想见面，怕只有待之于抗战胜利之后吧？我真是想你们!就是我一个人孤独地在这敌人的后方，胡服(即:刘少奇)又离得远，想找人谈谈，净是"部下"。战争，人事，困难，千态万状，总是不轻松得很!就是像汉口那样过几个月见几天面的机会都不可得!

我知道您忙，可是总想读您的信。十年战友，友谊，同志间的亲爱，是比什么也宝贵的!

我不知道居留在渝的故人都是谁？知道的请您代我致意吧!

祝您

健康爽快!

我很结实，从来没有病过，请您放心。

最近小照送您三张，余者请您代为送人。

雪枫

1940年5月28日夜于豫皖苏

② 王永芳：《明星/战士/人民艺术家 陈波儿传略》中国华侨出版社1994年12月版33页。

③ 王永芳：《明星/战士/人民艺术家 陈波儿传略》中国华侨出版社1994年12月版37页。

④ 王永芳：《明星/战士/人民艺术家 陈波儿传略》中国华侨出版社1994年12月版38页。

⑤ 王永芳：《明星/战士/人民艺术家 陈波儿传略》中国华侨出版社1994年12月版195页。

⑥ 郭学勤：《千面人生——袁牧之传》浙江人民出版社2005年12版173页。

⑦ 《边区劳动英雄》的原型是吴满有，影片的

全名为：《边区劳动英雄——吴满有》。1946年8月，“延安电影制片厂”成立，并借助西北局下拨的拍摄经费一万万元边币，影片才开始投拍。该片由伊明担任导演，冯白鲁任副导演，程默担纲摄影，钟敬之担纲制片兼美术设计，男主角由凌子风饰演，这件事在当时颇有影响，《解放日报》上连续刊载了剧情介绍、拍摄进度的消息。该片摄制组组成后，国民党军队进犯陕甘宁边区，吴满有被俘，公开发布污蔑中共的讲话，这部影片也就不了了之。

⑧ 呈为沈钧儒等被诉危害民国羁押受审一案，具状人等言行相同，束身待质，请予并案办理事：窃爱国无罪，不待烦言。沈钧儒等从事救国工作，并无不法可言，羁押囹圄，已逾半载，倘竟一旦判罪，全国人民均将为之惶惑失措。具状人等，或为救国会会员，或为救国会理事，或虽未加入救国会而在过去与沈钧儒等共同从事救国工作。爱国如竟有罪，则具状人等皆在应与沈钧儒等同受制裁之列。具状人等不忍独听沈钧儒等领罪，而愿与沈钧儒等同负因奔走救国而发生之责任。为特联名具状，束身待质，仰请钧院将具状人等悉予羁押审讯。爱国无罪，则与沈钧儒等同享自由；爱国有罪，则与沈钧儒等同受处罚。具状人等愿以身试法律上之救国之责任，特具呈。

⑨ 三人为左义华（左林）、张俊鑫（张早）、曹东华（维东），曾在《联华交响曲》和《小五义》等影片饰演过角色。

⑩ 王永芳：《明星/战士/人民艺术家 陈波儿传略》中国华侨出版社1994年12月版126页。

⑪ 陈波儿一直很得李克农赏识，1949年，陈波儿的儿子任克曾入李克农任部长的中共中央社会部做机要工作，其时任克不到18岁，只有初中文化水平。

⑫ 参见钟敬之、程默：《延安电影制片厂建立前后》，载《延安文艺丛书·电影摄影卷》湖南文艺出版社1988年3月版22、23页。

⑬ 《青春线》剧情简介：江宏、赵进和沈兰三人是很好的朋友，江宏家境富裕，但沈兰对有才华的赵进心存爱意，三人在中学毕业后一同到杭州上大学。赵进生日这天，父亲病危。父亲去世后，失去经济支持的赵进只能辍学，他在县工艺实习所找到了工作。两年后，江宏在上海一家银行做了公债科主任，沈兰则回家乡的师范学校教书。赵进以为他和沈兰又有发展的机会了，但此时的赵进已经吸引不了沈兰了。沈兰得到江宏的推荐很快去了上海，不久失业的赵进也来到了上海，而此时江宏与沈兰结婚了。赵进当上了火车司机，江宏婚后厌倦了沈兰另结新欢，还向沈兰伸手要钱，手枪走火，江宏中弹死亡，沈兰躲到了赵进的那列火车，但还是被警察发现了。

⑭ 参见张新民：《〈每日电影〉与姚苏凤》，载《中国的现代性与城市知识分子》上海古籍出版社2004年3月版233页。

⑮ 参见陈祥兴：《感慨话当年》，载《中国电影》1958年10月号。

⑯ 周慧玲：《粉墨登场闹革命：陈波儿与现代表演中的“新女性运动”1934-1945》，载《文艺理论与通俗文化》（台北）1999年12月号。

⑰ 参见钟大丰：《袁牧之同志与新中国电影事业的初创设想与实施》，载《当代电影》1999年第5期。

⑱ 参见《蔡楚生文集·第三卷》中国广播电视出版社2006年2月版305页。

⑲ 参见《难忘的岁月——王为一自传》中国电影出版社2006年8月版126页

王莹：文艺青年的洁癖与挣扎

在现行电影史有关电通影片公司的书写当中，其主要演职人员，有被定义为“早期进步电影的领导者和实践者”的，比如袁牧之、司徒慧敏；还有被定义为“影剧事业家”的，比如应云卫；被定义为“电影理论家”的，比如孙师毅；被定义为“人民艺术家”的，比如陈波儿；被定义为“影评人”的，比如唐纳；甚至有被定义为“野心家”的，比如蓝苹；但极少有和影剧的“娱乐”特征发生关联的人物，最大的“桥段”，莫过于唐纳和蓝苹的“生死恋”。

这类书写策略与被书写者的身份地位有关，存在着要代为隐讳的因素；同时，也与过度的严肃与严谨有关。

影剧毕竟是一个与娱乐相关联的职业，毕竟是一个与明星生活相关联的职业。

从这个角度来考量，抛开谈瑛、陆露明这些陪衬性的“角色”，“电通”的核心演职人员中，有明星的特征，被书写为“明星”的只有一个人，她就是王莹。

在已经出版有关王莹的著作中，至少有两部文学传记的作品是以“明星”姿态叙述王莹生平的，一部是李润新著写的《洁白的明星——王莹》（中国青年出版社1987年12月版），另一部是孙瑞珍和邹进著写的《马来亚情人——王莹传》（四川文艺出版社1987年3月版）。

電通
半月畫報
第六期
自由神特輯
MISS WANG YANG
A DENTON STAR
in
"FIGHT FOR FREEDOM"

◎电通画报封面女郎王莹

"洁白的明星"取自1933年王莹的"蓝衣赴会"事件。是年，明星公司宴请南京要员，"老板请客，明星作陪"据说是公司不成文的规矩，厌恶这一"规矩"的王莹着一身蓝色布旗袍出席舞会，在香鬓如云、花枝招展、珠光宝气的舞会上形成巨大反差，1933年8月22日的《时事新报·新上海》，刊出了署名"但丁"的文章《舞罢归来，王莹小姐以泪洗面》："王莹小姐，她本是一个大学生，有思想，有头脑……她入电影界，她是不习惯明星们的浪漫生活，然而，她也为了研究艺术而进跳舞场。当她看到幻影的灯光下那一张张舞女的娇艳的面孔，她发抖，她冷噤，叫着'真难看'，当她在舞着，她迷惑，当她回到家里，她哭了……'那种令人堕落的场所，她们为什么非要去呢？'她哭着，泪珠从眼眶里滴下来……"

"马来亚情人"，取自1940年王莹和金山携新中国剧团在东南亚巡演，为抗战募集款项，他们于6月25日至8月上旬，在新加坡演出了《放下你的鞭子》、《人约黄昏》、《贼》、《塞上风光》、《永定河畔》、《民族魂》等剧，"八·一三"在新山，"九·一八"在麻坡，"双十"在马六甲，年底在吉隆坡做了一系列演出，掀起了华侨的爱国热情，金山被南洋报纸称许为"中国的美男子"，而王莹则被称之为"马来亚的情人"[①]。

并不多产的"明星"

王莹一生所拍摄的影片不多，只有四部——《女性的呐喊》、《铁板红泪录》、《同仇》和《自由神》。其中，《女性的呐喊》（明星，1933）导演和编剧是沈西苓[②]；《铁板红泪录》（明星，1933）的导演是洪深，编剧是阳翰笙[③]；《同仇》（明星，1934）的导演是程步高，编剧是夏衍[④]；《自由神》（电通，1935）的导演是司徒慧敏，编剧是夏衍。

从王莹接拍的四部影片的编导阵容上可以看出，这四部影片均出自于她师友的手笔，也都是带有明确的左翼倾向的。沈西苓和夏衍是她在上海艺术剧社的朋友，洪深是她在复旦大学读书时的老师，程步高是田汉的好友，夏衍和阳翰笙都是中共电影小组的核心人物。

夏衍曾经这样评价那时的王莹："她接连主演了好几部进步电影和话剧，成了通常所谓的电影明星。这个称号和所带来的名声、地位和物质享受，曾经腐蚀过不少年轻有为的女演员，毁灭她们的高尚理想于灯红酒绿、纸醉金迷之间。但是王莹是受过严酷考验的革命者，能够抵挡住物质的诱惑。这在王莹和我的接近中，我能深刻地感受到。王莹每次和我谈话，总是提出革命面临的问题，并寻求答案。"⑤

"蓝衣赴会"事件也正是发生在《铁板红泪录》公映之后。

王莹走上左翼的道路并非偶然。并不顺畅的人生经历，使她的成长融合了敏感、自持、叛逆等多种因素。

1913年，王莹生于安徽芜湖一个小知识分子家庭，原名喻志华。其父喻友仁曾任南京英商亚细亚洋行稽查，母亲王氏曾是教师，8岁时母亲病故，父亲再婚，她被送回芜湖，先是进入一所教会中学，寄宿在深山中的一间修道院里，后考入省立第二女子师范学校。11岁时被后母卖给一薛姓富商作童养媳。12岁逃至汉口舅母家，其舅母王世懿是修德女校的创办者，在舅母家，她改名王克勤，并于14岁时考入长沙湘雅医院护士学校学习，被编入病护训练班，学习一些医药护理方面的知识。

是年，北伐军到长沙，王莹参加了学校宣传队，并在《豪绅家的丫头》的一剧中饰演了一个被卖到豪绅家后愤而出走最终走上革命道路的丫头形象。这一形象与王莹的人生经历具有强烈的贴合性，其表演自然真挚在所难免。

在参加演出期间，王莹喜欢上了北伐军某军十五师的秘书魏英，据说此人曾是她在芜湖时安徽省立第二女子师范学校的老师。长沙军阀何键制造了"兵变"后，大量抓捕革命党，魏英让王莹返回汉口，并托王莹帮他将三个小包（一包是食品，一包是衬衫，一包是布鞋）分别送给他的三个朋友。并交代她："这三个小包，一个是给湖南大学黄承恩教授的，一个是给明德中学张芝兰的，一个是福湘女中陈芸生先生的。"

王莹返回汉口，又在革命组织的帮助下奔赴上海，先是在位于浦东的横缅小学当老师，后入济难会工作。在此前后，王莹闻知了魏英被捕的消息，并从舅母的信中获知，长沙军警曾到校抓捕她，已经有很多与革命党有牵连的人士被抓。王莹义愤填膺，以王克勤的名字写下了“致何键军阀的公开信”。

王莹所在的“济难会”组织，是1925年9月由张闻天、陈望道、杨贤江、恽代英、郭沫若等人发起的，其主要使命是筹款营救被逮捕关押的政治犯。在上海，济难会的早期负责人是王弼和阮仲一，此二人也是潘汉年加入中国共产党的介绍人。而1926年，创造社出版部被查封，叶灵凤、柯仲平、周毓英、成绍宗四人被逮捕，也是后来通过上海济难会化解的危机。由此，上海济难会与中共的关联是非常紧密的，而因为潘汉年和创造社的缘故，与阳翰笙、夏衍、田汉等左翼人士的关联也是非常紧密的。

所以，王莹后来进入上海艺术大学学习，以及参加艺术剧社都是极为顺理成章的事情。她参加了《少奶奶的扇子》（洪深导演）、《西线无战事》等剧的演出，在艺术剧社的《炭坑夫》、《梁上君子》、《爱与死的角逐》中扮演了角色。在复旦大学读书时，也参加了复旦剧社的演出，参演剧目为《约翰·曼利》和《压迫》。

而其名字在这个过程中由“王克勤”更改为“王莹”，据说这个名字是谢冰莹送给

◎王莹

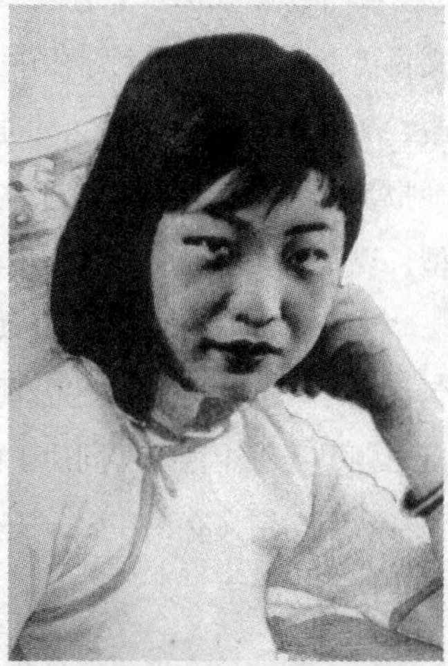

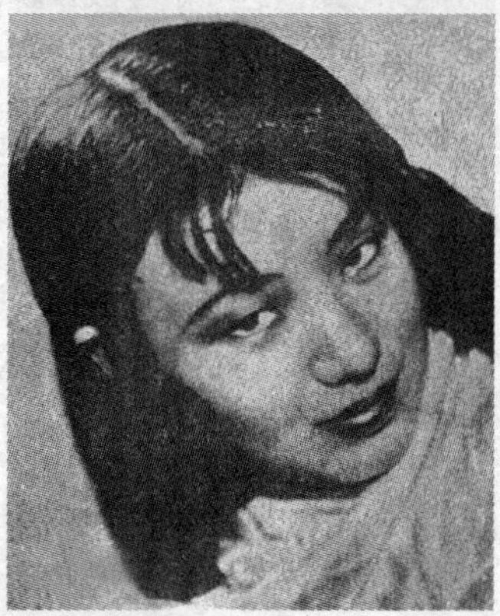

她的。

“九·一八”事变后，上海电影的“左”转，使大批左翼人士得以进入电影界，王莹也是在这一时代潮流中完成了转换，变成了电影明星。但显而易见的是，王莹的这种转换，并没有丢掉左翼的“秉性”。是受众的广泛度让王莹明星化了，但其内心和行为的明星化，并没有相应的发生。

与此同时，王莹在这一阶段，加紧了文字的操练，她和艾霞、胡萍等人迅速脱颖而出，在明星群体当中，显现出了与众不同的气息和风格。

在《铁板红泪录》公映后，北方的《青岛时报》，曾经刊发“竹天”的署名文章《女明星王莹、徐来访问记》，文中称：“学生投身影界成绩杰出者首推艾霞、胡萍和王莹，她三个人的成功，尤以王莹最快”；1933年11月1日的上海《大晚报》，则刊出了署名谢钊的文章《论王莹型》，文中说“过去的女明星是杨耐梅型，现在的明星是胡蝶型，也许将来会有王莹型的。”

1934年2月12日，王莹的好友艾霞服毒自杀。她在临终前留给在场者的最后一句话是：“人生是苦痛的，现在我很满足了。”而在艾霞自杀的前晚，她到公司摄影棚里找正在拍摄《同仇》的王莹。王莹正在化妆间卸妆时，艾霞约她找个地方说话。因与别人有约在先，王莹没有赴约。神情沮丧的艾霞在化妆室桌旁站了一会儿，便悲伤地走了。

没想到，这一走竟成永别。

有研究者认为艾霞之死，说法有三：一说为缘于“经济拮据的窘况”，艾霞父亲经商失败后，一家数口的生活重担要靠她维持。成为明星后，艾霞对衣着、发型、佩饰等逐渐注意起来，她感到了生存重负的压力，她又不肯随意出卖灵肉去迎合达官贵人以求荣华，这样，追求享受与工资收入一般且要保持独立人格便成了日益激化的矛盾，从而加重了厌世情绪；二说为缘于“不能自控的任性”与“郁于孤独、空虚”；三说缘于“为情所困”，她与一个姓L的有妇之夫（注：导演李萍倩）谈恋爱，在艾霞沉醉在婚前的美梦之时，L暗中与另一个女人打得火热，得知真相的艾霞顿时像掉进无底深渊，身心受到很大刺激，她曾对王莹说：“我最爱的人，便是最欺骗我的人啊！”⑥

艾霞之死，给王莹造成了巨大的刺激，她写出了题为《没有和艾霞说最后一句话》的悼文，文中首次提出了“黑暗的电影圈”的说法，继而发表了《冲破黑暗的电影圈》和《卸除一件五色的外衣》。

刊发于1934年3月7日《大晚报·火炬》上的《卸除一件五色的外衣》这样写道：我悄然地别离了这熟圈子，挟了一颗奋然而且坚（艰）苦的决心，奔到那遥远的天涯去投陌生，临行，我要抖一抖衣襟，抖去了一身无由的爱憎。

冲破黑暗的电影圈

企图“冲破黑暗的电影圈”的王莹选择了东渡日本，1934年2月18日，王莹在给文友英子的信中这样写道：“最近忙着一些事情，预备本月底，最迟三月半到日本乡间去读书，有机会也在那边的小剧场学习一点舞台技术。打算住一年，我信赖着艰苦的生活，是更可以使人上进的。——我是多么疲狈（惫）于这黑暗的电影圈呵！——我要克（刻）苦地去努力开辟一个新的环境……艾霞自杀了，事业和感情的绝望，大概是自杀的主因吧。这个社会是不容留比较好一点的人存在的。有什么话好说呢！”⑦

在日本，王莹先入东亚补习学校学习日语，然后入东京大学艺术系学习，在这个过程中她和秋田雨雀、方土与志、村山知义、野崎韶夫等日本左翼戏剧人士有了交往。

然而，“黑暗的电影圈”并没有因为王莹的远离而停止披露有关她的消息，在她婉拒了日本P.C.L电影公司一部电影的邀约时，日本的报纸《日日新闻》却报道了她有可能会答应的消息，并提及某通俗作家代为指导的消息，这在国内形成轩然大波，《晨报·每日电影》刊发文章称王莹与汉奸有来往。为此王莹致信《晨报》，写了《“惊人消息”的一点答辩的信》；王莹的文友英子，也在1934年6月29日的《时事新报·新上海》上，刊发了署名为“木屑”的文章，题为“王莹小姐不替日人演剧”。

被《晨报·每日电影》指为汉奸的可能是杜衡或穆时英，在收到国内报纸的消息后，王莹在1934年4月1日于东京发给英子的信中说："这个社会的一切都是杀人的，为了自己的职业关系，使杜衡他们受累，真是不安的事。杜衡是非常好的人，我很喜欢他。穆时英是一个天才，但，很快地被这个社会把他压遍（扁）了。和他，也只是认识吧（罢）了。而那些张着血口的人却造出了那么多可恨的谣言，有什么可说的呢！"[8]信中的杜衡曾自称是居于自由文艺和"左翼"文艺间的"第三种人"，1933年他在《现代》杂志上曾发表文章引发论战，其代表文章有《"第三种人"的出路》等；穆时英其时与刘呐鸥"沾边"，是新感觉派的代表人物之

◎作为封面人物的王莹

◎作为文艺电影封面人物的王莹

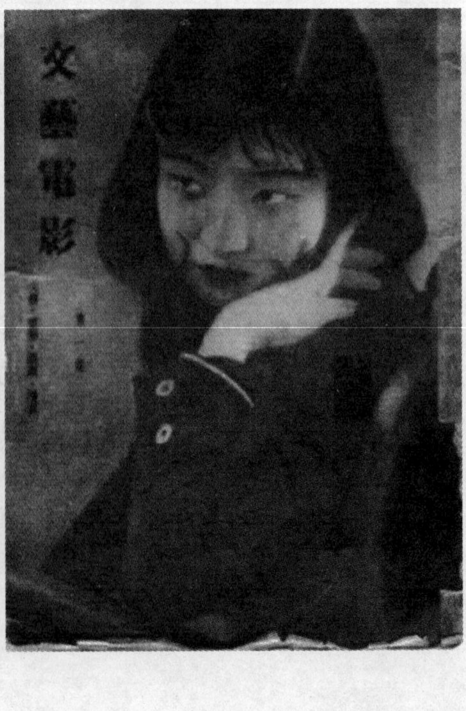

一，也是持软性电影论者，是左翼电影人士征讨的对象，其真正的附逆时间是1939年，他由港回沪主办汪精卫伪政权的《中华日报》副刊《文艺周刊》和《华风》，并主编《国民新闻》。后和刘呐鸥的命运一样，均被特工人员暗杀。

在日本，王莹也并没有待足一年，1934年9月，导演史东山到东京，邀约她回国拍摄《老人》。是年冬，在假期中的王莹百无聊赖，决定回国一趟。在离开东京前给英子的最后一封信中，王莹还说，她和周克还讨论了此片的拍摄时间问题，并说她对这角色一点自信也没有。[9]

王莹所说的《老人》后来易名为《人之初》，而信中提及的“周克”，是该片的摄影师。但王莹最终没有参演这部电影，片中的主要女角色由袁美云和胡萍饰演。1935年1月18日《中华日报·银座》曾刊有阿全的署名文章，题目为《龙钟老妇“阿要难看” 王莹拒演〈人之初〉》，意指王莹因为害怕扮相太丑而拒演此剧。

导演史东山在1935年一卷四期的《电影新闻》上则刊发了一篇文章《〈人之初〉之今昔——委曲的声明》，这部被两地审查，一剪再剪的电影，“剧力”和“重心”都受到了损失，“我知道是不能逃避诸友的责备的”，史东山非常尴尬地说，他甚至在试映时都没站到影院门口，而是闭门昏睡[10]。

王莹则进入“电通”公司，参加更为“激进”的《自由神》一片的演出。由于《自由神》中女主角“陈行素”有护理受伤革命军士的情节，王莹演得十分投入，演到“丈夫”林云彬（施超饰）在广州起义牺牲时，王莹情不能禁。1935年7月16日出版的《电通》半月画报第5期里说：在《自由神》现场，拍施超死的戏时大家都很伤心，王莹的哭相犹如“一佛涅磐，二佛出世”，施超从床上复活起来说：“哭得连我也忍不住了，怪伤心的！假使我真的死了，可不知道怎么样。”

在电影的拍摄期间，因为第三国际中国情报总支部的“华尔敦案”突发（又称“怪西人”事件），当局开始搜捕左翼人士，侦察队到电影场抓走了王莹。为了逃避审讯，王莹绝食了三天三夜，又通过随传随到的“三家铺保”被保释了出来。随即，“《自由神》里无自由”的报道，开始见诸于报端，王莹的名声再次被“放大”。有观众写信给王莹，称赞她为“时代的小姐”，这封《给王莹小姐》的信这样写道：“电通在人的意识是很充实的很时代的，在里面生活着的你，心情当然是非常活跃的。你有着对人生特殊的见解，你的经验很丰富，你的写作能力很好，我祝福你，时代的小姐。”⑪

是年，频频出入于各种文艺沙龙活动的赵默（金山）加入了“电通”公司，准备参加《街头巷尾》一片的拍摄。正是在这一阶段，王莹和金山坠入爱河，他们在法租界里租房同居。

“被捕”与“同居”等系列事件，让王莹再次陷入了“黑暗的电影圈”的“是非”旋涡，1935年10月2日，她在一篇《南归》的文章里以一封致“静姐”的信的形式写道：“你要我学习沉默和忍耐，我当勉励地听从和好好地教育我自己，回到了上海，仿佛回到了一个大地狱，一切突如其起的刑罚都推到了自己身上，自己连影子也不知道的访问记突然有了几篇之多，因了这一切杜撰的记载，又遭受了许多故意根据杜撰而来的攻击和谩骂，虽然是扑空的，但，这一切是多么的不合理和不易处呵。”⑫

令王莹没有想到的是，接下来，《赛金花》一剧的拍演更是将她推向了风口浪尖，而这一部戏也加剧了“电通”内部演员阵营以及上海业余剧人协会的分裂。

有关《赛金花》一剧的争演风波是《洁白的明星——王莹》和《马来亚情人——王莹传》两部文学传记都比较回避的内容，其原因大约是作者想刻意“保护”王莹的光洁形象，岂不知这给历史的解读留下了“盲点”。

此剧争演的主角，正是王莹与蓝苹。

蓝苹与王莹的“较劲”应该从《自由神》时就可以窥见一斑，在该片中，蓝苹饰演的是“陈行素”的女友“余月英”，在影片中只有“行军”和“中弹身亡”等几个镜头的戏，但令人嗟哦的是，在《电通》半月画报第6期，蓝苹与施超和顾梦鹤作为“自由神中之要角”出现在了封底。而在画报的第5期，还显著刊出了王莹和蓝苹漫画像，称“自由神里她们是效命疆场的两女兵，这并不是眼睛吃的冰淇淋，一个是娜拉演出有声名，一个是东岛归来第一声”。

◎王莹与蓝苹

◎王莹剧照

虽然王莹和蓝苹还在此片的过程中拍摄了一张“姐妹相依”的照片，但发生在上海业余剧人协会的一场竞争还是无可避免的发生了。一方是王莹和金山，另一方是蓝苹和赵丹，在蓝苹的背后还有同样身在“电通”的影评人唐纳，这自然使身为编剧的夏衍非常为难，他只好采取了“和稀泥”的折衷办法。他在《懒寻旧梦录》里回忆说：“双方各有人支持，也各有人反对。业余剧人协会为此也开过一次会，也还是没有结果。人事上的矛盾尖锐起来，于伶、章泯两位来征求我的意见……双方的演员都是我的熟人……出于无奈，我出了一个糊稀泥的主意，认为可以分为A、B两组，赵丹和蓝苹，金山和王莹，让他们在舞台上各显神通。这个设想章泯同意了，而于伶面有难色。因为他知道蓝苹不论做戏还是做人，都有一丝一毫也不肯屈居人下的‘性格’，而要她担任B角，她肯定是要大吵大闹的。”⑬

有关这个事件，后来发生的多种文本解读都容易采信夏衍后边补充解释的那句话，仔细看一下行文应该明白，在夏衍心目中，蓝苹确实是不甘为B角的，他的安排正是赵丹和蓝苹是A角，金山和王莹是B角。因此作为A组导演的章泯是“同意”的，B组的导演于伶当然是“面有难色”的。

与王莹的两部文学传记对此事回避异曲同工的是，有关金山的文学传记——《话剧皇帝·金山传》（冼济华 赵云声 著，中国文联出版公司1987年11月版），则对此事做了改写，说的是夏衍不假思索地让金山和王莹演A角，赵丹和蓝苹演B角，而且还说于伶、章泯都说“不妥”，也有了后来蓝苹听到安排后“摔门而走”的情节。

这个事件的直接后果是，被分为B角的金山和王莹另起炉灶，退出了业余剧人协会，新组了“四十年代剧社”，1936年10月18日，在上海《大公报》刊出消息，宣布剧社成立同时即将开排《赛金花》。夏衍在《懒寻旧梦录》里非常“巧妙”地写的是“金山、王莹、蓝兰、顾梦鹤”等另组“四十年代剧社”，“业余剧人协会”把《赛金花》的首演权让给了“四十年代”。

其实，金山起意另组“四十年代剧社”的缘由完全可以理解，对业余剧人协会而言，金山是真正的“财爷”，上海青帮头子杜月笙是他的“老头子”，他的三哥赵班斧时任上海警备司令部秘书，据当时《电声》杂志的披露，业余剧人协会《娜拉》和《钦差大臣》的亏空都是金山垫赔的[14]。作为以资财和融通手段支持剧社发展的“重要”人物，面临“女友”怂恿、角色被争抢的现实，另起炉灶是再自然不过的事情。

由此，《赛金花》在四十年代剧社开排后，组成了强大的导演阵容，除于伶外，洪深、孙师毅、应云卫、司徒慧敏、史东山等也被拉入了导演团，剧场选址在柳中浩、柳中亮兄弟开办的金城大戏院，连续上演了22场，场场反响热烈。

是次“另组”，王莹和金山自然与唐纳和蓝苹积下恩怨，唐纳利用他在影评界的人事网络“封杀”《赛金花》，这也就有了王莹在1936年10月3日给英子信里所说的：“另有一些人为了私见在各种阻止我们打击我们。甚至有封锁我们新闻的企图。”英子后来写信给《时事新报》的副刊编剧朱曼华，请朱在该报刊发了有关《赛金花》的报道。

“另组”事件同样也让在其间“奔走”、“调停”的老导演欧阳予倩下不来台，《中国影坛》后来有文章披露说：王莹本人的性情极好胜，在“电通”时代如此，在话剧圈中亦是如此。记得她当年与金山组织“四十年代”剧团，曾与剧坛老前辈欧阳予倩办的“业余剧人”剧团，争排《赛金花》一剧，欧阳予倩往来奔走疏通两个团体合并演出，可是王莹不肯放弃担任赛金花主角地位，几乎与欧阳予倩闹得下不了台。[15]

1937年2月，金山和王莹又带着《赛金花》巡演到南京，同样引发轰动，但该剧的影射意义同时也惹怒了国民党政府宣传部的张道藩；在南京时，为弥合与赵丹的关系，金山主动致信赵丹言及南京戏剧市场的情况，建议赵丹和业余剧人协会带《大雷雨》、《欲魔》和《醉生梦死》到南京演出。

1937年夏，“七·七事变”发生，王莹和金山参加了8月7日在蓬莱大戏院举行的《保卫卢沟桥》演出，在“八·一三”上海战火点燃后，参加“上海话剧救亡协会”组织的“战时移动演剧队”转赴内地，王莹和金山参加的队伍为第二队，后称救亡演剧二队，队长为洪深，副队长为金山，加上王莹，计有14名成员。

友情与爱情

“盘点”王莹在30年代的人事网络，其实是有矛盾所在的。

她是在左翼的路线和“推动”下成为“明星”的，但因为对于文字的嗜好，又使她与文学圈有非常过分的粘连。

从她给文友英子的40封信中辨识，她的交往对象更倾向于被定格为“新感觉派”和“新月派”的“中性偏右”的文人，比如穆时英、施蛰存，比如被列为“第三种人”的杜衡，比如臧克家，稍稍偏“左”的也是像靳以、张天翼这样的人物。

这样的交往圈子，势必影响了王莹自身对文学价值和戏剧价值的评判，也容易造成她个人定义为有“洁癖”和在“夹缝”中生存的现实。

在早期参加左翼剧运时，王莹和身在辛酉剧社的袁牧之合作了《狗底跳舞》，结果“他们都反对，而我自己也只想多学习一点罢”，这个“他们”即是包括刘保罗[16]等“激进”人士；尽管她是“不喜欢袁牧之那一流纯上海味的浮华少年的”，“但，我总是想往上爬，总想抓着一点好的光明的东西的”，因此而与刘保罗在“戏剧技巧的主见有点不同”，她甚至与他“便不大来往了。”[17]

1935年，王莹参演“电通”《自由神》，又招来了“偏右”人士的“火炮”，这些人包括她早前的一些朋友，比如穆时英、叶灵风、姚苏凤、江兼霞、刘呐鸥和高明。此六人在1935年8月25日的《晨报·每日电影》上对她大加贬低，穆时英说她“王莹？啧！啧！一个伟大的努力，然而结果是滑稽的失败……王莹来尝试这样的戏，不能不说是她的大胆，可是在才力和修养上是很有问题的”；在接应刘呐鸥

◎王莹的私生活图录

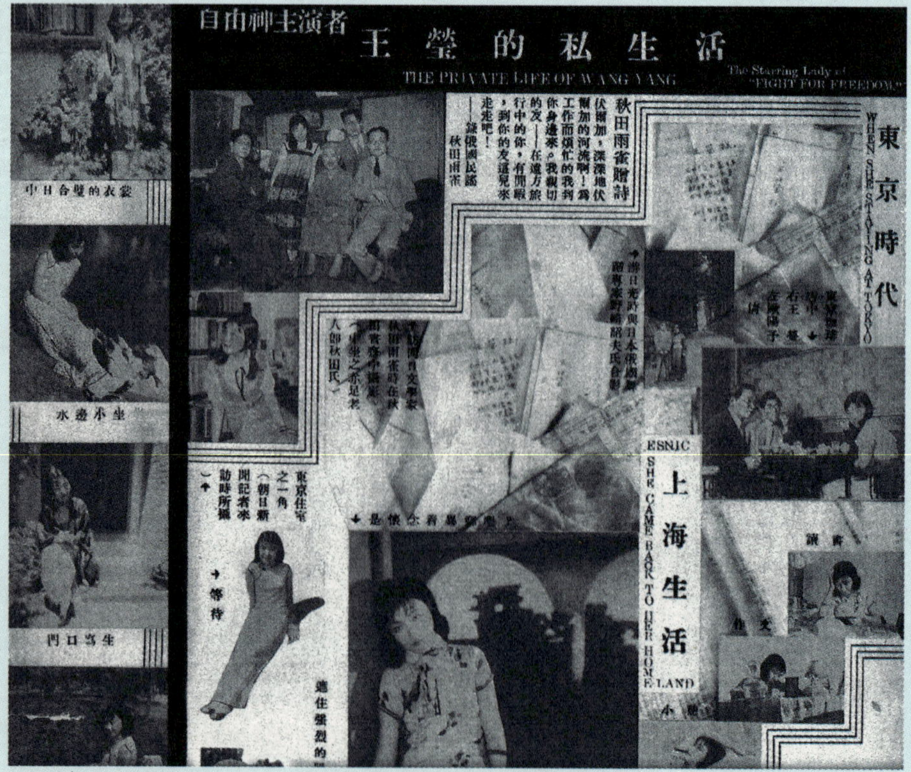

的质询"王莹在日本到底学的什么呢"时，江兼霞调笑她："无论她学了些什么，我觉得她在电影上的前途总是绝望的"；王莹演唱了《自由神》的主题歌，高明则评价说："我们在王莹身上找出了曾未得见的拙劣的女高音的歌手。"

尽管这些"偏右"人士的"嘲笑"与当时"软性"电影的论争有相当大的关系，但处于其中，王莹的尴尬是不难想见的。

靳以等人对王莹的态度同样也是有起伏的，英子在《我认识的王莹》一文中，就提到，"靳以开始以为王莹是个'社会女人'，不太愿意与她交往。"；后来，王莹和谢和赓去美国，靳以非常愤怒，又说："王莹变了，和一个广西军阀的什么亲戚跑到美国去了。"⑱

王莹与臧克家的通信方式更有趣，臧克家写给王莹的信都是由英子转寄的，而臧克家还要求英子，写信给他时，信中一定不要提王莹的名字。

由这些事例，可以理解，王莹在1934年为何会写下《卸除一件五色的外衣》这样的文章，研究者葛飞的判断是值得重视的："在某种意义上，'卸除五色的外衣'意味着摆脱染有各种色彩的'明星形象'。这既包括他者'黄色'的欲望注视，恐怕也包括'红色'外衣，还有左翼激进派强加的'白色'外衣。我们称王莹有卸除'红色外衣'的企图，并不是说她退出了左翼阵营，而是拒绝他人所定义的'左翼'……参加左翼电影戏剧运动，使她'获得了一些可宝贵的东西'，同时又为暧昧的目光所包围，为'左翼'所规训，巨大的压力使之无法喘息之感。"⑲

或者也可以说，王莹在处世方面是很有些"文艺腔"和"洁癖"的，她厌烦文艺圈里显现出的染缸特征，厌倦各种派系和阵营的倾轧与争斗，厌弃人事网络的繁杂与纠葛。在她看来，一个人在任何情况下，保持自身的清白和一尘不染才是最重要，她挣扎于冲破和卸除的过程中，她痛苦于被中伤和被误解。

她说："我常常感到绝望和恐惧着自己会变成庸人的危险。你知道我现刻生活着环境的周围是怎样的一批人，一些腐化了的都市的渣杂，没有感情和希望，所有的只是忌妒与排挤，还有一些无聊的谗言，天天睁开眼便见着这群人，真有说不出的痛苦，而自已也会在极不留心中倾向于这些蠢的事物和言语上去的。一个人是应该怎样的不放松和管理着自己才行啊”。

她说：“我爱乡村，乡村的清洁的空气，明媚的花朵，可以给被都会践得倦沉了的心灵一些亲切的抚慰和温暖”；她想去黄山，是“需要美好的自然来疗治我”；她甚至“很愿意做做乡村的小学教师哩。”

1941年，王莹作为从南洋巡演归来的大明星出现在重庆嘉陵江边时，连来给她开欢迎茶话会的复旦大学学生都深为吃惊，她既没烫发，也没穿高跟鞋，穿的是平底布鞋，上身裹着一件素色旗袍。[20]

王莹的这种文艺腔和洁癖最终也落实到了她个人的情感经历上，从最初大革命时打绑腿、戴眼镜的英俊军官魏英，到英俊潇洒、风流倜傥的金山，再到风度蹁蹁、富于家学、性情温和的机要秘书谢和赓，都能够看出王莹与其精神质地一脉相连的择偶标准。

王莹在人生的巅峰时刻终结了与金山的情缘，毅然与谢和赓奔赴美国，是其现实感情作用于人生的最完美的体现，从某种程度上说，谢和赓是魏英与金山的结合体，比及因为时代命运而错失的魏英，谢和赓的英武与神秘共在，他是早期地下党员，现实中又是国民政府高级将领白崇禧的秘书；比及多情和带有世俗意味的金山，谢和赓富于深厚的家学渊源，其父谢顺慈是广西名士，是“清末秀才，广西知名的书法、金石家和收藏家”[21]，曾任广西省政府咨议，其书法有“广西二绝”之誉，谢和赓的彬彬有礼和温情脉脉，都是令王莹怦然心动的所在。

巅峰与陨落

尽管最终移情谢和赓，但无法否认的是，王莹的人生巅峰时刻是与金山一起创下的。

这一时刻发生在他们随救亡演剧二队从上海“出走”之后，尤其是在救亡演剧二队改组为“中国救亡剧团”和“新中国剧团”巡演东南亚之时，王莹获得民众和文艺界的一致赞美。

1939年王莹在新加坡街头演出《放下你的鞭子》后，徐悲鸿绘制了高4尺5寸，

◎王莹的自传小说

◎书写美国经历的王莹著作

宽3尺2寸的油画巨作，并在新加坡华侨黄曼士家举行宴会，徐当场题写了“人人敬慕之女杰王莹”九个大字，黄曼士当场赋诗“大师绘事惊中外，女杰冬梅艺绝优；驰骋文坛为祖国，令名岂止遍星洲”。

郁达夫则写下了《看王女士等的演剧》一文，文中称“对于后方的小资产阶级的那一种不问国事，冷血的思想行动的讽刺，则不是剧术高超的演员，就很难收到效果了。王女士的神技，就在这些地方，有她独特的色彩，演得恰到好处，一丝一毫，无懈可击。”

由上海及武汉再到新加坡，“再次”见到王莹的郁达夫对她评价甚高，认为她“长成了”，有了“惊人的进步”，“她在这一个大时代里，已经找出了她自己所应走的路，而且也已经尽了她国民一分子所应尽的责。”㉒

在南洋演出期间，王莹始终没有放下与写作的关联，这种关联除了《我们在越南》、《长征杂掇》等十几万言的通讯文字，她还写下了《论中国人的立场》、《出走前的汪精卫现象》等政论文章。

据说，王莹为副团长的新中国剧团

◎暮年王莹

在南洋一年多的时间里，共演出七百余场，募集到的捐款折合国币一千三百多万元。1940年底，金山在吉隆坡收到新加坡华民政务司的限期传讯通知，在陈嘉庚等华侨斡旋不果的情况下被驱逐出境，新中国剧团也随之解散。1941年2月，王莹追随先期到达香港的金山抵港，加盟旅港剧人协会，参加了《马门教授》等戏剧演出。

太平洋战争爆发，王莹随同金山、夏衍、蔡楚生、司徒慧敏等知名人士离开香港，辗转抵达陪都重庆。

由于中国救亡剧团在以救亡演剧二队的名义筹组时就拍演了赞美李宗仁的《台儿庄之战》，所以"中救"的取道香港的南行之旅一直受到桂系的支持，而在巡演南洋的整个过程中，对谢和赓印象不错的王莹与之频频有书信往来。重返香港后，王莹与专程抵港学习英语的谢和赓爆出恋情；到重庆后，金山则因为主演话剧《屈原》再次爆得大名，加上谢和赓本人另有婚姻，有关这段恋情的传闻更是甚嚣尘上。

作为"电通"时代的旧友，孙师毅等人对这段恋情甚为反对，《洁白的明

◎王莹传记

星——王莹》的传记作者李润新，在书中隐讳地批评了孙师毅：“一位电影界的歌词作者，是王莹的老友，他对王莹和谢和赓的关系真有点杞人忧天的样子，到处用各种办法破坏他俩的关系，自已挖空心思的反对还不算，还千方百计地动员别人也跟着反对，恨不得来个文艺界的总动员。这位歌词作者，在文艺界，是个有名的‘交际家’，他的社交能力，使许多人都称他为‘小策划家’、‘小外交家’，他脑袋瓜很灵，专门为人出谋划策，又是个广播喇叭，什么事一传到他耳朵里，他会把消息一下子传到整个文艺界。此人个人生活上为许多正派人所鄙，那风流韵事才真贻笑大方哩。”㉓

据说，孙师毅等人的反对，周恩来有不同意见，他让大家不要干涉王莹的私事，并要求王莹和谢和赓，在谢没有正式离婚前不要同居。

身陷“绯闻”的王莹和谢和赓决定避走美国。

虽然此间多有材料说赴美的申报包括了王莹、金山和谢和赓三人，也暗指获得了周恩来的允许和“委派”，但结果是金山最终也没有获得签证，王莹赴美的身份是“国民政府海外部海外视察员”，谢和赓的身份是“芝加哥总领事馆学习员”，二人于1942年夏抵达美国，谢和赓入费城海佛福德学院学习，王莹则先后在贝满女子学院、耶鲁大学和邓肯舞蹈学校学习。

王莹在美国的学习一度得到过徐悲鸿的帮助，他在1943年3月12日给王莹的信中说：“在我书中之两函，已交道藩先生。彼有力量帮得到忙，况且当年你们贡献国家那么多，出的力如此其长且久且艰巨，他极明了，此时不能不为你设法。至于你的才能，学习那么需要的科目，他更不应该坐视的。英国文学、音乐、舞蹈都需要用功研究，其外看看就得，你的成功，将来未可限量。”[24]

其间，王莹应邀到白宫演出过《放下你的鞭子》，还创建过“中国剧团”，并著写了自传体长篇小说《石榴花开的时候》（后易名《宝姑》）。1950年2月，广西地方法院对谢和赓的离婚作了宣判，王莹和谢和赓随即在纽约领取了结婚证书。1952年6月，美国国会通过麦卡锡主义阴云笼罩下的移民法案[25]，两年后，谢和赓被捕关进了哀离思岛监狱，后被移民局“驱逐出境”回归祖国。

1956年，王莹进入北京电影制片厂剧本创作所工作，随后开始了另一部自传小说《两种美国人》的创作；次年，谢和赓被外交部系统打成“右派”发配到“北大荒”劳动改造，王莹被迫移居香山。在十年后的文革中，先是谢和赓被抓，紧接着王莹也被投入秦城监狱，被诬陷为“30年代的黑明星”和“美特嫌疑”，属于“夏衍专案”组，1970年致全身瘫痪，1974年3月3日在狱中含冤去世，其死亡书上只有一个监狱在押人员的编号“6742”。

早年将王莹推入“明星”行列的夏衍于1980年回忆说：1960年文代会期间，周总理在香山邀集电影界举行宴会，发现王莹没有参加，临时派人接她与会。见她意态消沉，呆在一个不显眼的角落，默默地不发一言。[26]

谁也无法猜晓那一刻王莹的心情，或许她已经茫然于如何冲破黑暗。

① 参见冼济华 赵云声《话剧皇帝·金山传》中国文联出版公司1987年11月版105页。

② 《女性的呐喊》剧情：女主人公叶莲的朋友少英是个进步青年，为参加革命到武汉去了。叶莲本来家庭幸福，却遭到军阀混战的毁灭，只剩下她自己和妹妹。这时，包身工工头陈大虎，也是在上海租界的洋场恶少胡大少爷的爪牙，来到内地做包身工生意。叶莲一心想着自主、奋斗，结果和妹妹一起被陈大虎骗到了上海，住在一个阁楼上，进工厂做工。到了这里，叶莲才亲眼目睹了恶毒的陈大虎残酷地虐待包身工，叶莲心中不平。陈大虎为了更好地巴结胡大少爷，便逼迫叶莲去见胡大少爷，并且强迫她签订白做三年"包身工"的卖身契。叶莲始终没有屈服。叶莲的妹妹不堪忍辱胡大少爷的污辱而死，叶莲按捺不住内心的怒火，为替妹妹报仇，打晕了胡大少爷。晚上，她在街头奔波着，巧遇她寻找许久的老同学爱娜，但这已不是以前的爱娜了，如今爱娜已经是有钱人了。爱娜对于叶莲的遭遇和做法，不但不理解反而加以嘲笑。叶莲对她的希望破灭了。此时，叶莲想起了从前少英对她说过的话："个人奋斗是会失败的，健实起来再奋斗。"清晨，第一声汽笛鸣响了。

③ 《铁板红泪录》剧情：四川一农民刘正兴有个讨人喜欢的女儿小珠，同村另两个农民周老七和二蛮子同时爱上了小珠，但小珠只喜欢周老七。二蛮子一气之下，投靠了当地的恶霸孙团总。孙团总此时正以防土匪为借口购买大批枪支，向当地农民征收"枪捐"。不料，小珠被孙团总看中，企图霸占她。于是，二蛮子和孙团总趁周老七在外乡还未回来之际，打伤了刘正兴，抢走了小珠。不久，周老七从外面回到了家乡。在外面的日子里，周老七"走了不少的路，见了不少的人，听了不少的话"，比原来见多识广了。最后，恶霸孙团总强行向农民收租、讨债，全村百姓被逼得忍无可忍，终于爆发了反抗孙团总暴行的农民斗争。在这场斗争中，二蛮子看到孙团总将小珠鞭打致死后，幡然醒悟，悔恨自己过去的所作所为，枪毙了孙团总，自己也被杀死。

④ 《同仇》剧情介绍：青年军人李志超骑马外出，因马受惊，坠地负伤，幸经铁路工人殷桂生和女儿小芬救援护理，伤势才渐痊愈。志超感激桂生父女，对小芬滋生爱情，提出求婚。桂生认定此乃有钱人一时冲动，不敢高攀。然小芬失却主见，听从志超先私奔后结婚，再接老父的安排，不告而别来到青岛。志超经朋友引荐升任驻军上校参谋，并于舞场中结识交际明星张曼琳，两人感情逾常。后志超擢升团长，赴济南履新。他借口小芬怀孕，携曼琳伴同前往。小芬发现志超秘密，但无可奈何。后小芬产一子，电索生活费用，盼志超回青岛一行。电报为曼琳所获，她以志超名义复电小芬绝交。时平津告急，国难当头，志超幡然憬悟，不顾曼琳反对奔赴前线。小芬念及老父，决定回乡。但老父已奄奄一息，未及说话即溘然长逝。小芬呼号悲恸之际，忽闻欢送李志超团长出关杀敌口号，怒上心头，身怀老父所遗锈刀，准备手刃不义之夫。及闻志超誓死报国演说，深受感动，不由面露笑容，与群众一起鼓掌欢送。

⑤ 参见《夏衍电影文集》中国电影出版社2000年10月版第二卷749页。

⑥ 参见夏秋雨：《２０世纪３０年代影坛才女艾霞》，载《炎黄春秋》2002年第2期。

⑦ 参见王坦、王行编：《英子文友书简》安徽人

民出版社2005年5月版140页。

⑧ 王坦、王行编：《英子文友书简》安徽人民出版社2005年5月版142页。

⑨ 参见王坦、王行编：《英子文友书简》安徽人民出版社2005年5月版175页。

⑩ 参见《史东山影存》中国电影出版社2003年1月版539页。

⑪ 载《电通》半月画报1935年11月16日第13期。

⑫ 载《电通》半月画报1935年10月16日第11期。

⑬ 夏衍：《懒寻旧梦录（增补本）》三联书店2006年8月版225页。

⑭ 参见《金山的主角欲》，载《电声》第5卷第29期，1936年7月24日。

⑮ 参见《王莹在美活跃非常》，载《中国影坛》第1期1947年1月。

⑯ 刘保罗，1937年生。原名刘艸，字奇声。湖南长沙人。1925年就读于长沙师范；1927年到上海，1929年秋参加了上海艺术剧社，先后投入了《梁上君子》和《西线无战事》两剧的演出；在《西线无战事》中饰演保罗一角，从此易名刘保罗；1931年春担任中国左翼戏剧家联盟党团书记；1940年春，到新四军抗日民主根据地工作指导抗战剧团的艺术活动，后任华中鲁迅艺术学院戏剧系主任；1941年3月15日，在鲁艺华中分院实验剧团在龙冈排练《一个打十个》话剧时，因扮演被“枪毙”的“伪军”，被一忘记了枪膛有子弹的新四军战士演员误伤致死。

⑰ 参见王坦、王行编：《英子文友书简》安徽人民出版社2005年5月版157、158页。

⑱ 参见王坦、王行编：《英子文友书简》安徽人民出版社2005年5月版218、220页。

⑲ 葛飞：《戏剧、革命与都市旋涡——1930年代左翼剧运、剧人在上海》北京大学出版社2008年8月版270页。

⑳ 参见雷启汉：《王莹在北碚》，载《抗战电影回顾》重庆市文化局1985年自印本86页。

㉑ 谢和赓：《徐悲鸿与王莹与〈放下你的鞭子〉》，载《新文化史料》1995年第6期。

㉒ 参见郁达夫：《再见王莹》，载《郁达夫海外文集》三联书店1990年12月版630页。

㉓ 李道新：《洁白的明星——王莹》中国青年出版社1987年12月版147页。

㉔ 参见王震编：《徐悲鸿文集》上海书画出版社2005年9月版194页。

㉕ 1950年9月23日，美国第81届国会通过了《麦卡伦法》，即“国内安全法”，根据这个法案，凡属美国共产主义性质的组织及其外围组织都要向美国司法部登记，并提供有关自己组织的财务等全部情况，还要逐个登记成员的名单，并禁止其成员在政府机关和国防企业中任职，也不准他们领取出国护照。如果违反上述规定，要判处五年以下徒刑或处以一万美元以下罚款。这样，美国共产党及其他进步组织就不再受到法律保护，它们随时都可能被宣布为“阴谋破坏性”的组织。1952年6月，美国第82届国会又通过《1952年移民国籍法》，规定：要严格限制那些“不可靠的”外国人移居美国，外来移民从每年入境三十四万人减少到每年十五万人，其中亚洲移民总数不超过两千人。还规定：凡是没有加入美国籍的外国侨民(当时有几百万人)，必须随时携带身份证，否则也要受罚甚至坐牢。即使已经入籍的美国公民，如果“行为不端”，也随时可能被取消美国国籍。

㉖ 参见《夏衍电影文集》中国电影出版社2000年10月版第二卷750页。

“上位”，以及继续“上位”
——1930年代的蓝苹

让“电通”同仁以及诸多在30年代叱咤影剧界的人物无法想到的是，蓝苹——这个并不起眼的人物与小角色，令他们最后的人生充满了变数与哀伤。而这个名字在极权时代的中国，也变成了一个讳莫如深的名字。大家谁都不提，谁也不敢提。曾和她合拍过《王老五》和《狼山喋血记》的“丑星”韩兰根因此被关进牛棚，还摔断了肋骨。[①]

1976年粉碎“四人帮”之后，这个名字“衍生”的另一名字——江青，几乎成了“迫害狂”的代名词，多数人的回忆，都把她后来的恶劣与从前的“恶劣”变成了一个演变的链条。所以，以至于蓝苹这个名字，同样的乌烟瘴气，令人不堪。

而曾遭受“四人帮”迫害七年之久的郁风女士在后来的一篇《蓝苹与江青》的文章里，却表达出这样一重意思：“蓝苹远远不是江青……”[②]

无独有偶，在文革中同样饱受磨难的赵丹，在回忆录《地狱之门》里虽然把蓝苹定义为“我命运中的黑影”，但在提及30年代对她的印象时却说“她表演性格鲜明泼辣的女性，与当时舞台和银幕上清一色的柔美娇媚女性形象不同，能给人以耳目一新感。尤其认为她能上能下，没有非演大角色不可的明星风度，言谈说话也

◎上海时期的蓝苹

很革命，我、叶露茜、唐纳等也追求进步，因此当时确实同她十分接近。”③

而1935年8月出版的《电通》半月画报第6期上，有一篇《摄影场速写》文章，文中也给蓝苹作了一幅速写：蓝苹个儿最高，喜运动，篮球、排球、乒乓球都拿手，和人谈话喜欢撩衣角，情不自禁时，会把旗袍卷上大腿，当成短衫。唐纳常常模仿她。

叫李云鹤的时候

郁风与江青的相识，是在上海的青年妇女俱乐部，该俱乐部创立于1935年，地址在上海吕班路(今重庆南路)上靠环龙路(今南昌路)的一家洗染店内。蓝苹是经陈波儿的介绍成为会员的。当时郁风只有19岁，郁风回忆说：蓝苹比我大两岁，在青年妇女俱乐部几个人比较起来，她似乎更愿和我接近。每次散了会，她常和我同路走在霞飞路上，一面走，一面有说不完的话。当时，她也到善钟路我家来找我，再一同走到吕班路去。我的印象是：蓝苹参加我们的青年妇女俱乐部，把我当作政治上比她幼稚的小伙伴，有一次，神秘兮兮地告诉我如何对付特务的跟踪之类。

这时的蓝苹，已经是第三次来上海了。

蓝苹第一次来上海是在1933年的春夏之交，她的同居男友俞启威刚刚在青岛被捕。

来上海前，蓝苹的名字叫李云鹤，是国立青岛大学图书馆的管理员。李云鹤能到青岛大学谋得职位，得益于赵太侔。赵是国立青岛大学的筹建人之一，1928年冬，赵被聘为筹委会委员。1929年5月被聘为山东省立一中校长，省立实验剧院院长。1930年5月10日，青岛大学成立，赵太侔先任英文系教授，后任教务长。赵在济南时，李恰随母亲在济南帮佣，被人推荐至该剧院，在剧院中习演青衣。

赵受聘国立青岛大学后，李遂来投奔。李在青岛大学里属于半工半读，一边做管理员，一边在中文系旁听。偶尔出入赵家。

1930年初冬，俞启威入国立青岛大学作旁听生。他的姐姐俞珊是赵太侔的夫人。俞启威，生于北京，幼年随母住在南京，人称“三少爷”。他的父亲是俞大纯。祖父为江南名士俞明云④。青年俞启威相当热衷于戏剧，并与进步同学成立了海鸥剧社，李云鹤是剧社成员之一，成员还有杜建地、崔嵬、李岱思、赵星火等十余人。剧社成立之初赶排了两出话剧——《月亮上升》和《工厂夜景》（俞启威、李云鹤分饰男女主角），1932年5月28日，首演在国立青岛大学小礼堂举行。

海鸥剧社成立后，俞启威经请示中共国立青岛大学党支部，向上海“左翼戏剧家联盟”的田洪和赵铭彝汇报了剧社情况，要求作为“左翼剧联”的青岛小组，被总部批准。是年6月30日，当时中共领导的上海左翼作家联盟的机关刊物《文艺新闻》用《预报了暴风雨的海鸥》为题，热情报道、赞扬了这次演出。俞启威把海鸥剧社的活动搞得有声有色，被《文艺新闻》称赞为“预报暴风雨的海鸥”。

是年秋天，剧社又先后在山大礼堂演出《一致》、《暴风雨中的七个女性》，在青岛大舞台演出《乱钟》、《SOS》、《命令！退却第二道防线》等话剧。是年冬天，成员崔嵬接到上海陈鲤庭创作的舞台剧本《放下你的鞭子》，便将其改编为街头剧《饥饿线上》，在广场演出。春节期间，俞启威又同崔嵬 、李云鹤、杜建地、赵星火、梁桂珊和李秀英等人，带着简单的服装道具深入崂山农村，用当地方言为渔民演出[5]。直至33年的夏天，俞启威被捕。

李云鹤与俞启威的恋爱与同居正在这个过程当中。时间上，有人说是1932年的春夏之交，但无确切考证。确切的是，1933年2月，李经时任中共青岛市委宣传委员的俞启威介绍，加入中国共产党。

是年5月，李云鹤第一次避走上海。避走上海的李云鹤当然得到了在南国社和左翼剧联有双重身份的田汉与田洪、田源兄弟的帮助。她到上海大夏大学做旁听生，并参加进步学生组织的活动。紧接着，李云鹤在上海首先加入的是陶行知先生的晨更工学团，并化名李鹤。这是一个为大众普及教育、促进文化生活的组织。日常工作是为儿童少年办幼稚园，为工人办读书班和时事讨论会，同时排演一些小型的文艺节目。李的工作是教小学生，还教人唱歌。

1933年9月，在纪念“九·一八”两周年时，参加演出话剧《婴儿杀戮》。由陈企霞、王东放介绍，在左联中的“教联”参加共青团，成为教联正式盟员。10月，参加左翼剧联的业余话剧团体，演出《锁着的箱子》。经在山东省立实验剧院的同学魏鹤龄介绍，认识了赵丹、顾而已、郑君里等影剧界人士。

◎安入上海的蓝苹

是年冬天，俞启威经保释后来上海与李重聚。1934年元旦，参加拓声剧社，演出话剧《天外》。年初，李又与俞启威参加了纪念“一·二八”事变两周年的游行示威，为躲避当局搜捕，二人离沪去了北平。

因为在北平衣食没有着落，同年夏天，李又回到了上海，重新寻求陶行知及其学生的帮助。不久，晨更工学团因涉嫌共产党的活动被当局查封。陶行知又将她介绍到了基督教女青年会办的女工学校任教。1934年9月，与共青团交通员阿乐在兆丰公园接头后，在曹家渡被捕入狱。一个月后，李由基督教女青年会保释出狱离沪。[6]

多数资料的回忆都认为，蓝苹是李云鹤1935年3月第三次进入上海时起的艺名。原因是她喜欢穿蓝色的衣服，又从北平来。为此起名为蓝平。到了与上海业余剧人协会签约时，有人建议她改平为苹。蓝苹从此成了她的艺名。[7]

攀上“风头”

这一次回到上海，李云鹤并不知道她的被捕当时在剧联和教联都引起了极大的震动，使她在左翼人士中的威信提高了。她参加了1935年6月成立的上海业余剧人协会和“电通”。

上海业余剧人协会筹拍第一个剧目，就是易卜生的名作《娜拉》。《娜拉》1910年代末就曾被译为中文[8]，名为《傀儡家庭》或《玩偶之家》。排练开始时，导演先讲解了剧情和人物关系，然后演员们拿起剧本，开始排练。导演团的成员有章泯、万籁天、郑君里、陈鲤庭、史东山、应云卫、张庚。演员有扮演海尔茂的赵丹，扮演娜拉的蓝苹，扮演柯洛克斯泰的金山，扮演南陔的魏鹤龄……

赵丹后来有回忆说：上海业余剧人协会以提高表演水平为努力目标。《娜拉》和《大雷雨》都各排了两个月左右。演出态度是严肃的。[9]

1935年6月27日，《娜拉》在金城大戏院[10]上演。大戏院门口两边的海报栏，写上了蓝苹的名字，这是蓝苹首次亮相，并且获得成功。《时事新报》特开辟《新上海娜拉特辑》。巨幅广告上写着：“亮晃晃的演员！白热化的演技！大规模的演出！”以及“直追闺怨名剧！堪称独创风格！”；《晨报》上有评论说：“我要说出我的新发现，饰演娜拉的蓝苹，我惊异她的表演与说白的天才！她的说白我没发现第二个有那么流利（流利并不一定指说的快）的。自头到尾她是精彩的！……”

也有人认为，蓝苹演娜拉时，是新演员挑大梁，确有一定难度。她在前半部戏中演一个贤妻良母时，稍欠自然，略有做作之感。但演到后来，娜拉看透了海尔茂的虚伪，从精神上觉醒了，其刚扬激昂的情节发展，恰好与她本人的个性相吻合，所以演来顺手流畅，有声有色，入情入理，不断赢得观众热烈的掌声，这是很自然的。所以，当时也有人批评她的表演有“自然主义”倾向[11]。

在公演《娜拉》前，蓝苹已经成为了电通的演员，但还是临时性质的，正式签合同是在《娜拉》之后，其时，合同中规定的月薪为六十元，比陈波儿的月薪要少九十元。1935年8月28日至9月1日的上海《民报·影镡》曾刊出过一篇《蓝苹访问记》，文中说蓝苹这六十元还要每月寄四十元回家。《蓝苹访问记》对蓝苹有一段在“电通”公司里样态的白描：她，穿着一件白色的条子纺绸旗袍，脚上也只穿一双白帆布鞋，连短统反口的袜子都没有穿而裸着，她的脸上既没擦一点粉，又没施胭脂，当然口红更是谈不到了。还有她的头发也不象“娜拉”那样鬈烫着，却只在前额上留几根短发，其余都是朝后梳着，真使人感到不如摩登女郎那样的娇艳与讨厌，而是好像乡下姑娘似的纯洁和质朴。

与《娜拉》中的主角相比，蓝苹在“电通”饰演的都是些微末的小角色。蓝苹出演的电影有两部，一部是《自由神》，她在影片中饰演女主角王莹的女友“余月英”，在演员表上排名第六，而在影片中也只有“行军”和“中弹身亡”等几个镜头的戏。对于自己的触电“处女作”，蓝苹显然不够满意，当时她在接受《民报》采访时说：“我拍《自由神》的戏，连自己也莫名其妙。当初我以为是像舞台戏一样按顺序系统地拍下去，不想无头无尾地东拍几个镜头，西拍几个镜头，所以我相信这次演出一定是一塌糊涂。”[12]

第二部则是《都市风光》。蓝苹在影片中饰演顾梦鹤的一个没有姓名的“女

◎饰演娜拉的蓝苹

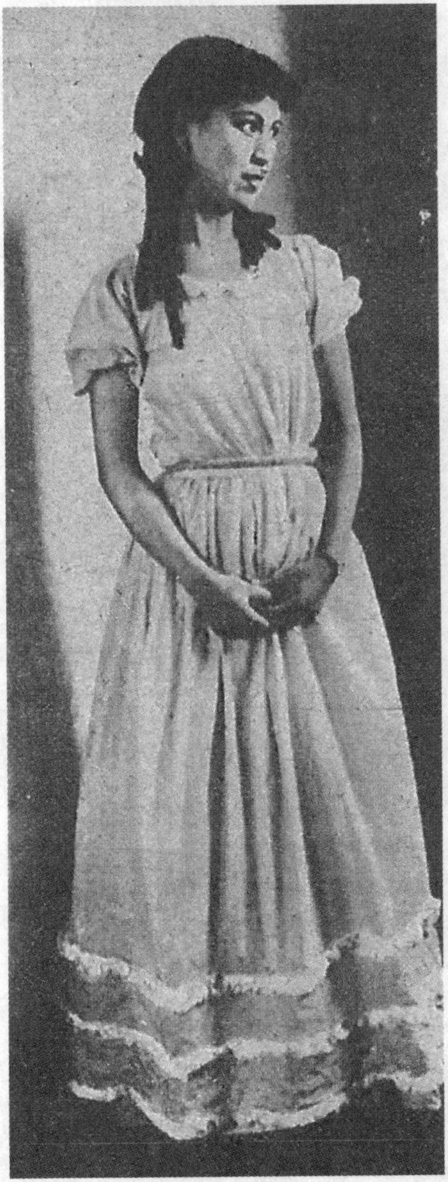

客”，有中近景的镜头，也有面部的特写，但显然也属于极无分量的角色。在这部影片中，蓝苹在演员表上的排名仍然是第六。

虽然在电通参与拍摄的两部影片戏份不大，但蓝苹并非一无所获。收获之一是她成了《电通》半月画报第4期的封面人物，收获之二即是她与唐纳在拍《都市风光》期间宣布同居。而且，蓝苹在《电通》半月画报第6期封底上的出现很是神奇，作为《自由神》第六角色，她却作为“要角”与施超、周伯勋并列。而唐纳，则成了蓝苹在上海的一段爱与痛，他们之间的爱恨纠葛，也使蓝苹成了上海滩的知名人物。

阿苹和阿唐

有关蓝苹与唐纳的关系，惯常的说法多是在表达一重意思，就是蓝苹借唐纳“上位”，原因是唐纳当时已经是小有名气的影评人，而且在电影当中也有露面。

但从唐纳写给蓝苹的遗书中看，蓝苹确是有让唐纳着迷的所

電通
半月畫報
藍蘋女士
電通演員之一
第四期

在。要知道，在那个年代，是一个男革命者远远多于女革命者的年代，一个女子懂得艺术，又充满了进步的思想，在行为上又常常一反传统女性的常态，必定是可以成为“罕物”的，也必定是“可爱”且值得爱的。

唐纳当时的好友赵丹，事后在回忆中说：蓝苹生性浪漫，个性倔强并工于心计。她说话很粗野，动辄“娘的”之类脱口而出……进了上海业余剧人协会之后，她便迷信了年轻而有点才气的唐纳。[13]

而正是唐纳与蓝苹这段感情，曾经先后产生过两次迥然不同的媒体效应。

前次是被媒体称之为“最有意思最有趣味、最令人羡慕、最罗曼蒂克的”杭州钱塘江畔、六合塔下的集体婚礼。《电声》画报在第5卷18期5月特大号（1936年5月8日）曾刊登了报道，题目叫“有情人了却心头愿”。文中称：……他们一群是4月25日晨启程赴杭的。除三对新人（赵丹叶露茜、唐纳蓝苹、顾而已杜小鹃）之外，与之同行的尚有介绍人郑君里、李清，证婚人沈老先生钧儒。明星公司摄影师马永华，也冒了春朝的露水赶到梵皇渡车站，为这三对即将成婚的夫妻摄影……26日是结婚典礼举行之日，从早晨起一切都显得非常紧张。那天蓝苹似乎起来得迟了，但后来她的心情也是可以想象得到的。她说：“别说我起来得迟，晚上曾下了一阵大雨，你们几个知道？”备有结婚证者只有赵丹一对，8时半到预定地点——六合塔去了。临时郑君里和李清为新娘们采了月季花和杨柳来打了三个花环，套在三个新娘的头上，他们不作任何仪式，很简单，就这样算数。态度很真切，也很自然。在六合塔下照相、野餐、结束婚礼。沈钧儒先生诗兴大发，当场挥笔……

值得注意的是，在这篇报道之后，还有一段《附记》：“他们在杭州结婚，一星期后返沪。5月5日在八仙桥青年会招待亲友。只备茶点，不设酒席，电影业到者不少。”

这篇报道难以掩饰的兴奋，无疑是在说明，这样的婚礼和婚姻，无论形式还是方式，在当时都是极具新鲜感和影响力的。但正是这场仪式，和由此引起的媒体过分的关注，后来也成为了蓝苹唐纳分手的羁绊。蓝苹在公开信中表达过自己的忿恨：讲到所谓的“新闻政策”，我绝对不会像阮玲玉一样，为着“人言可畏”而自杀，或是退缩，我一动都不动的在等着，在等着他们用斗大的铅字来骂我!唐纳之一再的找麻烦，以及他的朋友们之要对我施以“不利的打击”，不外是我们那次仪式在作怪。

而也正是在这场仪式中，有个饶有意味的细节埋下了这场婚姻的伏笔，这个伏笔在《电声》的报道里是这样说的：下午游湖，在白云庙月下老人殿问卜终身大事时。蓝苹得第39签：（签干）“惟旧昏媾其能得以相似乎。”赵丹有关此事的解读是：我们还开玩笑似的在灵隐寺里求了签，没想到真不幸被言中。我和叶露茜得的是“中下”签，确是半路鸳鸯；唐纳和蓝苹得的是“下下”签，是一对露水夫妻，结婚没多久，便闹离婚了……⑭

1937年，蓝苹就和唐纳分手事发公开信作解释，她并没有把这封信投给“炒作”集体婚礼的《电声》，而是给了《大公报》，标题为《一封公开信》，但《电声》随即在第六期作了全文的转载。文章的标题是：《我的自白》，副标题为：唐纳蓝苹婚变，蓝苹自述离合经过；与唐纳早无关系，结婚时并无婚书，他对我不忠实，我也已有新爱人。

蓝苹表达的核心意思已经很清楚：她与唐纳已经分居了，他们结婚时并没有正式的婚书，因为唐纳婚后不检点，所以失望后的她也就有了自己的新爱人。

除此之外，信中还透露出，蓝苹对脚踩两只船、动不动就自杀的唐纳深感厌倦和愤怒，并表示不会屈服于社会对女性的偏见和压力而自寻短见，“幸而她还坚强”，她需要保重自己，要把任何时间都放在她的事业上去。

对于首次获知唐纳“别恋”，蓝苹这样描述自己的心态：在一个要死的人跟前我说什么呢？我说我爱他，我原谅了他!就这样从那天起，我就挣扎在40度左右的热度里，我胡说，我捶床，我骂人，我要疯了啊!

蓝苹北上，唐纳自杀，两人共同回到上海的蓝苹充满懊悔：他在济南自杀后，我回到济南时，主要是想跟他当面讲明。并劝他看重自己，以后不要再这样，然后分手。可是当我看到他那可怜的样子，可耻哟!我的心软的叫人不能相信，我甚至于完全饶恕了他的不忠实，觉得人人都有错处，只要认错改错就行了。因为同情心和可怜心，我造成了一生最可耻的事，同他回上海。

在一而再的受伤之后，蓝苹终于决心分手：“可是那时我对他讲了，如果你再自杀，我将更坚强的生活下去，我的头像铁一样，等待着舆论及一切责难，因为我问心无愧，我对得起唐纳。”

婚姻的是非是难以说清的。一如唐纳对于蓝苹的爱，不知道，他爱的是一个女人，还是一个果敢的、前卫的、革命的女性符号。这一点蓝苹是怀疑的，比如她在第一次离弃唐纳北上时写给他的信里说：“许多朋友都说你是受我的影响，其实这是一句非常不真实的话，除了初恋的时候，我承认你是相当受过我的影响，——这是因为你正热爱着我的时候——以外，简直以后我们是互相不能影响的，虽然有时我看出你是企图我能受你的影响去随和一下那个环境，但是越弄越糟，我反而更放任起我的个性，更鄙视那个环境，有时我切盼着你能跟我去，抛弃那个环境，可是经长时期的考察，不可能哟，是那样的不可能，你是深深的爱着电影生活，你爱那个超过爱我的，同时你也希望自己的生活能比较舒适，你常常这样表示，因此你的爱我是应打一个小小的问号：是像你所说的，有个永远围着我的念头，你用甚么

◎陈波儿和蓝苹

◎蓝苹和唐纳婚前的消息

来永久囿着你呢？我呢？爱事业是超过爱人，这个我是坦白的告诉过你了，所以牧之的话是对的：‘要是你们两个没有一个屈服，将来一定是个悲剧’。”[15]

而唐纳写给蓝苹的遗书里更显得可疑了：“阿苹，我决不埋怨你，真的，一点儿都不，为了你的壮志，为了你的事业，为了你所憧憬的生活，你抛了你的爱人，这正是你可崇敬的地方，我能埋怨你吗？决不！但是，阿苹，你知道正因为这样，更使我万分难受，阿苹，如果你是平凡的，或是你爱了别人，或是你像璐（指郑君里之旧恋白璐）那样堕落，或是你真闷死了，我的悲痛是有限度了，阿苹，我不埋怨你别的，只是为什么你要在我心底留下那样真挚，那样诚恳，那样坦白，那样勇敢，为什么你不说你不爱我了。从初恋到临走，你是无时无刻不鼓励着我的，你叫我早起，你叫我勤写作，你叫我守时刻不苟安，你叫我不要放荡，可是我的相信是这样深，随便的时候，我一点也没表现我的改善，从你回家后，一方面想减少寂寞的痛苦，一方面想在回来时夸耀，我是尽了我的负重，我写好了三个剧本，筹备了一个公演，还有很多；朋友说这时我正可玩玩，没有人管，可是我没有，这一点是对得起你也对得起我自己的。为了工作，精神上受了不少的打击，可是我一想到你的鼓励。但是现在，呵，现在，阿苹，你虽叫我不要悲痛，你虽更加倍的鼓励、安慰我，可是我现在是失了慈爱，失了扶助，失了护卫，失了一切的被击伤的小羊，失了舵的孤舟！”

一个没有舵的男人和一个与爱相比更需要事业的女人，其结合的结果可想而知，这样想想，其实，俞启威这样的革命者，似乎更适合蓝苹。诚如蓝苹在信中对自己的评价：“我既不是一个好妻子也不是一个好爱人，你只要记得我是一个泼刺的女性，不甘示弱于男人的女人。”

继续“上位”

但阴差阳错的事情依然存在。蓝苹在《一封公开信》里提到新的爱人，却不是什么革命者，而是能够改变她演戏分量的章泯。

从现有的材料来看，1936年前后的蓝苹，对角色，对戏份的看重，是非常强烈的。

1936年，蓝苹参与演出了一部在左翼电影史上极具隐喻色彩的电影——《狼山喋血记》。这部电影由沈浮编剧，费穆执导，黎莉莉和张翼主演。电影里充满了寓言特征：某个山村经常闹狼患，村民们起初都非常害怕，以致于狼群横行，咬伤了许多人。后来村民忍无可忍，在猎户的带领下一起上山打狼。蓝苹在片中饰演一个猎户的女人，一开始总在阻拦丈夫打狼，后来儿子被狼吃了，终于加入了打狼的队伍。

在参演过程中，蓝苹不小心一脚踩空磕掉了两颗门牙。

女主角黎莉莉在回忆此片时曾经说：费穆在拍《狼山喋血记》时，得罪了蓝苹。我们在苏州拍这部戏时，蓝苹来了。她在戏中演配角，她来了就逼着费穆改剧本，她要演主角。在这部片中已经定了我是女主角，结果她跟费穆吵架。费穆说时间不能改，要改还要找编剧，于是就得罪她了。

《联华画报》1937年8卷4期有一篇费穆写的文章，或者是为了"和"一下稀泥，这篇文章题为《蓝苹在〈狼山喋血记〉中》。费穆在文中说了这样一段话："蓝苹女士在《狼山喋血记》里面扮演猎户刘三的妻子。这样一个角色，在这样一个简单的故事中，当然是属于主线的人物。然而《狼山喋血记》倾向着一些集团的描写，许多主线系的角色都不能如在寻常剧本中一样获得充分的发展（例如黎莉莉女士张翼先生等之戏），特别刘三夫妻两个根本不曾为他们安排下一场单独发展的戏。这在分幕形式，是一种行险的架构；而在演员，则是惨酷的限制。……蓝苹女士的可惊的演技和演戏的热情，在一个观众是很难会听到的。在《狼山喋血记》中，差不多是每隔几百尺子，才将她放进一个场面；这种场面多数是一个镜头的场面，很少连续到三个镜头以上，而她能不逾份，也无不足，恰恰地表现了真实和力量。"⑯

1937年1月，蓝苹终于在她的第四部影片中当上主角。不过只是部短片，是《联华交响曲》中的一个"单元"，蓝苹参演的是第一部《两毛钱》，编剧是蔡楚生，导演是司徒慧敏，男主角是梅熹。《两毛钱》讲述了一张两毛钱的纸币，流转

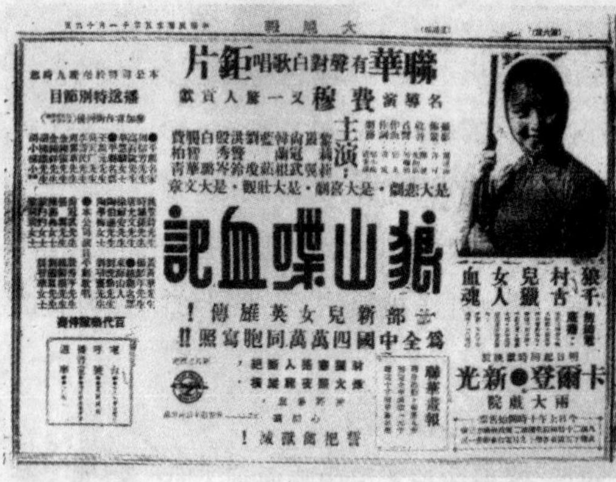

◎《狼山喋血记》广告中蓝苹名列第五

到不同人手里的不同遭遇：富人用它来点烟，小偷偷来求得一顿饱饭，拉车的小孩子把它当作血汗钱，而独轮车夫却为了它替人运毒……

蓝苹在影片中饰演车夫的妻子，有在家中闻听消息和在法庭上等几场戏。遗憾的是，这是部只有大约八分钟左右的短片，虽然能够在影片中感受到蓝苹用心的表演。

几乎与《两毛钱》同时，蓝苹如愿等来了两部大戏，一部是蔡楚生执导的电影《王老五》，另一部章泯执导的话剧《大雷雨》。参演《王老五》时，蓝苹正与唐纳闹得不可开交、痛不欲生，她自己说："可是我已经答应蔡楚生先生拍《王老五》，一种责任心，同时也是一线希望使我活下去。"《王老五》的拍摄和《大雷雨》两次公演的排练几乎同时，所以她是白天排话剧，晚上拍电影。

《大雷雨》的导演章泯早在《娜拉》时，就与蓝苹熟识，在排演的过程中，圈内人传出蓝苹和章泯秘密同居的消息。于是，唐纳又发生第二次第三次自杀。而章泯是众所周知早已结婚并有个八九岁的儿子。这一点蓝苹无疑是知道的。

于是各种流言蜚语又成为报媒的好材料，有人攻击说：有的女演员不惜以上

◎蓝苹《王老五》剧照

床的代价勾引导演以换取上台当主角的机会。

作为一名更知名的人物，作为一名有妇之夫，章泯的压力可想而知，他在排完赵丹和俞佩珊主演的《罗密欧与朱丽叶》之后，没等着公演，就悄悄离开了上海。

相比而言，《王老五》的拍摄是比较顺利，蓝苹的角色，其实与《两毛钱》的角色有一脉相承之处，不同的是，这次扮演的是个缝穷姑娘，王老五则不是去运毒，而是被汉奸指示去向自己的工友投炸弹，去焚烧工友的棚户，王老五炸弹掷向了汉奸，结果被杀害了，而缝穷姑娘则承担起了一切苦难。

遗憾的是，《王老五》刚刚摄制完成，“七·七”事变和“八·一三”事变接踵而至，全国陷入抗战的危难中。影片一直拖延到1938年4月才公映，而这时的蓝苹已经到达了延安，她在电影界有一番事业的梦想，再一次落空。

虽然先后于1937年2月和5月两次公演的《大雷雨》为蓝苹赢得了许多名声，但1936年末的一桩内讧事件，使她在影剧人内部已经愈发孤立。

1936年4月，《文学》杂志六卷四期刊发剧本《赛金花》。章泯和于伶均非常

◎江青和刘少奇

◎江青和毛泽东在延安

◎一度主宰文艺界的江青

看好，为了抢在别的剧社之前排演，业余剧人协会经过讨论，决定筹排《赛金花》。

经过讨论后，王莹和蓝苹都想演赛金花，而金山和赵丹又都想演李鸿章。业余剧人协会为此开过一次会，但是没有结果。金山、王莹从业余剧人协会中拉出一支人马，宣布“独立”，成立了“四十年代剧社”。这个新剧社已暗中与金城大戏院签订合同，于1936年11月19日在上海金城大戏院首演《赛金花》。

11月15日，蓝苹、赵丹、郑君里、唐纳等业余剧人协会成员，在大东茶室举行记者招待会，向报界陈明《赛金花》的主角纷争经过……然而，四天之后，“四十年代剧社”还是照样上演了《赛金花》，女主角为王莹，男主角李鸿章由金山饰演。

《赛金花》上演后，连续二十场，场场爆满，观众达三万人次以上，轰动了上海。

张庚在《1936年的戏剧》中评价说，《赛金花》轰动了上海文化界一直到最落后的小商人。

但报媒并没有因为戏剧的成功而放过“赛金花纠纷”公案，而蓝苹又成了闹剧中的主角……

很难说，这一连串的失意对蓝苹有没有构成严重的打击，也不知道，这是不是最终她选择离开上海的一种动因。

1936年，对于所有热爱进步的青年，也真是值得伤心的一年。因为这一年的10月19日，青年们和革命者失去了他们最尊敬的导师——鲁迅。为此，蓝苹也留下了一篇撕心裂肺的文字：……鲁迅，你再睁一下眼睛吧!只睁一会儿，不，只睁那么一下!我张大了眼睛期待着。但是他没有理睬我，仍旧那么安静的睡在那儿……我像一个小孩似的，在戏院里哭了。由千万个人组成的那个行列——那个铁链一般的行列，迈着沉重的，统一的大步走着。无数颗跳跃的心，熔成一个庞大而坚强的意志——我们要继续鲁迅先生的事业，我们要为整个民族的存亡流最后一滴血!太阳像是不能再忍受这个哀痛似的，把脸扭转在西山的背后。当人们低沉的哀歌着“请安息”的当儿，那个傻而执拗的念头又在捉弄我……[17]

1937年5月30日，唐纳第二次自杀，获救。6月，章泯与其妻萧琨（注：萧三之妹）协议离婚，与蓝苹正式同居。是月，蓝苹被联华影片公司解聘。

有关蓝苹离开上海的资料并不多见，目前有两种传闻，一种是从应云卫家出发，取道徐州，但失败了[18]，后来转而取道武汉。另一种是说，她曾去汉口找阳翰笙，请阳推荐她去拍电影，阳把她推荐给了郑应之，但郑应之认为她太难看，没有用她。据说，郑应之后来还曾说，当时如果用了蓝苹作主角，这历史就得重新写了。

而辗转到延安的蓝苹，给自己起了新名字——江青，其寓义自然就是“青出于蓝而胜于蓝”。1946年9月7日，江青在上海《东南日报》发表了一篇诗，叫作《收获的季节》，诗的前三句这样写道：“我坐在田野的樟树下/成熟的稻禾啊/期待我以最后的芳香……”[19]

还是用郁风那段对江青最终的评价作为结束吧：她当时的出名，与其说是由于作为一个明星的地位，不如说更多的是由于这些闹得不可开交的绯闻。自然，绯闻也不是她为出名而有意制造的。她确实想用功演好戏，甚至对电影兴趣也不大，只是一心一意要在舞台上大显身手。虽然她是属于那种底子不厚却心比天高的女子，但我敢说她绝对没有想到日后会把整个中国当作大舞台，叱咤风云，演出惊天动地、遗臭万年的大戏。许多从30年代知道蓝苹的人，后来谈到或写到江青，都是谈虎色变，说她从早就是个野心勃勃、阴险狠毒、自私无情、虐待狂玩弄男子的女人，说实话，我可没有看出来。然而，江青毕竟就是蓝苹。即使她后来忌讳，最好不承认这个名字。也许作为一个女人的原始性格的某些特点，如虚荣、泼辣、逞强、嫉恨、叛逆……始终存在于她的血液中。但是，蓝苹远远还不是江青。从蓝苹到江青，从1939年成为毛夫人直到成为“文革小组”组长、旗手，是有个复杂的渐变过程的。[20]

① 参见郑逸梅：《影坛旧闻》上海文艺出版社1982年12月版41页。

②见郁风：《巴黎都暗淡了》湖北人民出版社2004年2月版77页。

③ 参见赵丹：《地狱之门》文汇出版社2005年8月版83页。

④ 俞明云（1860—1918），字恪士，号弧庵，晚清知名于诗界、教育界、政界，甲午中日战争时，曾协助唐景崧据守台湾。俞明云曾任南京江南水师学堂督办，亦即校长。一八九八年，十八岁的鲁迅进入该校，成为俞明云的学生。《鲁迅日记》中多处提及的“恪士师”，就是俞明云。俞明云著有《弧庵诗存》四卷。俞明云还曾担任厘捐总局局长，甘肃省学台、藩台等职。

⑤ 见《二十世纪三十年代青岛左翼文化运动》中共党史出版社2004年6月版92页。

⑥ 参见袁晞：《武训传批判纪事》长江文艺出版社2000年3月版139-140页。

⑦ 石曼：《黎莉莉》重庆出版社2007年4月版52页。

⑧ 1918年5月《新青年》出版“易卜生专号”，译载了易卜生的《娜拉》。

⑨ 赵丹：《银幕形象创造》中国电影出版社2005年版30页。

⑩ 金城大戏院位于北京路同贵州路交界处（现名黄埔剧院），由柳中亮、柳中浩兄弟创建，1934年初落成，是具有西洋风格、很有特色的建筑。门面高墙上有五长条彩色玻璃装饰，高达五层。白天，门厅里充满变了色的阳光，晚上，门厅外透射出诱人的灯光。金城大戏院分上下二层，有座位1788只，是个大戏院。金城大戏院专映国产电影，是国产影片首轮戏院，偶而也有演出。1934年12月16日，电通影片公司的首部电影《桃李劫》在金城大戏院首映，1935年5月24日电通影片公司的《风云儿女》也是在该戏院独家首映。

⑪张庚就曾恳切地批评她的“感情主义”：“她早已揣摩角色的人格,并且准备好了情感,可惜这情感并未经过改造还是她自己原有的。在表演进行中,她就把它们毫无节制的倾倒出来。”

⑫ 《蓝苹访问记》，载《民报》1935年8月28日。

⑬ 参见赵丹：《地狱之门》文汇出版社2005年8月版84页。

⑭ 参见赵丹：《地狱之门》文汇出版社2005年8月版84页。

⑮ 《蓝苹给唐纳的信》原载北平《导报》1936年6月30日、7月1日，转自《四人帮资料汇集1932-1946》哲学社会科学部1976年11月内印本445页。

⑯ 而1963年初版的《中国电影发展史》后来更是加大了对蓝苹当时的表演称赞：蓝苹扮演的刘三妻子对人物把握尤其准确，不仅再现了刘三妻子这个农村妇女的朴素真挚，同时还较好地表现了这个人物由怕狼到儿子被狼咬死后拿起柴棍打狼的整个变化过程，体现了人物的觉醒与成长。参见中国电影出版社1963年2月版473页。

⑰ 原载1936年11月15日《绸缪》月刊第三卷第三期。

⑱ 参见陆寿钧：《影像人生》上海三联书店2005年1月版52页 。

⑲ 转自《四人帮资料续集1932-1946》哲学社会科学部1977年1月内印本161页。

⑳ 见郁风：《巴黎都暗淡了》湖北人民出版社2004年2月版85页。

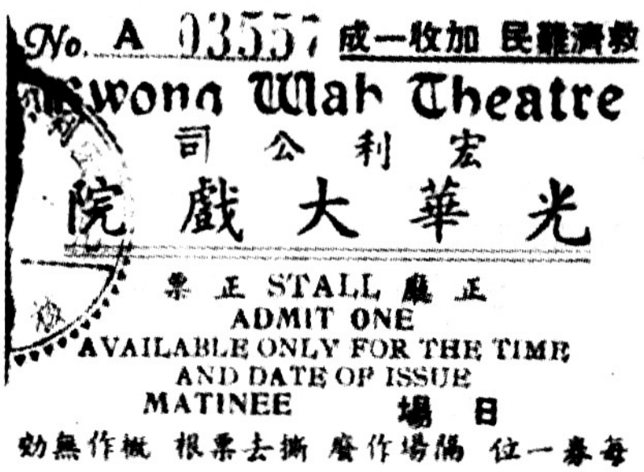
No. A 03557 救濟難民 加收一成

Kwong Wah Theatre

宏利公司

光華大戲院

正廳 STALL 正票

ADMIT ONE

AVAILABLE ONLY FOR THE TIME AND DATE OF ISSUE

MATINEE 日場

每券一位 隔場作廢 撕去票根 概作無効

No. 6398 CO 2.30 P.M.

GRAND THEATRE

院戲大明光大

ADMIT ONE

三个“八面玲珑”

他最穷的时候，也要戴一枚钻戒；他在烟榻上做着神秘的“地下工作”；他穷到家里没有饭桌，也要让朋友大醉一把……

VALID FOR DAY OF ISSUE AND STATED PERFORMANCE ONLY

效無期過位一座入

STALLS 60 cts. 樓下（六角）

孙师毅："辣面书生"的歧路人生

孙师毅和电影的关联似乎总是与"流产"有关。

1935年秋，步应云卫、许幸之、司徒慧敏、袁牧之后尘，孙师毅也准备执导一部属于自己的电影，这是"电通"的第五部影片，取名《街头巷尾》，由金山和从香港归来的陈波儿出任男女主角。岂不知，这部影片刚刚拍过一场，"电通"被迫停止营业。

此前的1932年，孙师毅将自己的恋爱故事写了一个《摩登夫人》的剧本交给蔡楚生，年少才盛的蔡楚生刚刚拍了《粉红色的梦》和《南国之春》，并遭遇影评人的激烈批评，连不太作文章的聂耳也化名"黑天使"写了《下流》一文，文中说"我不再给《南国之春》多费口舌，也不给他的第二部作品《粉红色的梦》做介绍和批评；只希望他在以后的作品里不要再做麻醉群众阶级意识的工具。"[①]此时的蔡楚生，也着力于扭转自己的方向，改拍一部"阶级仇恨甚深"的《都会的早晨》，这也促使他从剧本到分镜头脚本事必躬亲，放下《摩登夫人》也就不是什么令人意外的事了。

此前的1926年，孙师毅曾创作了电影剧本《社会之虫》，神州影片公司的合伙

◎孙师毅

人汪煦昌以及导演李萍倩有意支持拍摄此片，但苦于找不到合适的主演，遂使该片“下马”。

此后的1939年，孙师毅在重庆为中国电影制片厂编写了剧本《娘子军》，敲定由袁丛美执导，也列入了拍摄计划，但也没有拍摄成功。1940年10月，孙师毅在“电通”时的好友司徒慧敏又起意拍摄该片，被当局借口“电影器材来源缺乏”而取消。

或许由此可以看出，孙师毅在影剧道路上并不是一个很有时运的人。

学者陈墨有研究说，孙师毅还是中国电影史上最早、最地道也是最重要的电影理论家。他的理由是：早在1926年，孙师毅就发表了《对于省教育会的电影检查说话》、《电影剧在艺术中之位置》、《影剧艺术价值与社会价值》、《电影界的古剧疯狂症》、《往下层的影剧》等一系列重要电影文章。

在《对于省教育会的电影检查说话》中，孙师毅说：“我们应当在这里注意的，就是他们都只是——并且只能，列举若干禁例，消极的制裁影片是否违禁；

◎孙师毅主编的电通画报

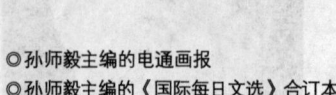

◎孙师毅主编的《国际每日文选》合订本

他们断不能以空洞无着的电影审阅数字，付之于几个人抑或团队，让他们以成见为进退，以好恶为转移，而积极的去批评影片摄影之是否有当。”②

在《影剧艺术价值与社会价值》中，孙师毅说：“电影术的出现，当然是一种Scientific Invention，到了戏剧（Drama）和它结合，成功了电影剧，这才树立了它的艺术位置……即以中国而论，自侦探片输入后，国内之盗劫偷窃之数，遂与此等影剧之流行而同增。且其所用之方术，亦即本之于影剧上传来的西方方法。这些，不过是其影响关系之较著者而言。还有：影剧演员的服饰，可以应成社会服饰的导师；剧中人性格行为的表现，可以转移社会上的习惯风俗。这实在是因为影剧这件东西，已渐进为社会娱乐的中心，而其间接暗示的力量，又复如此之伟大。”③

在《电影界的古剧疯狂症》中，孙师毅批评了稗史剧和古装剧泛滥的现实，称“拍出这样非驴非马影剧的结果，是造就了一般观众对于影剧艺术的误解，而且使一般人因为常看这种戏的缘故而嗜痂成癖；即纵有真的艺术当前，亦属味同嚼蜡了。所以我认为古剧狂的病症，实在是将致中国电影事业于毁灭的一大危机。”④

陈墨的这种定位，与孙师毅对自己写作的定位如出一辙，他曾写道：“中国开始影剧运动的历史，不好算多，却也占去影剧自有历史以来的时间之五分之一了。自制的影片，虽然看见一套一套的出来，解析影剧本身之价值的文字，却没有见过一篇发表。我自然不能说没有人懂得这个，不过我总觉得大家不应该忽视这个。大凡一件新事业的创端，前驱的人必然须负着解释与宣扬的责任，以求其获得一般人之了解与社会之赞同，特别是这种绝对不能离开社会而存在的影剧事业，是尤其不能少掉这种立基的工作。”⑤

不惟如此，孙师毅就自己在影剧理论上的“立基”工作，也曾经通过组织书稿的方式来实现，在1927年3月15日出版的《良友》画报第13期上，有孙师毅三部书稿的著作广告，关于影剧的一本叫作《影剧论集》，另两本分别为《谚语汇编》和《希望的人生观》。

影史研究之所以出现陈墨式的“重述”，原因是和影史对孙师毅定位的悖谬有关，主流电影史更多、也更容易将他诠释为一个影剧作家和歌词作者。

原因很简单。在这方面，孙师毅的成就更显而易见。最著名的作品当数《新女性》，《新女性》是一部孙师毅的忧愤之作，故事取材于女演员艾霞自杀而死的故事，由蔡楚生导演，阮玲玉主演。影片通过一个知识女性被纨绔子弟欺侮，被失业贫病困扰，被暗娼鸨母摆弄，被小报记者勒索的故事，映照出女性生存与解放的不平路途。1935年2月2日，《新女性》在上海金城大戏院首映，阮玲女和联华声乐团在聂耳的指挥下，演唱了孙师毅为影片填写的主题歌（聂耳作曲）：“新的女性，是生产的女性大众/新的女性，是社会的劳工/新的女性，是建立新社会的前锋/新的女性，要和男子们一同，翻卷起时代的暴风/暴风/我们要将它唤醒民众的迷梦/暴风/我们要将它造成女性的光荣/不做奴隶/天下为公/无分男女/世界大同/新的女性勇敢向前冲。”

没有想到，这部影片因当时“新闻记者公会”的抗议而名声大噪；更让人意外的是，一个月后的“三·八”国际妇女节当天，主演阮玲玉步艾霞的后尘自杀。孙师毅悲抑难当，写了一幅102字的挽联：“谁不想活着？说影片教唆人自杀吗？为什么许许多多，志节攸亏，廉耻售尽，良心抹杀，正义偷藏，反自鸣卫道之徒，都尚苟安在人世；我敢说死者，是社会胁迫她致死的！请只看啰啰唣唣，是非倒置，泾渭故淆，黑白不分，因果莫辨，却称是舆论的话，居然发卖到灵前。”⑥

有关孙师毅的电影歌词创作，最为著名的则当数《大路》（1934年联华出品，聂耳作曲）中的主题曲《开路先锋》，是孙师毅以“施谊”的笔名撰写的，此外还有《飞花村》（1934年艺华出品，聂耳作曲）中的主题歌《飞花歌》，以及插曲《牧羊女》。

在“电通”时，孙师毅为《自由神》（吕骥作曲）填写了《自由神之歌》、为《都市风光》填写了《西洋镜歌》。夏衍1935年也为“电通”创作的剧本《压岁钱》，因为“电通”关闭，该剧本被迫转至“明星”，由“明星”于1937年出品，其中的插曲《新生命歌》（贺绿汀作曲）也是由孙师毅填写的；而“电通”的另一导演司徒慧敏，1940年在香港拍摄“中制”出品的《白云故乡》时，也约请孙师毅为影片填写插曲《祖国之恋》（沙梅作曲）。

1936年5月5日，孙师毅在“电通”时的友人唐纳、蓝苹从名动一时的“六合塔”婚礼归来，在八仙桥青年会举行茶点婚宴招待亲友，孙师毅和吕骥献上了一首《六合婚礼进行曲》，歌中唱道：“六合塔下影成双。决胜在情场，莫忘胡虏到长江……共起赴沙场……”。

而孙师毅在“电通”做的另一项工作，则是担任了《电通》半月画报的编委，据唐瑜回忆，有一次他去“电通”给孙师毅送稿子时，还看到孙正在挑选蓝苹的大照片准备作封面。

如上描述，似乎都在阐释孙师毅与电影之间的关联，其实这仅仅是一个维度而已。

多义的“书生”

唐瑜在《二流堂纪事》曾这样描述孙师毅：“在我认识他之前，他早已是山东实验艺术剧院的老师，蓝苹那时曾是他的学生。二十年代后期，他在商务电影部，在神州与汪煦昌、郑应时等合作，任编剧、导演、演员。有声电影兴起后，他又创作了大量响彻遐迩的著名歌词如：《开路先锋》歌、《新女性》歌等。除了以

◎孙师毅在良友编辑的刊物
◎孙师毅作词的自由神主题歌

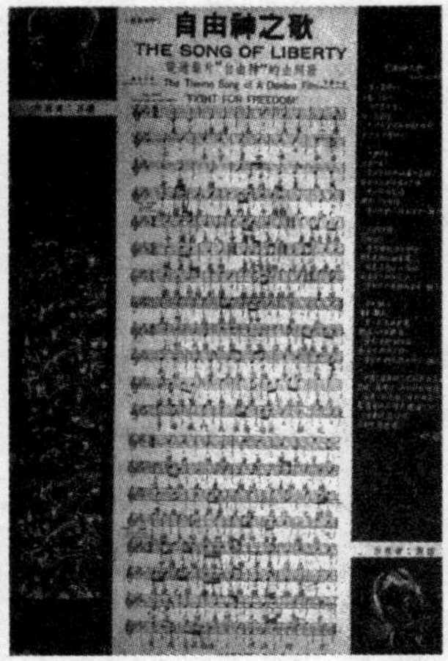

上与戏剧电影、音乐、教育等关系之外，他和新闻、出版，以至井冈山的枪炮声，曾经轰动上海的大陆大厦共产国际事件，潘汉年与夏衍失去联系以后在良友出版公司的会面等等千丝万缕的关系中，都有一丝半缕的牵连。”⑦

孙师毅的神秘究竟来自哪里？他的神秘在他复杂的经历当中？

孙师毅1904年生于南昌，其父名孙际华，是一个靠卖画为生的画师。其母患有精神疾病，但常常在屋内诵读古诗。孙师毅在祖母的呵护下长大，后入江西省立甲种工业学校化学科学习，学的是工科，16岁的他在南昌发起组织了“觉社”，其成员包括赵醒侬、方志敏、刘和珍等，后来孙因援助方志敏、反对校长赵宝鸿而遭搜捕；随后，孙师毅避走北平，入北京汇文大学学习英语。1924年，因祖母病逝返回南昌，后转入上海政治大学学习政治学，在读书同时，他还在政治大学图书馆工作。在此期间，他开始醉心于唯物史观研究，并在校刊《政治家》上写文章批驳校长张嘉森（张君劢）的唯心史观，同时在校外的报刊上发表介绍左翼思想译著，缘此而被迫停职离校。

◎从香港归来的孙师毅

孙师毅与上海电影界的联系也在这个阶段开始，他兼职帮助神州公司编辑《神州特镌》，还在影片《道义之交》饰演过小角色，同时开始大量撰写有关电影的文章。脱离"政大"后，他入国光影片公司任编剧，后转至神州影片公司、长城画片公司，在"长城"，他编写策划了《哪吒》、《人工的黑夜》、《一脚踢进去》等剧本。

1926年底，在《银星》连续发表电影文章的孙师毅，进入上海良友图书印刷有限公司任丛书编辑和《汎报》的主编。

创刊于1927年元旦的《汎报》，当时被规划为一本"无所不谈的周刊"，逢周六出版，宗旨是"自由思想、大胆说话"，因为开本为小32开，白报纸印刷，所以定价只有大洋五分。

孙师毅在创刊号写有"这一页声明作废"可视为发刊词："乐天者只会翻白眼；忧世者只会长叹息；文人、艺术家，又只懂得微笑……所以我们趁着这个当儿，要借这一刊物供我们——以及我们的同感者作一个自由说话的地方。"

但这一年，孙师毅父亲在南昌病逝，往返于南昌之间的他，也使得《汎报》

编了没几期就没有了下文。

孙师毅在“良友”主编“中国现代史丛书”的情况大约也是如此，因此也给同事马国亮留下了“博学多闻、堪称才子。虽然计划得很好，却缺乏锲而不舍的精神，不能有始有终”的印象。“他约请了当时各方面的专家编写，全书共计八大册。计有孙师毅写的《政治史》；施复亮的《经济史》；张心澄的《交通史》；李达的《实业史》；孙绍尧的《法制史》；郑振铎的《文学史》；周予同的《教育史》；《艺术史》则由梁得所、李朴园、刘既漂、李树化、甘乃光和孙师毅合写。从上述名单看来，都堪称一时俊彦。结果没有全部完成，只出版了《经济史》、《教育史》和《交通史》三种。”⑧

孙师毅在“良友”的另一个同事赵家璧说，这套丛书的原初立意是要解决“中国往何处去”的重大问题，预约广告登载在1931年的《良友》9月号的封底上，每册四元，全套预计二十二元四角，预告年底全部出齐。事实上，孙师毅大部文稿未落实，郑振铎负责的《文学史》根本就没有动手，丛书就因九·一八事变爆发而落空。1932年，三种书目出版后，孙师毅离开了“良友”。

在“良友”期间，孙师毅和田汉等人过从甚密，1928年初南国艺术学院成立后，孙师毅写过一篇非常重要的介绍文章——《介绍南国艺术学院小剧场》⑨，他甚至参与戏剧演出并登堂授课，并兼任过教务长。

在《良友》画报上，还刊有孙师毅和江炜定婚的照片，江炜与孙师毅的结识大约是他在北平汇文大学读书期间，江炜在北平某高校就读，英文极佳。但这段婚姻维持了不久，于1928年初即宣告结束，孙师毅随后与演员蓝兰结婚，并于10月回到南昌探亲。

告别“良友”，孙师毅到中外出版公司担任总编辑，他与明耀五、包可华编选的《国际每日文选》于1933年8月1日创刊，这是一种“每日提供世界新闻杂志间各种论文之汉译”的刊物。但这本小刊物因为译刊巴比塞反战代表团一系列文件，受到当局警告，在迁址后准备复刊时，被英工部局搜查，遂告停刊。

据唐瑜说，他和孙师毅的友谊始结于这段时间，初见孙师毅那天，唐瑜和潘

◎ “余力”是电通画报的编后记

汉年在一起，孙师毅在和潘打招呼时瞟了唐一眼，“那是一双很妩媚的眼，却带着一丝凶光”。结识后，唐瑜被孙师毅请到了一品香旅馆的大烟榻上。唐瑜跟着孙不停地抄写，填写表格。唐瑜说“孙师毅大概是在这时期（1930年左右）和周恩来同志有所来往。”

1934年6月，上海中央局书记李竹声被捕，继而叛变；四个月后，接替李担任中央局书记的盛忠亮也被捕，同样叛变。1935年春节后不久，一场针对中共的全面搜捕展开，据夏衍回忆：“这次大逮捕中，破坏了上海中央局机关，被捕的有中央局代书记黄文杰、组织部长何成湘、宣传部长朱镜我、文委书记阳翰笙、负责'剧联'工作的主委成员田汉、'社联'党团书记杜国庠、'社联'党团成员许涤新、中央秘书处负责人张唯一等共三十余人，中央发行科、印刷厂也被查封。"⑩

通过中央特科知道周扬未被捕的夏衍，立即托人通知周赶快隐蔽，并告知联络人可以找"电通"的孙师毅或"良友"图书公司的郑伯奇，而夏本人则躲进徐家汇的一间肥皂厂，他与外界的联络方式，则是与孙师毅通电话。

而导演程步高则在后来撰写的《影坛忆旧》中描述了田汉被捕后孙师毅的机智与镇静。

程步高说当日早晨孙师毅有事去找田汉，进门刚欲登楼，看见有一"包打听"式的大汉在田汉房中，此人问孙找何人，孙师毅迅速杜造了朋友的姓名，"包打听"认为是找错了人，吆喝二声"快去快去"。孙才得以逃脱，后孙跑至程步高在静安寺跑马厅附近的一处租屋，另租一房住下，深居不出。果然包打听在他家附近也侍候了几天几夜，最终无功而返。⑪

1935年的春天，作为"电通"编导的孙师毅承担起了《电通》半月画报的编辑工作，化名"SWAN"，主持了1至5期的编辑工作，在第2期《风云儿女》专号上，以"毅"的署名作序诗一首："大地正咆哮、风云卷怒潮。长城新月美，故国朔风号！儿女情何寄？山河气不消！夺回生命线，誓逐敌人逃！"

在第5期的编后记——《余力》中，"SWAN"说：自第六期起，著者因为已临到了摄影场的工作，将隔一段较长时间才能为读者执笔。

而到摄影场所作的工作，即是筹拍《街头巷尾》。1935年底，"电通"被迫停业后，孙师毅于1936年夏转至无锡，任江苏省立教育学院兼电影广播教育专修科主任。1937年"八·一三"淞沪抗战爆发之后，南京军委会第二部以公函向学院借调他参加"国家总动员计划"中的文化动员部门并为之提供意见，至10月2日，他与第二部副部长卢作孚同车回抵无锡。随着日军对上海周边地区的迅速占领，孙师毅不得不在学校迁移的进程中，移居汉口。

反观孙师毅在上海的行迹，似乎与出版和电影都有关联，但也隐含着从事地下工作的信息。

从外围到中心

陈墨整理的《孙师毅生平大事年表》中，曾征引了保存在中国电影资料馆中的孙师毅“干部履历表”里的内容，有关1930年至1935年这一时间段中的情况，孙师毅自己做了这样的描述：在国际党的领导下，以上海为工作基地，亦常旅行做业务出勤，搜集整理国民党的有关军事、政治及经济的情报，并进行核实和分析。当时工作领导人有：刘进中（曾在中央调查部工作）；肖项平（曾在中华书局工作）。

刘进中曾归中央特科李克农、邹大鹏领导，当时与孙师毅系“连襟”关系；肖项平（曾用名俞鸣九）当时与苏联情报系统关联极深，曾任“联共情报组”的组长。

无独有偶，孙师毅的妻子蓝兰在抗战爆发后，并没有离开上海，她在萨波赛路264号(今淡水路192号)一幢沿街坐西朝东的三层楼房里做着“二房东”，她最重要的房客就是刘少文，而这座楼房的三楼，则是“八办”的办公地。时任“八办”主任的潘汉年则每隔一、二天就来和刘少文研究情况，商量工作。

左翼剧人于伶在1983年2月27日的《解放日报》上，曾作组诗怀念潘汉年，“注解”里于伶还清楚地描述了30年代的某个夜晚：剧社（上海剧艺社）女演员蓝兰到璇宫剧院，向我耳语“接到小开（潘汉年）电话，约你到DDS咖啡店（霞飞路DDS咖啡馆）见面。”

而在汉口，孙师毅已经进入军委会政治部第三厅工作，任秘书。武汉大撤退后，抵长沙，遇长沙大火，与前来找周恩来和郭沫若商量《救亡日报》事宜的夏衍会面，并一起护送怀孕的池田幸子和于立群到桂林。

在桂林，孙师毅待了约一年，帮助夏衍复刊《救亡日报》，为募集复刊资金，曾组织大规模公演夏衍编剧的《一年间》，与田汉、夏衍、焦菊隐一道作为导演团成员。《救亡日报》取得香港廖承志的支持顺利复刊后，孙师毅又以施谊笔名编辑副刊、撰写稿件，逢夏衍外出，就代行总编辑的工作。在这一年中，孙师毅还参与发起了中华全国戏剧抗敌协会桂林分会以及中华全国文艺办抗敌协会桂林分会，并当选理事；在桂林行营政工团为筹建抗敌小剧场公演《凤凰城》时，孙师毅和欧阳予倩等一同出任演出顾问。左军主编的《新中国戏剧》创刊，孙又被列为特约撰稿人。

随后，孙师毅奔赴重庆，出任第三厅国际问题研究员及委员；三厅改组为文化工作委员会后，孙师毅接办了南林印刷所，任经理。

在文工会和“南林”期间，孙师毅和处于核心位置的阳翰笙、夏衍等过从甚密，很多重要的会议都是在他家里开的，比如中国艺术剧社的筹备会与评议会。孙师毅负责的南林印刷厂是文工会以商业方式办的一个印刷所，目的是文工会同志的作品遭禁后可以利用它来印刷。这个印刷所也因为特务的“关注”让孙师毅苦不堪言。1942年3月30日，阳翰笙在日记里这样写道：“到毅兄处晚餐。餐前餐后，毅兄对南林结束事谈最久。”⑫

从汉口到桂林、重庆、乃至贵阳的这一阶段，孙师毅深得周恩来的依赖，周常以“羊羽子”（周翔）为署名发密件给化名“韩丁”的孙师毅，比如香港迁至桂林文化人每月50元的生活补贴，就是奉周安排孙请张云乔代为发放的，这个补贴名单多达200人。

据张云乔说，广西地下党的费用，也是通过孙师毅汇款给张云乔办理的。⑬

1944年，从桂林撤至贵阳的张云乔为重建一中烟厂到处找钱，孙师毅从重庆汇来了一笔钱。去重庆设销售点的张云乔曾回忆他在重庆见到孙师毅时的情形：这时孙师毅住在通运门街协合里一号二楼，楼上四间房他都租下了。孙师毅的夫人蓝兰和孩子仍留在上海，没有到后方来，他一个人住着。房内文件书籍堆积如山……这一时期，孙师毅的工作，确实十分紧张，他开办了孔德图书馆、学习会和印刷厂及运输队等等。同时他还打入了蒋家王朝的待从室，和蒋介石的机要秘书陈方（芷汀），结成密友。⑭

经由陈方，孙师毅又结交了陈布雷，同时也获得了国民党军委会少将高级参议的军衔。而有关政府的一些核心机密，也秘密传给了住在曾家岩的周恩来。

抗战胜利后，孙师毅以一中烟厂的股东和顾问的身份在贵阳和广州一带休养、工作。香港文汇报投资人张椑琴通过地下党约请孙师毅去任《文汇报》总编辑。

据张云乔说，广州解放后，孙师毅曾想策反国民党的一个单位起义，没有成功。后港英当局怀疑他而遭抄家审讯，于是就离开了《文汇报》。此后，孙师毅一度投资“庇士贸易公司”，但因受骗蚀本而致公司倒闭。章士钊受成为新中国总理的周恩来委托，在香港寻找孙师毅，结果在何文田木屋区发现了他。1957年，孙师毅抵达北京。

烟雾里的人生

到北京后，孙师毅住进了新侨饭店，他面临最重要的一件事，就是戒除鸦片瘾。

孙师毅一生中有三个时期大烟瘾最大，第一个时期是上海时期，在20~30年代，影剧界里的人物沾染大烟瘾并不是什么新鲜事，一些电影公司的化妆室里都备有烟榻，王献斋、王次龙等这些早期明星人物都与鸦片有深厚的“渊源”。第二个时期是重庆时期，孙师毅常常陪同陈方和陈布雷抽大烟，而陈布雷的烟瘾在蒋介石的幕僚群体中是非常有名的，传闻他是少有的可以当着蒋的面抽烟的人。据张云乔说，孙师毅第二次的毒瘾，还包括吸食一种来自加尔各答的“大土”。为戒除此瘾，孙师毅到贵阳一中烟厂后，张云乔即专门请医生帮助他戒除，孙师毅自制力挺强，在短期内竟然戒掉了。第三个时期是香港时期，其时孙师毅已经穷苦潦倒，刚来香港不久，长期与之分居的蓝兰便从上海到香港与他办理了离婚手续；投资的失败，使长期处于无业状态的他再陷“云雾”，1957年农历年初一，张云乔在广州沙面东桥见到了孙师毅，“正从一辆人力三轮车上下来。我一怔，这不是孙师毅吗？他头发蓬松胡子麻渣，这副潦倒的模样和往日的英俊洒脱简直判若两人。”⑮

孙师毅在新侨饭店住了一年多，1958年4月，孙师毅得以调入筹备中的中国电影资料馆，享受行政13级待遇，高过馆长。

唐瑜说：“孙师毅分配到中国电影资料馆工作是适得其所的。这个人作为一个电影史学家是无可非议的。他有十几箱文件档案，朋友们开玩笑说，你给孙师毅写一张条子，他也存入档案了；他的脑子就是一只大档案柜。”

张云乔说，孙师毅自重庆到贵阳时，曾带去一个大皮箱，箱子里装着地下党的机密文件、单据票证。毛泽东、周恩来等领导同志的亲笔信及照片等。去广州和香港时，他把这只皮箱托付给了贵阳一中烟厂的厂长屠天侠。贵阳解放前夕，国民党败军刘伯龙在溃逃前，扬言要搜查烟厂，屠天侠担心引火烧身，殃及全厂，就把它烧了。孙师毅得知这个消息后，犹如“晴天霹雳”。

有关孙师毅的“见识”还有一例。1961年9月9日毛泽东发表了著名的“庐山诗”：“暮色苍茫看劲松，乱云飞渡仍从容；天生一个仙人洞，无限风光在险峰。”这首“七绝”的题目为《为李进同志题所摄仙人洞照》，由此“李进”而名声大噪，很多人猜测“李进”是谁，孙师毅一语道破“天机”：李进之于李云鹤，如同江青之于蓝苹。

充分的档案意识和丰富的见识并没有使孙师毅在新的工作中获得满足，当然这决不是因为受到排挤。1960年8月19日，孙师毅写了一张

◎颇具成功人士风采的孙师毅

◎孙师毅的好友张云乔夫妇

“反官僚主义”的大字报：《“贴”必切肤，“整”必攻心，“改”必瞄准》，批判自己“高工资，少工作，学习懒”。孙师毅还对周恩来抱怨过，党对他“培养多于使用”。

返京之后，孙师毅的最大收获大约莫过于建立了新的家庭，张云乔的女儿张丽敏当时在北京市教育局所属学校当教师，因为常常去新侨饭店探望孙师毅，日久生情，虽然两人的婚事作为孙师毅好友的张云乔甚为反对，但1959年，29岁的张丽敏和55岁的孙师毅还是共同组建了家庭，1960年儿子孙丽中诞生，1964年女儿孙小毅出世。

家庭的欢乐并没有带给孙师毅一个幸福的未来，1966年6月至8月，有关孙师毅的大字报频频出现，这个早年斡旋于“地下”革命前线的神秘人物，被定格为“寄生虫”。因为留存“档案”的习惯，他的家也遭到红卫兵的几度查抄。

1966年10月3日，孙师毅因心脏病突发在厂桥的北大医院病逝，享年62岁。1975年6月获平反。1986年，孙师毅生前最要好的朋友夏衍、阳翰笙、司徒慧敏等共同证明孙师毅生前为中共党员，1989年5月10日，在中国电影资料馆全体党员会上，其党员身份得以正式公布。[16]

① 载《电影艺术》1932年7月8日创刊号。

② 载《银星》1926年第2期。

③ 载《国光》1926年第2期。

④ 载《银星》1926年第3期。

⑤ 参见《影剧艺术价值与社会价值》，载《国光》1926年第2期。

⑥ 载《影戏年鉴》1935年20页。

⑦ 唐瑜：《二流堂纪事（图文增订本）》三联书店2005年11月版164页。

⑧ 马国亮：《良友忆旧》三联书店2002年1月版46页。

⑨ 原载《南国的戏剧》，上海萌芽书店1929年7月版33-34页。

⑩ 夏衍：《懒寻旧梦录（增补本）》三联书店2006年8月版184页。

⑪ 参见程步高：《影坛忆旧》中国电影出版社1983年10月版205页。

⑫ 阳翰笙：《阳翰笙日记选》四川文艺出版社1985年2月版34页。

⑬ 张云乔：《旧梦拾零》中国烟草博物馆自印本2004年5月版74页。

⑭ 张云乔：《旧梦拾零》中国烟草博物馆自印本2004年5月版131页。

⑮ 张云乔：《旧梦拾零》中国烟草博物馆自印本2004年5月版157页。

⑯ 参见陈墨：《觉者迷踪：孙师毅先生的人生与影事》、《孙师毅生平大事年表》，载《当代电影》2008年第10期。

司徒慧敏：从西装到中山装

对“电通”影片公司而言，司徒慧敏是最为关键性的人物。可以说，没有他就没有“电通”从录音器材公司往制片公司的转型，没有他左翼电影阵线就会失去一个堡垒，也就没有这一干左翼人士的相遇与聚合。同样，也就不会有那么多光影陆离的生命交互。

而对司徒慧敏来说，如果没有“电通”影片公司，也就不会完成他的人生转型，他很可能被定格在一个技术的角色里，大的人生质感不会有太多的变幻，这种技术性角色与经验和积累有关，但在政治风云突变的年代，未必不会成为一种生命的负累，他也深有可能像诸多影人一样，在这种负累中悒悒地或者带着伤痛死去。

从才干上看，司徒慧敏并不是一个富于才华的人物。在舞台美术领域，他甚至无法与许幸之媲美；在电影录音领域，他肯定不如三友录音器材的创始人——马德建、司徒逸民和龚毓珂专业；在电影执导领域，尽管他在“电通”拍摄的《自由神》因为散失的缘故无法重新审视，但通过他1937年拍竣的《联华交响曲·两毛钱》和1941年拍摄的《游击进行曲》来看，他在驾驭电影语言的从容程度上几乎无法与1937年拍出《马路天使》的袁牧之“抗衡”。

但大时代造就大人物，30年代是一个大时代，而上海则是一个孕育着时代风云

◎司徒慧敏

的都市。

性格

从有关司徒慧敏的回忆文字来看，戴在他头上的“帽子”，常常与“可亲可敬”和“小心翼翼”这样的字眼有关。

60年代与司徒慧敏在文化部电影局共过事的沈容曾回忆说，司徒慧敏虽然贵为副局长，但曾经因为婚姻问题谁也不敢得罪，遇到运动，还要和制片处的两个“手下”沈容和覃珍打招呼，让她俩包涵包涵，为他说两句好话。原因很简单，抗战胜利后，党组织派他到美国学习电影技术，去前他是结过婚的，到美国后又和人结了婚。司徒慧敏后来娶的妻子在他回国后到中联部工作，而前妻（注：邓雪琼[1]）却不愿意离婚。因为司徒在上海干地下工作时，都是他们在家开会，前妻守门望风，司徒去美国后，又是前妻一人把孩子拉扯大，所以司徒理所当然成了忘恩负义的“陈世美”，尽管他解释是奉组织之命，前妻也不离，而且经常到电影局闹事。文化部党组最后决定，每月留三十元工资给司徒，剩余全部交给其前妻。[2]

50年代在电影局专家办公室任副主任的孟广钧回忆说，1987年3月23日，司徒慧敏临终前的11天还打电话给他，问及有关反对资产阶级自由化方面的情况。[3]

汤晓丹的夫人蓝为洁则曾忆过40年代司徒慧敏在中国电影制片厂时的一段往事：时任中制厂长的蔡劲年系黄埔出身，曾经做过上海警察局的局长，以军人手段专制治厂并起意要开除卡通技师王铭章，司徒慧敏来技术科问及情况，蓝为洁大胆地说“他们都反对厂长开除王铭章”，被司徒慧敏制止教训，司徒慧敏事后提醒蓝为洁，这样说即使蔡劲年不开除王铭章也可以拿她当“替死鬼”。④

作家冯亦代曾经这样忆及司徒慧敏：司徒为人十分温顺，我只有看见他和颜悦色，从没有剑拔弩张的时候，因此朋辈都叫他“司徒牛”。有时有人调笑他“泥牛入海，杳无消息”，他也不以为忤。其实他为人至诚，每有所托决不轻易敷衍；宁愿一己煞费周折，决不有负于人。这在香港沦陷生死关头时，已为我们写上难忘的一页了。他平时答应人的事情，一定千方百计底事于成；一时办不到的，他除非当面回绝，未闻有疏漏的。因此友人们对这条“泥牛”再信任不过的了。他重视友谊，又是个多情的人，所以海内外结下多少好友，不分三教九流，人人知晓。有难相求，便为人排忧解难，在他那温顺亲和的神情中，人们总能找到同情、信任和理解。⑤

影史研究者董亚军和董致远在论及司徒慧敏在30年代的工作方法时，曾提及司徒慧敏的挚友蔡楚生常常为司徒慧敏他们拍的片子艺术情趣较少而提出直率意见，司徒慧敏总是婉转地说明党的电影小组的意图，使之心悦诚服。⑥

作品

司徒慧敏独立完成的影剧作品并不多，比较有代表性的除《自由神》、《联华交响曲·两毛钱》、《艺海风光·歌舞班》和《游击进行曲》外，还有《血溅宝山城》、《保卫大四邑》、《白云故乡》、《中国民族舞蹈》和《八·一运动大会》。

《保卫大四邑》、《中国民族舞蹈》和《八一运动大会》是纪录片，《保卫大四邑》拍摄于1939年春，司徒慧敏带着摄制组回到家乡开平，拍摄的主题是四邑群众性抗日救亡活动；《中国民族舞蹈》是他赴美期间的作品，由其在香港时的友人戴爱莲主演，该片于1948年在英国爱丁堡纪录片电影节中获过优秀奖；《八·一运动大会》拍于1953年，是我国第一部大型彩色纪录片，拍的是1952年在北京举行的中国人民解放军建军25周年全军体育运动大会中各项竞赛的情况，司徒慧敏担任这部影片的总编导，该片的执行导演其实是他的好友谭友六。

在他所拍摄的五部故事片中，主题先行的特征非常突出。这一点司徒慧敏自己也有反思："当时强调服务于政治，突出主题思想是对的，但没有生活，没有表现主题思想的生动活泼的素材，其结果也只能是公式化、概念化。"⑦

由此，他的五部故事片反响并不很大。《自由神》公映时，左翼影人与软性电影论的论战风波还没有消停，所以惹来的谩骂比较多，最为典型的是1935年8月25日的《晨报·每日电影》，穆时英批评他说："全部《自由神》因导演的不十分理解电影的织接法与开麦拉机构而造成的大大小小的缺陷实在是很多很多……导演只着力于叙述清楚一个故事，并没有表现出主题，各场面间的速度的支配不适当，就是各个画面的角度也很有应该讨论的地方。"

《游击进行曲》算是较早在香港拍摄的爱国抗战电影，由司徒慧敏的另一好友蔡楚生担任编剧，蔡楚生对这部影片的拍摄也不满意，他在1939年11月19日的日记中说："《游击进行曲》将配音，拟运入国内放映，此片因摄制时经济困顿，剧情屡遭改削，成绩毫无足观，运入国内，能不令人汗下！"⑧

相比于《游击进行曲》拍摄时的经济困顿，《白云故乡》的拍摄更为艰难，时任中制厂长的郑用之说："我们拍摄《白云故乡》，从去年十月开始，为求逼真起见，有五分之二的片子是在香港分厂主持下，在港实地拍摄，以后因香港局势变化，才移到重庆总厂补拍其余的五分之三。"⑨

由此，在一般电影史叙事中，这部由"中制"香港大地公司投拍的电影一直被作为"半部"故事片来评论，该片的女主角陈静芬的扮演者、女作家凤子自己也认为："导演对于某些场面的处理，忽然感觉到一些问题了。就是人物的转变，情绪的转变，以及故事的转变，似乎都不能如理想地介绍出来。"⑩

凤子说，当时司徒慧敏曾经问她有什么意见，她的看法就是人物的真实性是

◎良友画报100期刊出的电通三巨头

◎《自由神》中的男配角顾梦鹤

◎周伯勋、许幸之、王莹合影

值得商榷的。

相比较而言，反响比较好的是《联华交响曲·两毛钱》，这部以一张两毛钱的小钞票为线索，引发了它与社会各个层面的现实关联，并由此构成了“对立”的现实阐释。作为一部短片，主题先行的因素恰恰因为时长的限制，达到了一种比较紧凑和强烈的效果。叶蒂在《大晚报》发表文章说：“在编剧上，这是很巧妙，同时也很成功。导演的手法，也相当地发挥了剧的效果。最后那个高潮，‘八年！八年’愤激地从梅熹的嘴里喊出时很有刺激观众的观感。”⑪

但在《两毛钱》之后，《血溅宝山城》又出现了类似的口号，就有滥用之嫌了，该片的结尾是八个大字“中华民族解放万岁”，其主题化与公式化的窠臼非常明显。

如果抛却电影自身的技术和艺术因素，其实从司徒慧敏所选题材的肌理上，有一种非常明晰的时代逻辑关系，这种关系却是紧紧地扣住时代的主脉络的，也是现实的，而且具备相当进步精神的。

《自由神》的书写放在了广州起义和北伐上，原因很简单，大革命是司徒慧敏青年人生时无法抹却的一笔；《两毛钱》的书写着力点是阶级对立，通过一个微末的视角，构造起了社会层面分置的现实魔力；《艺海风光·歌舞班》的书写是

"软性"与左翼之争，以一个导演拒排香艳剧目愤然离去作为故事的主线；《血溅宝山城》的书写点是"八·一三"，通过抗日军士的大写，来激发正面抗战的力量；《游击进行曲》的书写点是全面抗战，把侵略者往内地的劫掠和民众的觉醒对应起来；《白云故乡》则是针对都市观众的"战争总动员"，它以间谍战的方式，书写了无所不在的斗争。

40年代拍完《白云故乡》的司徒慧敏，出任中国电影制片厂新闻纪录片部主任，并试图在"中制"拍摄孙师毅编剧的《娘子军》以讴歌女性抗战，但其时他身上显现出的"红色背景"和意识已经非常明晰，"中制"当局以器材短缺为由拒绝了他。1943年，司徒慧敏在重庆出任以旅港剧人为班底的话剧团体——中国艺术剧社的负责人，先后创作公演了《祖国在召唤》、《家》、《戏剧春秋》、《清明前后》、《春寒》、《岁寒图》等剧目。1946年剧社迁至上海，与"上海剧艺社"合并，司徒慧敏又受命筹组昆仑电影公司。

因为抗战胜利前后，重庆上空已经弥散出一股强大的"移民"潮流，在中共内部"有些同志倡议建立延安或华北解放区的电影基地"，周恩来跟司徒慧敏说，要根据毛泽东"敢于斗争、敢于胜利"的思想，面向全国更广大地区考虑电影事业的发展问题。⑫

1946年7月，司徒慧敏踏上新的路途，赴美国哥伦比亚大学学习电影技术和电影管理，兼做华侨工作。

人脉

司徒慧敏去美国学习电影并开展华侨"统战"工作并非偶然，原因是司徒家族在北美华人圈有强大的势力。

生于1910年的司徒慧敏是广东开平赤坎人，赤坎是闻名的侨乡。出生于赤坎堤洲牛路里的司徒美堂是美国声名远播的侨领，曾任洪门致公堂总监督和安良堂总理，1909年孙中山以"洪门大哥"身份到美国宣传民主革命，司徒美堂与之接触后锐意整顿帮会陋习，支持国内民主革命；司徒慧敏的父亲司徒盛赞是加拿大温哥华

自由神
滿意攝竣——下月開映
歸·國·第·一·聲
被壓迫的婦女們團結起來！
Roar, Women!
舊的『傀儡家庭』
"A Doall's House"
新時代的木蘭
Miss Magnolia Obovata of Modern China
司·徒·慧·敏·驚·人·
介紹王瑩
重施脂粉是何因？
Once A Revolutionary Giant,
What Resurrect Your Womanish mind?

◎电通画报自由神特辑

◎电通画报自由神特辑

的侨领，也是孙中山的追随者，是早期的国民党元老之一。

据司徒慧敏说，当年他加入共产党时，曾小心征求父亲的意见，司徒盛赞没有反对，老人的判断是“国民党比保皇党（司徒慧敏的祖父曾是保皇党）进步一些，共产党比国民党更进步一些。”

司徒慧敏能够在1934年的上海将堂兄的电影器材公司转组为电影制片公司，完全得益于司徒家族强大的人脉。1933年，上海左翼电影进入“井喷”期后，已经引起了当局的严正重视，夏衍在《懒寻旧梦录》里开列过一串长长的事实：3月26日，廖承志、罗登贤被捕；5月初，史沫特莱的秘书冯达被捕、叛变；5月14日，潘梓年、丁玲被捕，应修人拒捕牺牲；5月25日，黎烈文受到警告，在“自由谈”发表了《多谈风月》的声明；6月18日，中国民权保障同盟总干事杨杏佛被暗杀；7月14日，伊罗生在英文《中国论坛》上发表了拟暗杀的文化人名单抄本；11月12日，三十多名国民党特务捣毁艺华电影公司摄影场和良友图书公司，并散发“上海铲共同志会”的署名传单……

“电通”建立后，1935年，上海社会局抄报给市长吴铁城的《抄共党在电影界活动情况》里说：“电通公司又于去年夏季扩大，所吸收之导演编剧演员，几乎全为影联中人，其声势且超过从前，因电通之股东老板司徒慧敏得某要公之赏识……绝非若艺华之可以铲共队名义可以动摇之者。”⑬

有关司徒家族在上海的情况，时年24岁、本名“司徒传”的沙飞于1936年8月底抵达上海时，曾对一次接风宴会印象深刻，司徒家族汇聚一堂的情形可见一斑：满座精英的列席者们共襄一场司徒家族在中国文化界、科技界一时俊彦的风云际会，司徒博（注：留学日本的牙科医师）为沙飞设了一桌接风宴，参加的都是司徒家族的人，50多岁的司徒梦岩（注：上海江南造船厂首任华人总设计师），司徒郁（注：广州商会会长）、司徒卫（上海岭南附小校长），司徒慧敏、司徒乔（版画家）及夫人冯伊湄、乔16岁的弟弟司徒杰和13岁的弟弟司徒汉。司徒家的人欢聚在上海，大家都很高兴。

沙飞传记的作者王雁在《铁色见证：我的父亲沙飞》一书中则对司徒家族写

下了这样的评价：司徒这个复姓氏族特殊的家系凝聚力，虽经地理的迁徙与时光的淘沥，却始终保持着一个居住在广东开平的家族核心地域。以至于在现代中国，广东开平赤坎镇成为司徒族人的圣地所在，由此辐射到国内和国际的司徒族人始终维系着一个在动荡的大世界大国家大社会范围里的固定之宗亲小族群，这种由血缘联结起来的社会亲情关系，是保证司徒家族利益互惠的传统基础。[14]

“八·一三”后，司徒慧敏抵达香港后，除却本来的电影工作之外，司徒慧敏开始介入戏剧和团结联络进步文化人士的工作，与夏衍、宋之的、于伶、金山筹组了“旅港剧人协会”，排演了《雾重庆》、《希特勒杰作》、《马门教授》等作品。

“一二·八”香港沦陷后，司徒慧敏协助执行廖承志领导的保护抢救进步人士的任务，组织旅港的电影界、戏剧界人士陆续撤回内地，由桂林转到重庆。

而到达美国后，除完成学业外，司徒慧敏还进入了雷电华公司纽约厂工作，并通过《华侨日报》与“世界

◎1978年春，文化部副部长司徒慧敏与日本大使在首都剧场（李晓斌网络贴图）
◎司徒慧敏参加金鸡奖百花奖授奖活动
◎司徒慧敏（左一）率中国电影代表团出访

◎1983司徒慧敏与周扬

◎司徒慧敏与夏衍

戏院”联络南北美洲各地爱国华侨，同时为留美华侨海员的学习做了许多工作直至1951年底回归祖国。

影剧的组织性工作和侨务联络工作使司徒慧敏内敛、温和的性格优势得以充分显现，他的儿子司徒兆敦后来回忆说，父亲做事一向低调，对子女的要求也很严格，一再对子女说：“你们不能以我的名义做任何事。”在儿子眼里，他就是一个常常出远门的影子。“父亲平时忙于工作，很少跟我们说话，但他对我们说的话，现在想来，都是至理名言”，据说，司徒慧敏对司徒兆敦说过的一句令其铭记了一生的话是：“你要记住，千万不要以政治来决定自己的朋友，只有那些品质好，说话算话的人，才是真正的朋友。”

经历

王雁在《铁色见证：我的父亲沙飞》中曾写下这样一句话：“沙飞以摄影家的作为在上海一鸣惊人、腾飞而起，其实也是在上海的司徒族人们众手支持，一举托起了沙飞的迅速成名。”

其实，这句话放在司徒慧敏身上或许也有基本相近的道理，不同的是，沙飞的人生形态是以艺术家的方式显现，而司徒慧敏则是以艺术活动家或者说是事业家的方式显现的；沙飞是较大地借力于司徒族人，而司徒慧敏是在族人和左翼同道的共同助推下，渐渐显现在了核心的文化舞台之上。

司徒慧敏的童年和少年时光是在广州度过的，1923年，司徒慧敏进入广州第一中学。即参加了共青团领导的“新学生社”和“反基督教大同盟”。1924年8月，14岁的司徒慧敏考入中山大学工学院附属中学，选学的是化学专业。在同乡周文雍的影响下（注：周即是后来闻名的《刑场上的婚礼》的原型），紧跟大革命的时代步伐，15岁参加共青团，17岁加入共产党，并在广州城内开了一家专卖文艺书刊的书店，销售进步书籍。

“四·一二”政变发生后，共产党人张太雷、叶挺、黄平、周文雍、叶剑英等于1927年12月11日组织了广州起义，并宣告广州市苏维埃政府成立，次日即遭张发奎部镇压，五千多参与起义的人士和群众被杀害。司徒慧敏避走开平老家，并于次年东渡日本，入东京上野美术学院图案科学习。留学期间，他结识了许幸之、夏衍、沈西苓等人，参加了左翼艺术家同盟以及社会科学研究会，也参与了“筑地小剧场”的演出活动。1929年秋，因参加社会科学研究会反帝同盟的活动，被日本当局逮捕关押六个多星期，后经上野美术学院教授千头庸出面交涉，才被释放。1930年春，司徒慧敏回到上海。

其时，夏衍已经办起上海中华艺术大学，创办了《艺术》月刊；许幸之已经与沈西苓和汤晓丹等人创办了时代美术社，回到上海的司徒慧敏非常自然地与这些人靠拢。

据汤晓丹回忆，他们当时与共青团（CY）组织有非常紧密的联系，除许幸之、夏衍、沈西苓、司徒慧敏等人，还包括叶坚、苏怡、朱光等人。他与司徒慧敏和朱光（新中国成立后，任广东省副省长），还共同创办过一间广告社，其间朱光经常跟他借钱，多年以后，才知道朱是共产党员，不久就到苏区了。他还记得司徒慧敏在当时《电影艺术》杂志上写过一篇叫作《有声电影的由来与其简单原理》的

◎司徒慧敏的儿子司徒兆敦和女儿司徒新蕾

◎司徒兆光

专述。

当时苏怡和沈西苓在“天一”公司工作，汤晓丹和司徒慧敏随后加入，汤是置景师，司徒慧敏是录音师，苏怡和老板邵醉翁因为剧本的问题闹矛盾，沈西苓也因《女性的呐喊》一句被邵醉翁“否决”而出走到“明星”公司，司徒慧敏也随即转投了“明星”。[15]

此间，司徒慧敏堂兄司徒逸民从美国哈佛大学留学归来，与同学龚毓珂，以及曾在美国华盛顿大学学习机械工程的马德建一起，研究有声电影录音技术，并在自己家里建立了录音技术研究室，反复研究试制电影录音机。1933年9月，他们制造的“三友式”录音机试制成功。“为了解除人民的怀疑心理，他们用三友式录音机正式录制了范雪朋、徐琴芳唱的《四郎探母》、龚秋霞唱的《黑夜唇吹曲》、李丽莲唱的《普天同庆》等”。[16]

身在电影圈的司徒慧敏也参与了研制工作，据说从此与司徒慧敏结下深厚友谊的蔡楚生试听后，觉得很满意，就用“三友式”录制了王人美演唱的《渔光曲》，此后，三友式为联华影业公司的《渔光曲》、《大路》、《新女性》等影片录制了插曲。

据司徒慧敏自己说，“三友式”在试制期间，田汉、夏衍、于伶多次组织电

◎司徒慧敏与张云乔
◎司徒美堂是司徒家族的荣耀

影界的人士前来参加试录；1933年，田汉还陪同来上海参加“世界反对帝国主义战争委员会”的代表英国人马莱爵士前来参观。

1933年9月，电通电影录音服务公司成立。是年底，执政当局对左翼电影开展疯狂打击，为寻找左翼电影的自主阵地，经司徒慧敏努力说服，电通电影录音服务公司改组为电通影片股份有限公司，下设“制机厂”和“制片厂”两部，一部仍然从事录音器材的制造业务，另一部则从事电影制片业务，由马德建任经理，司徒慧敏任摄影场主任。

1934年出版的《中国电影年鉴》上有一则“电通公司三友式录音机之大贡献”的广告，文中称：“本公司自制三友式有声电影录音机，放音机，兼营默片配音工作，并设计各种电机工程，三友式录音机为司徒逸民、马德建、龚毓珂三氏所创制，曾受中国教育电影协会最优良奖状，及蒋委员长一万元现金之奖励，不让泊（舶）来品，联华巨片《渔光曲》、《大路》及香港全球公司之《野花香》、《回首当年》、《夕阳》等片，均系本机录音。”⑰

当上摄影场主任的司徒慧敏于1935年突破了录音师的职业岗位，改任导演，他的第一部影片就是夏衍编剧的《自由神》。1935年7月16日出版的《电通》半月画报第五期中称《自由神》为“司徒慧敏惊人处女作”——《新时代的木兰》。

《电通》半月画报第六期是《自由神》的“特辑”，是辑刊有司徒慧敏在片场的工作细节，有文章说司徒慧敏“探海灯一般的眼睛发现了王莹流下的眼泪，虽像大雨倾盆一样，然而对于反光的地方，还嫌有几分不满意”；王莹在拍摄此片中用东洋语和司徒慧敏讲话，“用东洋语咕噜了几句，她的眼泪快要夺眶而出了”；当王拒绝用眼药催泪时，司徒慧敏鼓励他，“那当然啦，王莹，再等一会儿吧”；是辑还对司徒慧敏作了调侃，说他善于打乒乓球，而且每次与人打球时，都表现的“辣手辣脚”，“口中连呼‘杀千刀’让人生畏”，于是说“拍《自由神》北伐血战场面时，为求逼真，司徒慧敏大发‘杀千刀’精神，让装死的群众演员无不叫苦。”

1935年底，“电通”停业后，司徒慧敏转至“联华”，任导演兼录音师，直至日本把“炮火”对准上海。“八·一三”后，司徒慧敏转至香港。他的好友苏怡早已经在香港电影圈扎根，“电通”能够为香港全球影片公司提供“三友式”录音机和录音技术，就是苏怡从中牵线，因为又是广东人，司徒慧敏迅速溶入了粤语片的电影制作阵营，而且围拢起了一大批粤语电影工作者。

1937年11月30日，抵达上海的蔡楚生迎来了一场奢侈的欢迎宴，他在日记中说：“晚苏怡、慧敏在广州饭店请客，同座有马师曾、谭兰卿、孙瑜、陈云裳、汤晓丹、熊辉、友六、张翼、灼灼等二十几人，相当热闹，结果我被啤酒灌醉了，拼命想睡觉。一共花了近百块钱，贵得惊人。”[18]

女作家吴似鸿则曾忆及她在抗战初期到香港时所见到的情形：老曾（注：吴男友）又带我去看司徒慧敏。司徒慧敏也在香港当导演，生活很清苦，吃饭连桌子都没有，菜就放在走廊的凳子上。他知道老曾没有工作，我又来了，主动给了老曾十元港币。[19]

司徒慧敏的儿子司徒兆敦1938年生于香港，他在回忆那段时光时说：“那时候我父亲搞进步的戏剧电影运动，接触很多人，家也就成了党的地下机关，只是那时候我什么也不懂。我家表面上很有钱，但实际上我是经常吃不饱的。到1949年5月，也就是抗战胜利以后，我们回到了香港。我在汉华中学的附小上学，我对那个学校非常留恋。那是党办的一个学校，常有学生运动，港英当局的教育司特别恨这个学校。他们总是以消防问题，要查封这个学校。当时香港的电车工人、汽车工人罢工，我们学校都组织学生去卖花声援，文艺演出我也去参加。即使是这样，我对压迫、剥削、革命思想都不懂，不像现在的概念里的罢工、工人怎么痛苦，怎么受剥削、压迫……，在孩子的脑子里，罢工的日子我们可以不上学，去义卖，捐钱给工会，那是最欢乐的日子。正是这种动荡，让我接触了很多革命的烈士，像叶挺、邓发等。当时自己不知道，而且是完全不知道。”[20]

由美国回归祖国后，司徒慧敏于1952年4月出任八一电影制片厂厂长，1953年，主持制订了中国电影事业的第一个“五年计划”，并规划和参与电影洗印厂以及上海、南京、哈尔滨等电影机械厂的建设工作。1956年以后任中国电影局副局长、中国电影科学所所长。1965年，司徒慧敏参加了大型音乐舞蹈史诗《东方红》的拍摄领导工作。“文革”期间，司徒慧敏受到迫害，身心饱受摧残，直到1975年才回到电影局工作。1978年7月后，司徒慧敏任文化部副部长，主管电影工作、外事科学技术工作。

司徒慧敏因癌症于1987年4月4日在北京逝世，终年77岁。逝世前两个月，据说他还要到海南华侨农场调研，连飞机票都买好了，后因医生反对而未能成行。受司徒慧敏影响，他的大儿子司徒兆敦已成为“中国纪录片之父”，任教于北京电影学院；1940年也出生于香港的次子司徒兆光是著名雕塑家，任教于中央美术学院。

① 邓雪琼在司徒慧敏的交友圈中，给人的印象是非常贤慧，司徒慧敏早期在天一的朋友汤晓丹曾回忆说：“司徒慧敏的母亲很喜欢我，常叫司徒带我去她家改善生活。我也把老人当自己母亲敬重。我和司徒成了极亲密的朋友。我工作忙，没有时间去他家吃饭，司徒的妻子邓雪琼总是烧了好小菜，亲自送到广告公司楼上。”（参见《路边拾零》，载《上海电影史料第1辑》1992年10月内印），另据在桂林时期，邓雪琼还在热闹的中山北路开过一家儿童服装店；后来，毛泽东出席重庆谈判时装的衣服，也是邓雪琼给量身定做的。

② 参见沈容：《电影的春天和冬天》，载《温故之三》，广西师范大学出版社2005年1月版111页。

③ 参见孟广钧：《你睡在鲜花丛中——悼祭司徒慧敏同志》，载《电影艺术》1987年第7期。

④ 参见蓝为洁：《我记忆中的司徒慧敏》，载《大众电影》1996年02期。

⑤ 冯亦代：《记司徒慧敏》，载《冯亦代》古吴轩出版社2004年1月版。

⑥ 参见董亚军、董致远：《为中国电影事业耿耿五十年——记电影界老前辈司徒慧敏》，载《电影评介》1983年第1期。

⑦ 司徒慧敏：《忆蔡楚生同志》，载《蔡楚生研究文集》中国电影出版社2006年1月版227页。

⑧ 蔡楚生：《蔡楚生文集·第三卷（日记卷）》中国广播电视出版社2006年2月版141页。

⑨ 郑用之：《我们怎样拍摄〈白云故乡〉》，载重庆《国民公报》1940年10月27日。

⑩ 凤子：《〈白云故乡〉略谈》，载重庆《国民公报》1940年10月27日。

⑪ 叶蒂：《联华交响曲》，载《大晚报·剪影》1937年1月10日。

⑫ 参见司徒慧敏：《电影事业时刻挂在他心中》，载《周恩来与电影》中央文献出版社1995年12月版73页。

⑬ 参见《三十年代上海左翼电影界活动情况史料一则》，载《档案与史学》1994年6月号。

⑭ 参见王雁：《铁色见证：我的父亲沙飞》社会科学文献出版社2005年8月版。

⑮ 参见汤晓丹：《路边拾零》，载《上海电影史料·第1辑》1992年10月内印。

⑯ 参见杨海洲主编：《中国电影物资产业系统历史编年记（1928至1994年）》中国电影出版社1998年10月版8页。

⑰ 《中国电影年鉴1934（影印本）》中国广播电视出版社2008年1月版528页。

⑱ 蔡楚生：《蔡楚生文集·第三卷（日记卷）》中国广播电视出版社2006年2月版3页。

⑲ 吴似鸿：《浪迹文坛艺海间》浙江文艺出版社1984年5月版134页。

⑳ 参见樊娇娇：《无字书屋的思索者——司徒兆敦访谈录》，载《时光留影——北京电影学院教师访谈录·第2辑》中国电影出版社2006年12月版。

海派江湖与时代漩涡
——应云卫的幸与不幸

1942年年初，夏衍从沦陷后的香港辗转抵达重庆，周恩来指示他要多交朋友，有两个人一定要先见，一个是全国文艺界抗敌协会的老舍，另一个则是中华剧艺社的应云卫。

1978年，应云卫骨灰安放仪式在上海龙华革命公墓举行，夏衍致信时任上海电影局局长的孟波，称应云卫是30年代左翼戏剧家联盟的秘密盟员，并称中华剧艺社是在周恩来和郭沫若直接领导下的进步话剧社团。

1984年，应云卫80周年诞辰纪念活动在北京、上海、杭州三地举行，夏衍为纪念活动题写了三个字“戏剧魂”，这不禁让人想起1936年10月19日，宋庆龄主持的鲁迅葬礼中覆盖在棺木上的那三个大字——“民族魂”。

夏衍在1978年写就的那封满怀深情的信，让应云卫的子女激动不已，因为应云卫生前说过一句牢骚话：你母亲（注：程梦莲）参加革命比我还早哩。

应云卫的妻子程梦莲1950年参加了影剧协会的工作，因此“参加革命工作的时间”就被定在了是年，而应云卫在新中国成立后，在私营国泰影业公司担任制片委

◎应云卫

员会主任兼导演，1952年公私合营后，并入了上海联合电影制片厂，“参加革命工作的时间”被定为1952年，这个时间“界定”一直令应云卫耿耿于怀。

从爱美剧演起

夏衍能将应云卫定格“戏剧魂”并不是心血来潮。早在1943年，他就和宋之的、于伶合写一个剧本——《戏剧春秋》，在是年的《新民报》上夏衍有文章说：“假如要以一个人的经历来传记中国新兴戏剧运动的历史，那应云卫正是一个最适当的人选。”

《戏剧春秋》的写作得益于宋之的的提议，此后三人分头执笔，经过一个多月的集体创作，陆宪揆的人物形象喷薄而出。1943年11月20日，《戏剧春秋》由中国艺术剧社在重庆银社公演，导演郑君里，主演蓝马，先后共演出44场。蓝马在舞台上迈着雀步的样子，令程梦莲也甚为动容。

《戏剧春秋》从作品的现实意义上看，这是一首歌颂戏剧运动开拓者和组织者的长诗，以话剧的形式将戏剧工作者生活上的辛酸和精神上的苦闷一一道出，对中共南方局以戏剧为突破口，反对当局的高压政策而言确是一个具有鲜明斗争精神的样本；同样也必须看到的是，当时刚刚成立的中国艺术剧社也正处于无戏可演的尴尬境地，于伶回忆说："到了九月，一连送审的两个剧本不被统治当局通过。剧社无戏可演了。怎么办？我们三个人慨然、愤然、奋然，决然地合作写了《戏剧春秋》。"①

毋庸置疑的是，这部戏的排演对团结以应云卫为首的中华剧艺社而言，还是有重要作用的。从阳翰笙当年的日记中可以看出，应云卫对以旅港剧人班底组建中国艺术剧社很有意见，他在1942年7月16日的日记里写道："12时，打发吴轿先行，与云卫步行至厂。在途中云卫问及金（注：金山）、宋（注：宋之的）两兄所筹组剧团，他表示难过。我要他去与老夏（注：夏衍）详谈"；8月2日，阳翰笙又在日记里写道："上海剧艺社内迁事，据瑞谈，颇引云卫的疑虑，因为剧艺社来直接将影响到'中艺'（注：中华剧艺社），间接也将影响'中万'（注：中国万岁剧团）"；8月26日，日记又留下了这样的记录："晨，老应一早来郭寓，与诸至友商谈中艺事至久。大家有将中艺作为一业余团体的建议，望云卫采纳，他虽首肯，但据我看，还是勉强。"②

从阳翰笙日记的叙事中不难看出，"中国艺术剧团"的成立，包括上海剧艺社的内迁，对应云卫领导的中华剧艺社是有竞争"威胁"的，同时中华剧艺社的开办资金三千元，是阳翰笙所在的政治部第三厅给付的，它由半官方化面临着业余化及职业化的压力，市场和演员阵容，都是应云卫不得不考虑的问题。

与此同时，应云卫在上海时期的得力搭档孟君谋正在与他闹矛盾③，而且中华剧艺社在民众会场演出阳翰笙的《天国春秋》时，一幕未完，即有人殴辱应云卫。④

1943年初，中国艺术剧社如期成立。在这样一些矛盾和困扰中，借应云卫40岁寿诞（实际为39周岁）之际，为应云卫排演一部戏剧，不能不说是一件立意高明、一举多得的事情，更何况应云卫本人的经历确实是值得书写的。

应云卫跻身戏剧界，早在上海文明戏兴盛的时代就开始了。

应云卫有一个同母异父的哥哥叫郑少庚，他是苏滩的名丑，在上海闻人黄楚九的“大世界”舞台演出，应云卫的少年时代就经常泡在剧场里。

1921年，应云卫参与上海戏剧协社创办，与欧阳予倩等人一起响应北京蒲伯英、陈大悲等提倡“爱美剧”的主张，着意革除没有剧本靠演员即兴的“幕表制”演出方式，曾公演过谷剑尘编剧的《孤军》和陈大悲编剧的《英雄与美人》。因为剧社女角不足，应云卫和谷剑尘、陈宪谟常以扮女角为乐，而且也因此而出名。1922年从美国哈佛大学学习文学与戏剧的洪深回到上海，不久也加入了戏剧协社，并担任排演主任，洪深为剧社定制了更为严格的排演制度，通过胡适《终身大事》和欧阳予倩《泼妇》两剧的排演，以男女合演“比较”男扮女角，从而杜绝了男扮女角的现象。1924年，戏剧协社因为排演《少奶奶的扇子》引发轰动；1927年，洪深转向电影界并执教于复旦大学，剧社人心涣散，几近停顿；两年后，又因演出《血花》内容不健康而遭遇失败。

1929年田汉统领的南国社因排演古典剧《莎乐美》引发轰动，使各演出社团在1930年一度陷入到西方古典剧路线的“大战”当中。应云卫代表戏剧协社走上导演前台，筹拍的剧目为莎士比亚名作《威尼斯商人》；洪深统领的复旦剧社筹拍的是《西哈诺》（注：原作者为法国浪漫主义作家罗斯丹），为了介绍罗斯丹，洪深还在是年4至6月的《民国日报》和《戏剧》周刊上写了六篇评论[5]；田汉则毅然放弃“大热”的《莎乐美》，改排新剧《卡门》。

1930年5、6月间，三出古典大戏竞相上演。5月17日，应云卫的《威尼斯商人》先拔头筹，在福德里中央大会堂首演，7月又在“丹桂第一台”加演；6月11日，田汉的《卡门》在中央大戏院首演；同月，洪深的《西哈诺》在复旦体育馆首演，接着在新中央大戏院公演。

三场大戏，演员众多，制作豪华，据当年“西哈诺”的饰演者马彦祥说，《西哈诺》全剧五幕，需要五堂布景，演员有六十七人；而《威尼斯商人》同为五幕剧，演员也有“三十数人之多”；《卡门》则为六幕剧，演出阵容包括俞珊、洪深、金焰、孙师毅、郑君里等人，实力强劲。

但这三出戏均因过于讲求形式、耗资过巨而亏本。事后，田汉约洪深和应云卫到大西洋菜馆吃饭，也都作了自我检讨。[6]受损失最大的是田汉，因《卡门》“鼓吹阶级斗争，宣传赤化”，在演出了三四天后被禁演，三个月后，南国社又被当局查封；而洪深则因为支持被查封的艺术剧社（注：夏衍领导）、南国社及其他左翼活动于1931年3月被当局拘捕，被迫离沪弃艺经商，进入天津大陆商业公司任总经理秘书；相比而言，应云卫则因《威尼斯商人》的导演积累了经验与名望。

1931年的“九·一八”事变和1932年发生于上海闸北的“一·二八”事变，使民族热潮空前高涨，审时度势的左翼人士将民族热潮和文艺运动有机地统一了起来，以“爱美剧”和“古典剧”为路线“为艺术而艺术”的戏剧协社在民族浪潮的推动下积极“转型”，在夏衍、孙师毅、郑伯奇、沈西苓等人的引导下，筹拍了《怒吼吧！中国》，导演人选确定为应云卫。

而通过这部戏的排演，应云卫“在左翼的团结之下，政治上开始有些认识了”[7]。

1933年9月，《怒吼吧！中国》在法租界黄金大戏院公演，全剧使用演员一百多人，主演为袁牧之、黄惶、魏鹤龄、朱铭仙、严工上等。布景设计张云乔，灯光设计欧阳山尊。张云乔是应云卫在为新华艺专排演话剧时认识的学生，个人投资电影失败后，借住在他家的亭子间里；欧阳山尊则是欧阳予倩的“公子”（注：欧阳予倩的弟弟过继给他的儿子）。据张云乔说，袁牧之、欧阳山尊、王遐文、王莹等都是应云卫家的常客。应云卫接拍此剧前，夏衍、于伶、郑伯奇、孙师毅等人跟他叙谈过，说戏剧协社的剧目和今天民族危机深重的局势太不相应，加上艺术剧社、南国社被封，戏剧协社自身又因为《威尼斯商人》的亏折，困于经济而消沉三年，所以应云卫“决心要配合救亡热潮，搞场大规模的公演。”[8]

为了让《怒吼吧！中国》不再重蹈《威尼斯商人》经营折损的旧路，应云卫在这部戏的核算上苦费心计，他动员了一批码头工人来饰演工人，既省钱又自然；他与国货公司挂钩，由国货公司刊登商品戏目联合广告，凡购一定数量的国货，附赠入场券；在票务方面，他还采用了销售预约券的办法，把预收款项用来制作布景等。

◎怒吼吧中国剧照

《怒吼吧！中国》在左翼人士圈落中引发的“轰动”，还包括在演出前播放了《国际歌》，让来参加世界反帝大会的代表马莱爵士起立致敬，在法租界搞这样一个出人意料的革命举动，刺激和兴奋自然溢于言表。多年以后，许多旧时友人在回忆起应云卫时，对这一“桥段”还是最为津津乐道。

影剧复合体

1934年春，转型为制片公司的“电通”影片公司准备筹拍第一部电影。中共电影小组把导演权顺势“送给”了应云卫。

以应云卫作品“开路”，对在左翼背景下转型的“电通”而言，不失为一件稳妥的事情，因为应云卫并不属于被当局过分关注的激进派，他在当局眼中，“买办”和“玩票”的成份更为浓郁；而对应云卫，这又是一个不小的“人情”，戏剧协会沉寂后，应云卫在1932年加入了严春棠的艺华影业公司，并一度想筹拍《生活》一片，其时，左翼人士陆续进入艺华，田汉主持编剧委员会，艺华开拍的第一部影片是田汉自编自导的《民族生存》，剧本原名为《无家可归去的中国人们》。

根据《中国电影发展史》提供的影片表可以看出，1933年，艺华公映的电影计有四部，三部出自田汉，分别是《民族生存》、《肉搏》和《烈焰》，一部出自阳翰笙，为《中国海的怒潮》[9]，《民族生存》呈现的是国难下从农村涌向城市的农民的悲惨生活；以东北义勇军为题材的《肉搏》被定格为“鼓吹团结一致抗日反帝”之作；《烈焰》抗日主题相对隐讳，增加了两个主角的爱情情节，但也喊出了“同胞们……这火要烧到自己头上来了”的口号；阳翰笙的《中国海的怒潮》关注点则在水深火热的渔民身上，他们在日本人、劣绅盘剥下的愤然而起，掀起反抗的怒潮。

相比而言，应云卫筹备的《生活》却是一部反映小知识分子命运的作品，虽然也极具现实意义，但那种波澜壮阔之感不很充分。1936年12月的《中华图画杂志》曾刊出石凌鹤的文章《应云卫论》，文中说：“从《桃李劫》到《时势英雄》，谁都可以在他作品中得着一个综合的印象：那便是他代表小市民意识的作风，他深深的理解了一般小市民的心理以至于他们的生活环境，他们需要革命，也憧憬着革命，可是残酷的革命又使他们害怕。”

在这篇文章中，石凌鹤还提及了《生活》在艺华“流拍”的原因：新兴的艺华影业公司，为了摄制有声影片，聘请他为导演了，可是经过几个月的光阴他所要准备制作的《生活》终于因人事和其他关系没有拍成。其时电通公司开始成立，他从艺华加入电通摄制了《桃李劫》，而这一影片便是《生活》的“化身”。

1934年12月17日的《晨报·每日电影》和1935年6月出版的《电通》半月画报曾分别刊出舒湮和于伶的文章，舒湮说，《桃李劫》从斯迭芬列浦的舞台剧《未完成的杰作》改编而来；于伶则指出：《桃李劫》和美国导演鲍才琪执导的《惨绿凄红》、华纳出品的《出路》分别在取材，主题和结构有相似之处。

因为作为编剧的应云卫对《桃李劫》的取材没有做过相应说明，所以它是源于文本还是源于他的好莱坞电影观看经验，无从考据。但这并没有影响影片在当时所引发的关注，也没有损伤它在电影史中的“划时代意义”，影片所采用的插曲——聂耳作曲的《毕业歌》通过广播和唱片发行被广为传唱，而这部影片所采用的“影乘音”技术，也拓开了国产有声电影的新路。

《桃李劫》完成后，应云卫从“电通”抽身而出，为“艺华”拍摄了《时势英雄》，舒湮在《晨报·每日电影》上称赞这是一部极重技巧的“内行戏”；石凌鹤则说，他对于这半封建社会成长起来的暴发户给予了多量的同情，可惜的是他不能展现在旧的没落中新的社会生长起来。

1935年2月19日，顾顺章叛变，曾在文委和左联担任重要职务的田汉、阳翰笙、杜国庠相继被捕；被关押在南京的田汉于是年7月，经徐悲鸿、宗白华、张道藩保释出狱，后阳翰笙经柳亚子、蔡元培保释出狱；应云卫同时举家迁往南京，应余上沅的邀请出任刚成立的南京国立剧校教务主任。

几无学历、一直与教育绝缘的应云卫为何到南京就任此职，在今天看来，确是有些扑朔迷离的味道，同样受邀就职于南京国立剧校的马彦祥1972年在对儿子马思猛提及此事时依旧“感到压力十分沉重”，他与儿子详细述及了在南京与田汉合作创作《械斗》的经过，马彦祥同时被认为这个问题被“政治化”和“上纲上线”之后，让他“弄不懂、说不清、道不明”。[10]

同样受邀由上海返回南京“老家”的潘孑农在忆及此事时说，他是接到徐悲鸿的电话，说张道藩以中国文艺社的名义，在文艺俱乐部设午宴为他们“压惊”：“我到俱乐部时，徐先生已先我而至，只见王平陵和华林正在张罗设席，陆续到来的有宗白华教授，国立剧专校长余上沅，教务主任应云卫，中央通讯社长萧同兹，中央宣传部文艺科长孙某等。正午时分，两辆汽车驶进前院，陪同田（注：田汉）、阳（注：阳翰笙）进屋的有张道藩和另一位身穿中山装的中年人。”[11]

潘孑农也说到了后来在左翼阵容中引发的“尴尬”：可是事后偏有人明知是“戏”，却又装出“正人君子”的架势，“义正词严”的恶意中伤，或者窃窃私议，到处宣扬“田汉、阳翰笙和反动派头子杯酒言欢”。

而这些尴尬的制造者就包括了与田汉一直关系甚笃的夏衍，夏衍在1979年写就的《悼念田汉》一文里依旧说：这件事现在来看，最少应该说是一次自由主义，或者说严重一点，是无组织无纪律的行动。夏衍同时说，他和周扬之所以安排潘汉年的秘书曹亮往南京带口信，是因为他在内山书店碰见鲁迅了，鲁迅也表示了不满。

◎60年代初,应云卫在和青年演员交流

◎60年代初,应云卫在和青年演员交流

其实，由这些历史细节不难判断，当时实际被“幽禁”在南京的田汉，无论出席张道藩宴席，还是后来组织“中国舞台协会”，乃至召集散居各地的戏剧界好友前来助阵，都是在被幽禁的情况下，迫不得已的举动。这与洪深避走天津如出一辙。“以戏会友”不过是解除现实困境的一种方式，而好友们前来捧场，也是为之助力的一种情义和仁义的表现。

而在这些人当中，余上沅当然是要被排挤在外的，原因是国立剧校是张道藩授意建立的，某种程度上也是被间接用来网络人才的，作为校长的余上沅自然也被放置到了“异类”的位置上，尽管他在这座实行训导制的学校里几无实权，时任交通部常务次长且兼及中央电影事业委员会、中央博物院筹委员领导工作的张道藩，试图多管齐下，将南京打造成与上海、北平并峙的“戏剧中心”，“抓住”剧校和田汉实在是他的政治谋略之一，余上沅自然被作为了“傀儡”。深明此义的洪深对大家冷落余上沅的举动表示不妥，也可以说是在“洪老夫子”的坚持下，余上沅的“名字”才最终得以进入中国舞台协会系列演出的核心名单中。

应云卫的举家迁居，里面包含多少“情义”的成份很难考量清楚，他到南京和王晋笙做了邻居，而田汉就“借住”在位于新街口忠林坊的王家；应云卫还尽职尽责地在多出戏里担任了“舞台监督”的角色，其努力之情状自不待言；当然，这段国立剧专的教书生涯也让他与张道藩建立了不错的关系，1938年10月，应云卫在重庆执导话剧《全民总动员》时，还给贵为教育部次长、文协常务理事的张道藩安排了角色，让他在剧中饰演“孙将军”。

◎应云卫传记
◎戏剧魂

1936年7月，经营陷入困顿的“明星”公司“改革”突围，建立了以左翼人士为创作核心的二厂。田汉的困境也已经“解除”，应云卫请辞南京国立剧校的教务主任职务，由曹禺续任。回到上海的应云卫出任明星二厂的厂务主任兼导演，他自己执导了由袁牧之和陈波儿主演的《生死同心》，这部影片的编剧是依旧“软禁”在南京的阳翰笙；同时还推出了《十字街头》、《马路天使》和《清明时节》三部影片。

应云卫对《生死同心》的拍摄非常用心，他在《导演者自白》中这样写道：有一点我可以告无罪于观众诸君的，就是在工作中我已经尽了最大可能的细心和努力，《生死同心》中没有一寸胶片，是被我（以及诸位合作者）马马虎虎地制作出来的。[12]

但《生死同心》所遭遇的“批评”几乎与《桃李劫》如出一辙，1936年12月《大公报》有伊明的批评文章称：《生死同心》是一个闹剧，全剧是建筑在过分强调感情之上，这个，我们要归咎于作者之视野与手触生活的狭窄和不够。

在“主导”明星二厂的同时，1937年4月，应云卫又出面“整合”了因为争演《赛金花》风波而分裂的上海业余剧人协会，将其重组为业余实验剧团，并争取到了新华电影公司张善琨的支持。

年轻时的张善琨就在上海滩有“小黄楚九”之称，黄楚九“栽倒”后，他又投靠了黄金荣。而张善琨在南洋公学读书时就与常常出现在“大世界”的应云卫相识，南洋公学排演话剧，张善琨还请应云卫来当导演，排戏到深夜，张善琨就留应云卫在学校同睡一榻。[13]是次“业实”的重组工作，应云卫不仅从张善琨手中拿到了资金，还争取到卡尔登戏院的演出场地，“业实”开出的条件包括：每月提供4000元经营费；六个月为一期，上演四个节目；每月演出15场；投资方不得干预剧目和演职员的安排。张善琨的条件则是：在演出和海报上登出“演出者张善琨”；新华公司有权优先聘用剧团演员拍电影。

合同签订后，“业实”排演了四部大戏，分别为章泯导演的《罗密欧与茱丽叶》、贺孟斧导演的《太平天国》、沈西苓导演的《武则天》和应云卫自己导演的《原野》。

有关“业实”的意义，演员严恭曾有这样的评价：“中国话剧运动发展到30年代中期，进入了大剧场阶段，开始侧重于剧场艺术，提高演出水平，开拓观众层次，从以工人、学生、知识界为主要观众逐步扩向全社会的其他阶层。中国话剧运动中最负声望的上海业余剧人协会逐步走上了职业化的道路。”[14]

红火的“业实”最终还是被“八·一三”的炮火断送了，上海戏剧界救亡协会在“业实”的演出地卡尔登大戏院宣告成立，台上《原野》的布景还没有完全撤掉，“业实”被编成了抗日救亡演剧队的三队和四队，由应云卫任总队长转赴内地宣传抗战。临别上海前，应云卫对张客和徐韬的一段话感人至深：“咱们不来儿女情长，路上要是挨了日本炸弹，就是成仁了，打跑了鬼子咱们回家，就没白做中国人！”说完这话，应云卫扭头朝向也来送别的妻子程梦莲，张客意识到，应云卫这句话更像是说给他妻子程梦莲听的。

大后方的贬与褒

1938年，转至武汉的应云卫进入中国电影制片厂，同时出任国民政府军事委员会政治部三厅六处戏剧科主任科员，科长为洪深，在武汉“中制”，应云卫拍摄了

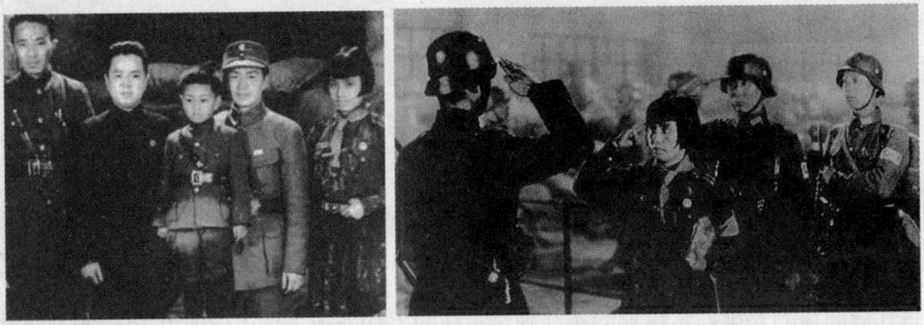

◎八百壮士剧照

阳翰笙编剧、袁牧之和陈波儿主演的《八百壮士》。

其时，武汉话剧舞台还排演了阳翰笙的三出大戏，分别为《前夜》、《李秀成之死》和《塞上风云》，《塞上风云》原由电影剧本改编而来，是阳翰笙在1936年完成的，原定由上海新华电影公司拍摄，"八·一三"后"流拍"，阳翰笙到武汉后遂将之改为话剧剧本。⑮

1938年10月，武汉失守后，《塞上风云》在重庆重新列入中国电影制片厂的拍摄计划，导演确定为应云卫。被选为女主角之一的黎莉莉被从香港紧急"调回"，其时她刚刚完成了蔡楚生的《孤岛天堂》的拍摄。1940年1月3日，由应云卫任队长的摄影队和放映队一行四十多人，分乘三辆卡车从重庆出发，奔赴边塞。

剧组按照预定计划"取道"延安，并于2月14日抵达。次日，毛泽东与应云卫等人见面。剧组在延安作了短暂停留后，即赴内蒙古外景拍摄，归途又在延安停留了一次。

从《塞上风云》可以看出，这是一部技术和艺术都比较纯熟的影片，除却影片结尾处因为剧情的收拢过于繁杂而出现戏剧化的情况之外，整个故事流畅又富于抒情的基调，画面的优美与稳定都显现出了编导对影片的从容驾驭。

与多位大导演多有合作、富于片场经验的黎莉莉对应云卫评价很高：他一般

◎中华剧艺社在成都公演的巴金名

不写长篇导演阐述和分镜头剧本，据我的观察，他心里却有着整个戏本和各场戏的盘算。有时，他只在火柴盒子和香烟盒子上写下当天所要拍摄的镜头，好像导演工作在他是很轻松的事情，顺手拈来，皆成文章；其实，他是经过苦心思索才胸有成竹，看上去“笃定”，不慌不忙。他经常叼着一支纸烟，眯缝着眼睛，乐呵呵地，也有背着手来回踱碎方步、苦思冥想的时候。他对演员的演技和各方面的工作，要求是很严格的，特别对关键问题是抓住不放的。[16]

黎莉莉写于80年代的这篇文章究竟有多少溢美的成份很难去辨析清楚，但应云卫在片场大致的情态，是很能让人看见的。

据说，《塞上风云》的延安经历对应云卫此后的人生“判断”有了很大影响，阳翰笙说：摄制队往返两次途经延安，对云卫来说，思想上有了很大的提高，更加坚定了他对共产党领导抗战的信心。[17]

阳翰笙甚至认为，应云卫后来能够痛快答应筹组中华剧艺社，都是他对共产党信心增强的表现。

◎拍摄《塞上风云》前，郭沫若为应云卫送行

◎塞上风云

中华剧艺社的组建是在“皖南事变”之后。“以戏剧为突破口组织力量进行战斗”成了周恩来所领导的南方局除了情报战之外最重要的工作路线之一。当时共产党人在能够产生影响力方面并不具备优势，传媒与出版领域基本控制在国民党方面，以戏剧为媒介，接近和发动民众，无疑是最直接的能够产生影响力和传播力的所在。

对应云卫而言，这个媒介的建立，并没有取得来自共产党方面持续的资金支持，他要以职业剧团的方式，养活与存续这个媒介。这当然也是应云卫在后来听闻要让中华剧艺社彻底职业化后有所迟疑的所在。

中华剧艺社的班底非常清楚，应云卫自任理事长，对外称社长，陈白尘为秘书长，陈鲤庭、辛汉文、贺孟斧、孟君谋为理事，这一“班底”除陈白尘外，基本是应云卫在上海戏剧协社和上海业余实验剧团的老朋友。

中华剧艺社的开锣戏是陈白尘的《大地回春》，于1941年11月在重庆国泰大戏院上演，据陈白尘说，这第一出戏就把文工会所给的三千元开办费用光了。

接着上演夏衍编剧、贺孟斧导演的《愁城记》，而后是阳翰笙编剧、应云卫导演的《天国春秋》，继而的大戏是郭沫若编剧、陈鲤庭导演的《屈原》。

中华剧艺社在戏剧史上最重要的书写也正是《天国春秋》和《屈原》，原因是《天国春秋》字字忧愤地吟出了影射“皖南事变”的“大敌当前，我们不该自相残杀啊！”；《屈原》则以壮烈的家国情怀，发出了“反对邪恶、拥护正义”，“反对黑暗、拥护光明”的号召。

戏剧职业化运动的研究者马俊山有关这两部戏的研究值得注意，他认为《天国春秋》这出悲剧被应云卫导演得喜剧味十足：“他是最懂得从演出方法上去把握一般观众爱热闹花哨，爱趣味噱头的一位”，在这部戏里，应云卫突出了杨秀清、洪宣娇、傅善祥争风吃醋这条线，一如他在《大地回春》里放大黄树坚与小奶妈的暧昧关系。

马俊山认为，作为剧社的负责人，考虑观众和票房完全是情理之中的事情。

◎《塞上风云》工作照

◎艾中信为黎莉莉创作的《塞上风云》油画

对《屈原》，马俊山则认为，陈鲤庭的风格化处理，成功地弥合了原作中写实与写意的矛盾，提高了舞台的艺术效果，导演构思和整套音乐的运用都是非常出色的。[18]

在《屈原》之后，中华剧艺社又演出了郭沫若的《孔雀胆》、于伶的《长夜行》、石凌鹤的《战斗的女性》等戏，还拍演过夏衍改编的托尔斯泰名作《复活》。

因为演出的收支不成正比，中华剧艺社很快债台高筑。陈白尘说："剧团三四十人吃大锅饭、睡统舱铺以及一点点抽烟的零用钱，也得由云卫筹划。戏不上座就得借债度日。"

由应云卫发掘的"台柱"秦怡在回忆文章中提及了中华剧艺社巡演成都时的情况："当时，我们的生活十分艰苦。有时连喝茶的钱也没有，几个人同喝一杯茶，有时几个凑起来，可以吃几颗花生……中艺的工资是有名无实的，老应的头发也开始白了，永远是债主林立，债台高筑。"[19]

赵清阁回忆1943年时的一件往事说，当年她到成都时应云卫请吃饭，在座的有程梦莲、孟君谋、赵慧深，吃到半道，应云卫不见人影，后来还是孟君谋揭秘说，应云卫已经掏不出饭钱，出去借钱结账了。

其时，剧人的窘迫已经到了令人难以启齿的地步，剧社前台主任沈硕甫1943年3月暴毙街头，一身旧花呢西装里面，贴身衣裤没有一件不是破的。

中华剧艺社1943年转战成都乃至西南，除却避开国民党"迫害"等核心因素，"躲债而去"和避免继续与中国艺术剧社、中国万岁剧团等演出团队的正面竞争也是重要原因。1942年8月22日，阳翰笙在日记里说："老应忽自北碚来，称是来搬兵求救，原因是天国硬要将秦怡扯走（注：陈天国是秦怡的丈夫，想让秦怡投奔"中制"），想请我去想想办法。晚，应在舍谈剧界情况至深夜。无原则问题之多，真令人越听越头痛。"

持续的生活窘迫，也迫使应云卫在"戏用"（演出成本）上偶尔做些"手脚"，这也引发了内部的矛盾。剧团转战成都后，陈白尘即因此与应云卫闹翻，径自回到重庆，参加"军中文化训练班"讲授编剧课程去了。

1944年，陈白尘化名“徐乘驷”在《戏剧月报》1卷5期发表了《论大后方的戏剧危机》一文，文中暗指应云卫在做舞台装置时，乱“取”戏用；还痛责他与花柳医生出身的戏剧“掮客”妥协，共同列名为“演出者”，令人不齿。

针对陈白尘所提到的问题，周恩来曾告诫他说不要和应云卫闹得太僵，要分清人民内部问题与“执政党的巧取豪夺的本质区别”。

1945年12月28日，在抗战胜利后，中华剧艺社返回重庆，满怀心思想回到上海的应云卫夫妇难以离开，原因是中华剧艺社的欠债在六百万元以上。

“无齿”的“海派”

1946年3月25日的重庆《大公晚报》曾刊发一则文章《无齿之徒应云卫》，文中说应云卫在后方吃了几年苦，满嘴的牙齿都坏了，连门牙也掉了一只。在给洪深庆祝生日的当天，应云卫起来致词，自我解嘲地打趣说：“二十年前我是一个风骚泼旦，二十年后我已是无齿之徒。”

应云卫一家在重庆时，和中华剧艺社的演员们都住在国泰对面小茶馆的后院里，房东给他们一家在回廊上搭了一个五平方米的小阁楼，一家四口就住在里面；程梦莲在重庆生下的女儿应蓓，不满周岁就在乡下的保姆家中夭折；夫妇俩留在上海的儿子应卫，因患慢性肠炎在家中病死。

演员陶金忆及他在1945年见到应云卫时的情形：这时他人更瘦了，苍白无血的脸上平添许多细细的纹路，抗战开始离开上海时穿的那套藏青哔叽西装，两只胳膊肘已经磨得发光，裤子打了补钉。但仍然保持着他的风趣。笑咪咪地指着桌上的豆腐白菜说“豆腐白菜养人，吃下去满乐胃，就是我的牙齿不好，米饭太硬，稗子、小石头又多，只好用开水泡泡。”

1936年春，陶金和章蔓苹曾在唐槐秋的引荐下，去上海望志路的应宅拜访应云卫，那时他是西服笔挺，头发梳得光滑得站不住苍蝇，皮鞋锃亮……他指着桌上的火腿、腌炖鲜说：“没办法，我从小吃火腿、腌炖鲜长大的，吃别的总不乐胃，青菜豆腐要闹肚子。”[20]

◎回到上海的应云卫
◎话剧屈原

“电通”公司美术师张云乔回忆1929年底借住在应云卫家的情形时说，应家在法租界望志路104号，是一间木结构的二层楼房……他热情好客，家中经常高朋满座……碰到开饭的时候，大家随便入席，吃完出门时，有的朋友诙谐地高叫一声“小账惠过”，大笑而去。袁牧之、欧阳山尊、王遐文、王莹等是必到之常客。

抗战胜利前的二十年前，在上海滩的应云卫刚刚与程梦莲结婚，其时他是华商肇兴轮船公司的报关员；16岁时，他就入慎昌洋行工作，在加入上海戏剧协社时，他可以说是一个十足的“买办”。

在上海时期，应云卫和田汉这样的自由文人，以及袁牧之式的“浮华少年”是非常投缘的，他早期的电影生涯也基本都与袁牧之有关，在“电通”时的《桃李劫》，明星二厂时的《生死同心》，初到武汉的《八百壮士》，其主演都是袁牧之和陈波儿。

到大后方，虽然生存现实堕入困境，但经营职业剧团的应云卫仍然不失海派的江湖气息，夏衍曾忆及应云卫有一次请他介绍一银行家以便去借

◎应云卫与程梦莲
◎应云卫夫妇在望志路家中

钱。夏衍看到应云卫的手上还戴有一个金钢钻戒指，便问他为何不把戒指卖掉，应云卫说：“不能卖，我现在借钱就靠着这个钻石戒指，假如我这个戒指没有了，别人会说，老应不行了，连钻石戒指都卖掉了，所以非戴着这个东西才能借到钱。”

1946年回到上海后，应云卫又回到“海派”的“母体”中，他的妻子程梦莲在1949年1月4日的日记里这样写道：饭后，徐韬和张太太来问消息，云尚未起身，即在他榻前共膳。云的懒习惯真是不易更改，床上会客成为家常便饭。

新中国成立后，应云卫在发妻程梦莲病逝后又有了一次婚姻，新妻子陆霞秋。虽然1957年时他曾短暂出任过江南电影制片厂厂长，但这一阶段，他的影剧工作，主要集中在戏曲的编导和排演上。1965年，他因心脏病发作住院治疗，被随后而来的文革风暴“揪”出医院，1967年1月16日，在游街时从黄鱼车上坠下，死于旧上海的霞飞路上。

① 于伶：《〈戏剧春秋〉新版后记》，载《于伶戏剧电影散论》中国戏剧出版社1985年4月版370页。

② 参见阳翰笙：《阳翰笙日记选》四川文艺出版社1985年2月版。

③ 参见1942年5月5日阳翰笙日记，当天，阳翰笙曾托白杨劝说孟君谋，多拿点力气来帮助中艺。

④ 参见1942年6月2日阳翰笙日记。

⑤ 《罗斯丹及其〈西哈诺〉》、《〈西哈诺〉的演出》、《西哈诺》、《〈西哈诺〉剧情分幕说明》、《介绍〈西哈诺〉作者罗斯丹》和《看〈西哈诺〉杂感》。

⑥ 参见应大白：《中国20世纪30—50年代著名影剧人画传 应云卫》重庆出版社2007年4月版15页。

⑦ 参见应云卫：《回忆上海戏剧协社》，载《戏剧魂 应云卫纪念文集》2004年9月自印本61页。

⑧ 参见张云乔：《旧梦拾零》中国烟草博物馆2004年5月自印本15页。

⑨ 参见程季华主编：《中国电影发展史·第一卷》中国电影出版社1963年2月版614页。

⑩ 参见马思猛：《攒起历史的碎片》北京图书馆出版社2007年10月版141页。

⑪ 潘孑农：《舞台银幕六十年》江苏古籍出版社1994年8月版2页。

⑫ 载《明星》半月刊1936年6卷4期。

⑬ 参见艾以：《上海滩电影大王 张善琨》上海人民出版社2007年4月版3页。

⑭ 严恭：《应师剧影生涯断忆》，载《新文化史料》1994年第4期。

⑮ 参见章绍嗣等：《武汉抗战文艺史稿》长江文艺出版社1988年9月版128页。

⑯ 黎莉莉：《影片〈塞上风云〉的摄制历程》，载《行云流水篇：回忆、追念、影存》中国电影出版社2001年12月版121页。

⑰ 阳翰笙：《怀念和学习应云卫同志》，载《人民日报》1984年11月19日。

⑱ 参见马俊山：《演剧职业化运动研究》人民文学出版社2007年12月版156页。

⑲ 秦怡：《跑龙套》学林出版社1997年12月版60页。

⑳ 陶金：《剧坛巨星的陨落》，载《重庆文化史料》1999年第4期。

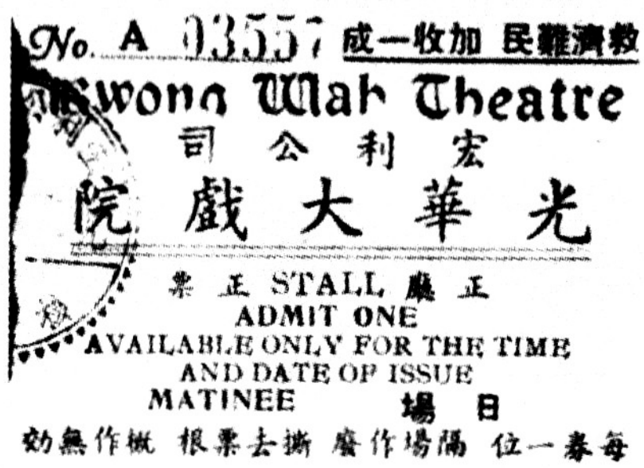
No. A 03557
救濟難民 加收一成
Kwong Wah Theatre
宏利公司
光華大戲院
正廳 STALL 正票
ADMIT ONE
AVAILABLE ONLY FOR THE TIME
AND DATE OF ISSUE
MATINEE 日場
每券一位 隔場作廢 撕去票根 概作無効

No. 6398 CO 2.30 P.M.

GRAND THEATRE

大光明大戲院

ADMIT ONE

多少“光影陆离”

儿子在她怀中死去/幕后，他吐了鲜血一地/急着赶路，她被电梯井夺命/从大银幕到托儿所，她怎样弥合身份的距离/在步入巅峰的时刻，他死在了异乡的海里/他演了一辈子反派，却是好好先生/在光影波动的瞬间，他们的命运和谁贴在了一起/像他一样平凡吧，或许他明白人生不过是各种偶遇的剪辑……

VALID FOR DAY OF ISSUE AND STATED PERFORMANCE ONLY

入座一位過期無效

STALLS 60 cts. 樓下（六角）

谈瑛的神秘与风情

谈瑛在《风云儿女》饰演贵妇史夫人，风情万种、耽于享乐，巴结她的男人围着她转，她又围着自己欢喜的男人转，她对男人和爱情有兴趣，对文艺也有兴趣，但对现实很悲观，抗日救国的事更是不闻不问。诗人辛白华就在她的旋转与疼爱中晕眩，直到被"铁蹄下的歌女"刺痛，才重新找回自我，被家国责任感召。

在《风云儿女》中，谈瑛"涂晕着夸张的黑眼圈，卷发一边捋在耳后，一边遮住小半侧脸颊，透出女人的成熟韵味，又有扑朔神秘的气息"。其时生于1915年的她刚刚20岁。

有关她当时的样貌，1934年6月5日出版的《时代电影》一卷一期有很详细的描摹：谈瑛现在是个二十岁的少女，她有五呎五呎高的身体，外形看身体的各部分全没有什么缺陷，头发是卷毛的……上嘴唇很薄，并且两瓣都很配，鼻和嘴的相差有一吋不到些，她的手指略短而丰满，指头是尖的，上半身和下半身的比例也很合生理的格式，在这里我们所要特别注意到的，乃是她的画眉和画成眉毛下的画皮，由那眼前的凸的纹线画成眼珠睁开时候的上线，这不能说是她的聪敏，是她得了化妆的巧处。烫了发纹，时常增加她脸部的线条，她虽然画了眉毛，但是我们不但看不出是画反而更逼真……左右两双眼中间的鼻梁，虽不很高，有着这一条正中鼻却适得其妙，这一个不高不扁的鼻梁正是打光时候的好对象……下颌的伸缩和颊下的骨肉却非常适度，仰脸起来不至摄成肥胖的轮廓，颈和肩膀也不是平线，带着东方味的半削肩，肩膀更会向上耸动接近卷发，全脸的精神，会聚在眉毛的伸缩着，我们看见她发怒时候的圆眼，我们看见她媚笑时候的眯眼，而这圆眼和眯眼上边像两条船覆着的眉特别紧张。”①

◎黑眼圈女郎谈瑛

谈瑛是上海人，原名谈素珍。在小学时就参加过《麻雀与小孩》等剧的表演，也常常参加歌舞比赛，后就读于民立女中。谈瑛的一举成名，是因为一桩风流事，青春年少的她被一名叫顾宝森的建筑师勾引“失足”，在社会上广为流传。

其时，但杜宇的上海影戏公司正准备筹拍《夕阳红泪》，而但杜宇曾一手发掘的丑角演员韩兰根又是谈瑛家的亲戚，就将其邀入片场，取英文名“谈妮儿”，在片中饰演女主角。这也是一个渔家女企慕虚荣，为富家子弟引诱失身产子，终遭遗弃的故事，与谈瑛的遭际

◎谈瑛家居照片

暗合。谈瑛在影片中涂着黑眼圈，遂被称作“黑眼圈女郎”。②

1932年，但杜宇的上海影戏公司并入联华电影公司时，罗明佑非常看好《夕阳红泪》一片，先定名《赖婚》，后奉影检会之名改剧名为《失足恨》重拍。片方同时动员谈瑛出面控告顾宝森，甚至当庭指证其身上有某种标记，以作一夜风流之铁证。

女学生公开控告诱奸犯一时引得舆论大哗，顾宝森也不示弱，反过来又控告谈瑛诬陷罪。两者孰是孰非，顿时成为新闻焦点，《失足恨》公映时，影院老板更将谈瑛冠以“失足恨女明星”，以推销影片。

1932年8月，《电影》第十五期刊发爱德华《观〈失足恨〉后所欲言》，文中称：“公映的第一天下雨，但是生意依旧不弱，两点多些就挂起了‘上下客满’的免战牌。吾是三点缺五分到的，亏得隔夜预先买了座券，方免向隅。十九路军阵亡将士追悼会的新闻片在观众的脑海间留下了一个悲壮热烈的印象后，《失足恨》软绵绵的在紧张之余的松弛的情绪中映出了。”

法院当然也就识破了此案作为影片营销计划的隐情，遂未对顾某判罪，谈瑛败诉，但杜宇也遭到一番训斥。

虽然如此，谈瑛还是一片成名。不过演戏毕竟还得靠实力，谈瑛接拍了蔡楚生导演的《粉红色的梦》后，才让观众逐渐信服，在该片中她演饰高占非的妻子，那样体贴，贤淑，和《失足恨》的天真烂漫截然相反。

谈瑛离开联华加盟“电通”，据说与一件新生的绯闻有关，称其插足于但杜宇和殷明珠之间。

因为“电通”营业时间太短，谈瑛的加盟就像是“一站”，那段时间前后，孑然一身的她还和聂耳做了一段时间的邻居。聂耳在1934年12月17日写给母亲彭寂宽的信末尾，注明的新地址是：霞飞路1258号。当时因聂耳身体的原因和社会流传与女演员谈瑛的关系，聂耳更换了住址。

“电通”之后，她就加入了“明星”，主演《小玲子》、《夜奔》等片，开始走红，令影评人姚苏凤甚至一度预言，一九三六年将是“谈瑛年”。

全家赶到杭州游玩的张爱玲突然看到报上登着上海电影院的广告——谈瑛做的《风》上演的消息，非要当天赶回上海看不可，众人劝留都没用，只有这个弟弟无奈之下陪着她，下火车就直奔电影院，连赶两场，面对弟弟的头疼欲裂，爱玲自顾自地满足在自己的世界里：“幸亏今天赶回来看，要不然我心里不知道多么难过呢！”

不过，谈瑛很快就与导演程步高同居，两人住在马浪路蒲柏里的一座石库门建筑里，不久就有了一个孩子，程步高先生高兴地到公司分红蛋，朋友们去看过谈瑛，她不再涂黑眼圈，不再是神秘小姐，而是贤妻良母了。“从此，谈瑛和程步高夫唱妇随，过着幸福的家庭生活，一直到八·一三战事发生，程步高因为在上海谋生不易，加入了武汉行营的摄影股，谈瑛或许为了孩子，家庭关系仍单独留在上海。”③

不幸的是，孩子快到三岁时罹患痧子夭亡，医生没来得及医治，就死在了谈瑛的怀里。

孩子的死去给谈瑛非常大的打击，其时程步高正好去了重庆，伤心的谈瑛把所有的照片都撕了，然后搬了家。

1940年前后，转入“新华”的谈瑛主演了《化身人猿》、《麻风女》、《夜半歌声续》等片，渐渐从伤心走出。《中国影讯》杂志曾刊登一篇《谈瑛畅谈男女之私》，署名“旁观者”的作者写道：“以谈瑛为对象，谈谈闲天是最有趣不过的。”她爽快，大胆，敢言。举凡女人所不愿在大庭广众之前提到的事，谈瑛看得极平淡。倘若想在这些地方使她受窘，她会反攻，结果是你自己面红耳赤，哑口无言。当被问及“程步高会不会发生沾花惹草的行径”时，她答道：“我写信给步高，跟他老老实实说的，要是你没有女人，我情愿为你守着，不但三年，就是八年十年也成。女人为男人守是应该，可是，万一我知道你有了女人，那我也不客气，我不能为一个抛弃我的人守活寡……不过，我相信步高的。”④

谈瑛在新华拍摄的影片以商业片为主，比较著名的是1941年拍摄的马徐维邦的《夜半歌声续》，此片的前传曾为“新华”创造了很高的票房，公司想再续“神话”，无奈此片的原主演金山和胡萍已经远离上海，马徐维邦只得请刘琼和谈瑛来做主角。

1947年，谈瑛加入中电二厂，又拍摄了《衣锦荣归》一片，这部影片是个讽刺接收大员的故事，也是谈瑛在上海拍摄的最后一部电影。此前的1946年，谈瑛还在《影剧周刊》杂志开设“神秘女郎信箱”，接受读者来函，答复有关电影知识及摄影场的疑问。⑤

1957年，谈瑛赴香港拍戏，但因为风姿不再，也多是在片中担任几个配角而已，参加拍摄《牛鬼蛇神》、《乾隆下江南》等影片。到晚年时，又选择回上海定居，2001年2月3日，她在上海安然辞世，享年87岁。

① 张大任《表情的来源》，载1934年6月5日《时代电影》第一卷第一期。

② 参见郑逸梅：《影坛旧闻——但杜宇和殷明珠》上海文艺出版社1982年版24页。

③ 参见：《夜访谈瑛》，载《电星》第一卷第四期1938年1月22日。

④ 旁观者《谈瑛畅谈男女之私》，载1940年7月12日《中国影讯》第一卷第十七期。

⑤ 载1946年1月26日《影剧周刊》第四期。

“好好先生”周伯勋

周伯勋原籍陕西临潼，1911年3月生于西安。在上海电影圈，素以矮矮胖胖的身材和一张老含着笑的脸孔示人，饶有趣味的是，他在银幕上却专门扮演坏人和资本家。

1935年9月刊行的《艺声》一卷四期，摄影师陈嘉震这样评价周伯勋：每一个制片公司可以说都有过他的贡献，当艺华公司未成立的时间，周先生代严老板作请客的奉陪者，约摸有两个多月，成立了后，他最得劲东找西拉的寻演员，立下了汗马功劳，一方面还紧记复兴话剧的运动。电通之所以能够到如今的地位，当然我们的周先生是一个和艺华一样开天辟地的功臣。

周伯勋在“电通”所做的开天辟地的工作，是指他除了演戏，还承担了剧务、宣传、发行等方面的工作，还兼着给《电通》画报做编辑。

“电通”所拍的四部电影中，有三部都有周伯勋的身影，在《桃李劫》中饰演的是对陈波儿有非分之想的贸易公司经理；在《自由神》里饰演杨棣华，是个一心一意爱着王莹的医生；在《都市风光》里，饰演的是女主角张新珠的父亲、贪心的典当铺老板。戏份并非一般的龙套，而是很有分量的配角。

◎周伯勋《桃李劫》剧照

◎周伯勋在《都市风光》中的扮相

周伯勋如此“卖力”，除却性格和天成的经营头脑之外，也有知恩图报的成分。

周伯勋进入上海的文化圈得益于郑伯奇的引见，郑是“电影小组”的核心成员，而“电通”又是“电影小组”参与很深的影片公司，夏衍、阿英、郑伯奇三人的个人人脉，对公司初建起到了很大的支撑作用。

回顾一下周伯勋最初进入上海的经历，几乎都与“长安人郑伯奇”有关。

据说，周伯勋来到上海是手持着郑伯奇父亲和弟弟的引荐信的。先是入上海艺术大学读书，并通过郑伯奇结识田汉，成为南国社成员。后入上海持志大学和复旦大学读书。1931年，参与组建大道剧社，并接拍了阮玲玉主演的时装无声影片《玉堂春》。

在上海受影剧濡染的周伯勋自然会惦念起西安的情形来。出身于富商之家的他，自幼嗜好戏剧的同时又备受经营熏陶，父亲周凤岗所开的仁济堂中药店是西安最大的药号之一，而他少年时就喜欢演戏，还偷偷在西安登台演京戏，结果被他父亲跑上台去，提了耳朵拉下台来。入西安一中就读后，他还参与了西安第一个话剧团体——红芽社的演出活动。其时，西安还没有电影院，开设影院无疑既可以在父老面前圆满他的影戏梦，又可以作为一种事业来经营，真是两全其美。

周的性格也极适合做经营，陈嘉震对他评价是“他很会应付环境，也很能把握自己，具有艺术的才能和买卖人的交际手腕，有和娘娘们的一张会说话的嘴巴。损人利己的事他不做，据说，对大家有益的事情他乐意去干。”

1931年冬，周伯勋从上海回到西安，就萌生了在老家办电影院的打算，遂找到戏剧界好友封至模、武少文商谈，后又约请文化艺术界几位名流刘尚达、张子泉、马公弢等人共同商议，大家一致赞同。封至模负责筹资，周父就将自家位于竹笆市北口路

◎自由神剧照

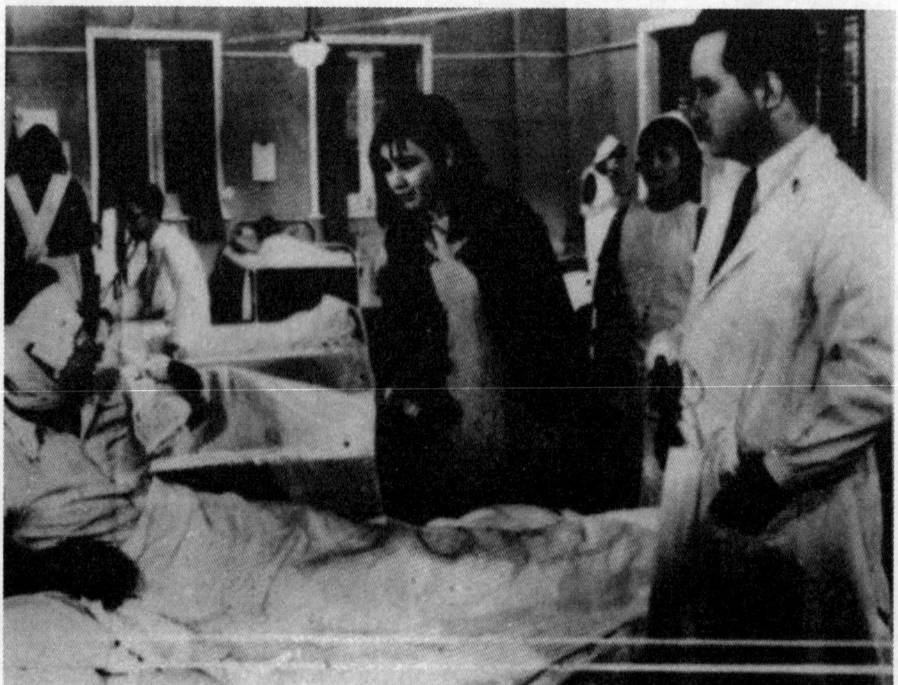

◎周伯勋

东的私宅作为院址，影院定名“阿房宫”。影院以股份有限公司方式经营，入股较多的武少文任经理，封至模任股东代表，周伯勋负责在上海联系影片的任务。

1932年春，从上海聘请的放映人员和发电工人到达西安，“阿房宫”6月19日开始营业，放映厅内设座位600余席。开幕式后，接连放映了《故都春梦》、《野草闲花》、《恋爱与义务》三部影片……。

由此，也就不难理解，周伯勋习惯奔走于制片界的个中缘由了。

周伯勋参与“艺华”的筹备是因为田汉的安排，后因为蓝衣社捣毁艺华，严春棠紧急“右转”而退出，在“艺华”，他参与了《续故都春梦》的演出；周伯勋紧接着在“明星”客串了《时代的儿女》和《上海二十四小时》两片，前者的原作者是田汉，后者是夏衍。

电通结束后，恰刚刚被保释出狱的田汉拟在南京建立中国舞台协会，周伯勋又赶去帮忙。

1936年，他再返西安，参加了“西北各界救国联合会”，并出任宣传部副部长，同时参与组织“西安实验话剧团”任副团长。

抗战爆发后，他从西安随演剧队避走重庆，任中国电影制片厂剧务科长、演员。1940年，随应云卫一行，到内蒙古拍摄《塞上风云》，途经延安，在该片中他

◎作为电通画报封底人物的周伯勋

又饰演大反派，角色是一个装作僧侣的汉奸。返回重庆后，中制已经“换血”，周伯勋遂退出，与夏云瑚一起经营电影院。

抗日战争胜利后回到上海，筹办了联华影艺社，并在《八千里路云和月》中任制片主任，后又到国泰任副厂长兼艺委会主任。同时还是虹光大戏院的经理，和戏院业同业公会的常务理事。后来，联华影艺社由夏云瑚等人参股，改组为昆仑影片公司，并拍摄了《一江春水向东流》，周伯勋在片中扮演了庞浩公一角，算是他配角生涯里的重头戏。

新中国建立以后，周伯勋参与了私营电影业的改组与协商，因为他与时任中央电影局长的袁牧之在电通时是旧相识，所以深得袁的信任，他为上海联合电影制片厂的建立多方奔走，终告功成。

在演艺方面，周伯勋在《武训传》中饰演过张举人，并参演过《球场风波》、《红色的种子》等影片，其主要工作还是行政与制片，一度担任过上海电影制片厂制片主任，《聂耳》、《球场风波》、《常青树》等都是他参与的作品。

据1948年11月19日刊行的《影剧春秋》第六期里说，周伯勋1932年前后结婚，太太刘淑云，育有一子二女。

该报道说，“老周是一个书本收藏家，他爱书成癖，在重庆的时候，他就收藏了好几份全年的报纸，重庆的新民，大公，新华日报，新蜀报，他全有合订本，单是书籍有八大箱，为了这样，书本成了他的催眠工具，晚上入睡之前，一卷在手，要是没有书在手里，就会若有所失，有了书他能慢慢的进入梦乡，这东西几乎相等了他的安眠药。他的读书范围广极，上至理论，下至连环图画，由科学到神怪的，只要是书，他就有一阅的野心。”

这篇报道当中也阐示了周伯勋对电影的态度：他说中国电影本质，应该既不同于苏联的“说教”，也不同于美国的“生意化”，该是用作开拓文化，管输教育的工具。

文革中，周伯勋也未能幸免，致右腿骨折，只能靠拄双拐走路，直至1987年去世。

“炸弹明星”陆露明

陆露明是“电通”公司里的小角色，她只是在《风云儿女》里饰演过一个微末的配角。

若干年后，当这个洗尽铅华已经作别银幕舞台多年的女明星，在上海一间街道托儿所里做着保育员的时候，她没有想到，会迎来一场突如其来的批斗，东方红电影制片厂（天马厂）的“革命小将”将她揪到厂里，强迫她交代“罪行”。

事情的起因不说自明，那段与蓝苹擦肩而过的经历，成为她后半生一块无法抹却的瘀青。其中她与蓝苹在上海兆丰公园拍摄的一张合影，更成了其无法抹却的罪证。

祖籍广东中山的陆露明，1917年生于沈阳。

陆露明九岁时，全家移居天津。其父是一名建筑师。陆露明14岁时，父亲去世，她考入联华影业公司北平五厂所办的演员养成所，学员中有白杨、刘莉影、施超、殷秀岑等人。

其时，北平五厂筹拍侯曜编导的《故宫新怨》，演员多来自养成所，王滨、殷秀岑、陆雪英、刘莉影等人都是主要演员，白杨在里面演了一个小丫头。

《故宫新怨》拍竣，养成所即宣告解散，陆露明又回到天津。1933年，陆露明

◎孙瑜作品《到自然去》剧照

電影新聞

◎将陆露明视为性感女星的电影新闻

经同学刘莉影介绍，来到上海。先是参加一些话剧演出，于1934年加入电通影片公司，参加《风云儿女》一片的拍摄。

甫入“电通”，17岁的陆露明就成了男士们追逐的对象，许幸之、吴印咸都甚是用心，唐纳也是不甘落后，但最终还是身为导演、权重一时的许幸之赢得了“胜利”。

《风云儿女》之后，陆露明逐步引人关注，1935年7月16日出版的第五期《电通》半月画报上，陆露明成了封面人物。

在电影场的历练使她渐带“星相”，在第八期《电通》半月画报上，陆露明留下了《北散游记》一文，文中记录她返津省亲时有朋友邀约去西北公司参观的情形，她发现“无论多好的外国片子到山西总是不受人们欢迎”，而自己在水果店里买水果时则来了一大圈人，后来才知道在看自己，以为她是西北公司的演员。在文末，她还称赞“西北公司的努力与电通有同样的精神，前途是不可限量的文化团体”。

"电通"关闭后，陆露明经应云卫介绍进入明星二厂，拍摄了《小玲子》、《压岁钱》、《社会之花》等影片，在影坛初露头角。

由于陆露明体态性感，胸部丰满，眼睛大而顾盼神飞，两片嘴唇也极具棱角，故被当时的电影杂志戏作"炸弹明星"，称其胸部有"兼人之量"。

◎陆露明

◎充当《少奶奶扇子》主角的袁美云

流利的国语和逐渐娴熟的演技，终于让陆露明被导演李萍倩看中，在《母亲的秘密》中担纲主角，周曼华在该片中为其配戏。不幸的是，当《母亲的秘密》拍到一半时，"八·一三"的战火骤起，明星公司宣告解散，此片也相应搁浅。

后来，陆露明又加入华新公司（与新华公司，均为张善琨所开办），拍摄了《日出》（1938）、《欲魔》（1939）、《少奶奶的扇子》（1939）、《中国白雪公主》（1940）、《玉蜻蜓》（1940）等片。《日出》系由舞台名剧改编而来，在该片中，陆露明主演了陈白露的角色。在《少奶奶的扇子》中，她看似是作为二号人物给袁美云"搭戏"，其实她饰演的交际花周丽琼才是真正的主角，片中她时时出现在各种交际场合，尽现风情。

1941年4月27日的《电影新闻》第41期中有报道说：她自主演了《日出》之后，在银国中的地位，顿时提高了起来。在民间故事片中，她是在《玉蜻蜓》里主演了雌老虎的金太娘娘……在改编的《中国白雪公主》中，她是扮演了后母的角色。她在银坛上，是那么的活跃。同时她在“私生活”上，也跟着活跃起来……新华合同期满后，就此转入了艺华公司。艺华当局对于这一位新配角儿，特别加以重用，抓住了她演技上泼辣娇媚的特点，一口气使她主演了《欲焰》和《中国罗宾汉》两部新片。在《欲焰》里，她是演出了“大劈棺”的场面；在《中国罗宾汉》里据说也有大胆的热情暴露。因此，在近来一般影迷们的口头都说“看陆露明的片子，真够刺激”。

1940年许幸之获邀赴苏北抗日根据地前，陆露明与许幸之即已分手，陆露明续任丈夫的职业与其父亲的职业相同，都是建筑工程师。

“一·二八”以后，日本人强行接管了上海各电影厂，并强迫收买合并。陆露明不愿意留在“华影”，就脱离影坛，参加了中国旅行剧团，主演了《茶花女》（饰玛格丽特）等话剧；后来又随丈夫离开上海，去了大后方。

抗战胜利以后，陆露明回到上海，1948年12月1日出版的第29期《电影杂志》里说，她非但承认这番由港返沪，的确曾经遍赴各厂巡礼，而且还说明，即将着手自行建厂，自费拍片的筹备工作。这话乍听，好像口气太大，其实不然，以今日陆露明的资力，和她的“本店货色”而论，经营起来，实绰乎有余。不过所成问题的，倒是夫妇间的意见，未趋一致——一个是雄心勃勃，女子也应创大业；一个认为，应该进厨房，洗手作羹汤！不过据她的说法，最后胜利必属于她；我们且拭目以待俟。现在各制片当局，鉴于造就或掘发新人的困难，颇有起用旧人的趋向，所以梅熹有人与之订约在前，陆露明被邀重上银幕于后。但陆的表示，好像很坚决，不愿以色衰之身，再和观众见面，所以几家公司的邀请，都被她婉言辞谢。看样子，这颗炸弹明星，恐将结束其演员生活，而将成为老板娘阶级了！

此次采访，伴随《电影杂志》记者镜华而去的摄影师是马永华，马曾是六合塔下为唐纳、蓝苹、赵丹、叶露茜、顾而已与杜小鹃等六人婚礼拍照的摄影师。采访至晚上十时，马永华无意中说：“快戒严了！”谁料陆露明嫣然一笑道；“马永华还是当年的样儿，又着急戒严了！”结果让马永华羞得连耳根全红了起来！陆露明见状，也是笑不可抑！

原来马永华当年和陆露明同事，那时他才十九岁，素有“孩儿面”的雅号。因为晚上也有戒严，每逢拍片子完了，公司就以汽车送各人回家，而陆的住宅，是在马路旁的一条既深又黑的小弄底；汽车不能开进，岳枫就命令马永华护送陆露明进弄，但等他俩一下车，他们就把车在一阵狂笑声中开了跑，弄得马永华进退两难，不送吧，她不依，送罢，自己回家成问题，所幸陆露明那时深闺独处，所以马永华就常寄居怀陆家，事后虽一再声明，仍常常被人取笑为已有“戒严婚姻”。

新中国成立后，陆露明应邀参加中央实验话剧院，准备继续她的演艺生涯，在《患难夫妻》(1951)中饰演了吴太太一角，由于她的丈夫响应政府号召，准备参加祖国边疆建设，陆露明就放弃了自己的剧影生活，随丈夫一同去了边疆。

1958年，陆露明全家随丈夫返回上海，在“大跃进”的浪潮中，重新走上劳动岗位，在一间街道托儿所工作，一直坚持到退休。

1995年1月，78岁的陆露明病逝于上海，上海演员剧团和白杨在她的遗像前摆上了花圈和花篮。

施超：吐尽最后一口鲜血

江村和施超都死于1944年的成都。

1944年5月23日，重庆《新民报》发表江村逝世消息时，曾称赞27岁的江村“善饰生角，其饰《北京人》中之曾文清，犹为国内独步”。五个月后的10月26日，施超病逝，在安葬前，他的棺前摆着中华剧艺社赠的一幅遗像，出自丁聪之手，另有顾而已等人送的花圈。

施超比江村略长几岁。两人也都因肺病而死，死时也是一样的贫病交加。

时任《华西晚报》记者的车辐，曾化名“杨槐”在1981年第3期的《电影评介》发表过一篇短文，名为《剧人施超死于成都》，这也是存世极罕的怀念施超的文字。

施超和江村死后连一块埋葬他们的墓地都没有，正是车辐捐出自家的祖坟地将两人安葬在一起，郭沫若还题写了碑词：“诗人江村、剧人施超之墓。”

有关江村的回忆，在新时期以后逐渐多起来，南通学人钦鸿还为其整理了纪念集《划破夜空的流星》（江苏文艺出版社1997年12月版）。

施超的遭遇则截然相反。《路曦的艺术生涯》曾于1985年由中国戏剧出版社出版，这本由宋严著写的小评传中竟然对施超只字未提，而传主路曦正是施超当年的爱人。

车辐的《剧人施超死于成都》中说，那时他还年轻，才三十多岁，有着愉快活泼的性格，常去商集场成都有名的第一流茶馆“二泉”吃茶，在茶馆的谈笑风生中，每谈到沦亡了的故都北平，他的表情就十分沉郁，他同路曦居住在一起，过着流亡文化人所过的贫困生活。不久，他病倒了，入少城实业街肺病医院住院，当时我们《华西晚报》的一批报人，从重庆接来成都为报馆募捐演出的中华剧艺社中的陈白尘、丁聪、丁然、吴祖光、吕恩、白杨、张逸生、陶金、舒绣文、云菁、贺孟斧、章曼苹等影剧人，不时轮流去看望他的病，看着他一次比一次消瘦，大家都为他担心，后来终于死去。

施超成为比较隐晦的人物，大约与他生前力主排演的一出戏剧有关，这出戏就是“争议了几十年”的《野玫瑰》，而曾一度被确定为主角夏艳华人选的路曦，在面临“艺术生涯”的书写时，回避了这段经历，这或许与后来嫁与另一剧人冼群有关，也或许与80年代初还不够明晰的话语书写方式有关。无独有偶，作为《野玫瑰》导演的陈鲤庭，其传记作者夏瑜，在书写《遥远的爱——陈鲤庭传》时也回避了有关此戏的描述。

《野玫瑰》最初的主角人选是路曦，后来换成了更有知名度的秦怡。有关《野玫瑰》的两次演出经历，秦怡懊悔不迭，在她的回忆录《跑龙套》称两次该剧的演出为历史教训，并检讨说“当我初入剧社时，连政治的含义也不清楚，这次历史教训却帮了我的忙，这个反面教育，使我铭记一辈子。”①

秦怡回忆说，这部戏演至第8场，各种议论很多。听周围的人说，施超虽很能演戏，但他把汉奸演得叫人同情了等等。而最终赵慧深告诉她说：“听说这个戏的政治内容不好，有替国民党假抗日、真反共涂脂抹粉的内容。听说《新华日报》有社论，编剧还得了奖。”

这场戏演完周日场后，秦怡等人到中苏友好协会商讨办法，“我们没有通知施超，因为他是策划演出这部戏的人”，秦怡在做此描述时还善意地为施超作注解：“我想施超开始也不一定认识这些问题。”

◎《自由神》中的施超

有关这部戏开演前的情形，阳翰笙在1942年的日记当中有记录："1942年1月29日：鲤庭来，说他为了接受《野玫瑰》的导演颇受了汉文、白尘、孟斧的批评。他说他很为难，希望我替他想办法。我有什么好办法呢？最后相商结果，只好劝他演《复活》。"

1942年2月1日，施超亲访阳翰笙，阳在日记中写道："施超来会，我告诉他，《野玫瑰》内容空虚，没有真实的生活，没有深刻的人物性格，特别是大汉奸一角，在思想上颇有问题，确只是用传奇式旧手法所造成的一只抗战空壳子。演不演虽由他们自去决定，但我意最好不演。"②

但是一个月后的3月5日，《野玫瑰》还是在重庆的抗建堂演出了。

施超为何要坚持这出戏的演出，他与原编剧有隐秘的"交易"吗？

《野玫瑰》的编剧陈铨，是"战国策派"的代表人物，其时为西南联大教

◎后来作为冼群妻子的路曦

◎1938年的路曦

授，晚年他用颤抖的手写下了“交代材料”：“1942年，施超从重庆写了一封信来，说是《野玫瑰》已经由他和一些戏剧工作者在重庆演出，他很抱歉，未能事先征得我的同意，但是现在上演税一千元他随信汇寄予我。他还说，有一笔余款，他已经替我作主，请演员吃饭。他希望，如果以后我有新剧本，可以寄给他。”③

有研究者认为，从陈铨的说明可以看出“应是演员（施超、白杨等）或导演（张骏祥、陈鲤庭）看中了剧本，最终实际是施超组织留渝剧人的自由演出，并非有当局和作者的参与和刻意为之。”

所谓“留渝剧人”，是指即由艺人自发组成的演出组织，这一组织的特点，是流动性强，几近于“走穴”；而且因为演出阵容不稳定、排练难保证，演出质量也不稳定；其目的只有一个赚钱求生存。

江村生前曾给家里写信描述过当时的生活情形：“……对家里我真痛苦，我没能尽到一个长子的责任。可是你们知道，重庆的生活已高出战前十几倍了。我现在虽然可拿到贰百多元一月，实在还是过的最苦的生活。……战时的戏剧工作实在没法干，我们厂里，也可说整个戏剧界，多少人都改了行，甚至宁愿做生意也不干了。”

其时重庆的物价，上等大米630元/市担，白糖130元/斤，哈德门香烟60元/包，1942年9月26日《重庆商务日报》3版，曾以“人们幻想中的幸福儿，明星们的薪水”为题，公布了明星的月薪，当时白杨的收入是320元/月，施超是280元/月，《野玫瑰》主演秦怡的薪水，每月只有60元，尚不够买一包哈德门香烟。④

在“生存”的压迫之下，认准了《野玫瑰》的施超最终把它搬上了舞台，他自己扮演大汉奸王立民，戏排完一幕后，导演提出让秦怡与扮演女一号夏艳华的路曦对调角色。原因是秦怡年轻、美丽，扮演以交际花身份嫁给汉奸头目的特务，在台上更吸引观众。而扮演汉奸的施超，也把王立民这个汉奸演得理直气壮，活像一个英雄。

1942年3月5日首演后，观众排成长龙争看秦怡扮演女特务“天字15号”。一些青年学生也把王立民当汉奸的理论，当成了豪言壮语。

这旋即引发了左翼人士的不满，《新华日报》、《时事新报》、《新蜀报》均刊发文章批判，致使原定于3月31日的二次公演流产。不久，当《野玫瑰》将获得教育部学术委员会颁发的剧本三等奖的消息传出后，《野玫瑰》迅速成为众矢之的。孟山、方纪、潘孑农、西涯等人纷纷撰文指出：《野玫瑰》忽视抗战，歪曲人物，为汉奸罪名辩护，“假使为了某种意义而奖励《野玫瑰》，那么在客观上便是解除民众憎恨汉奸的精神武装”，“像这种内容包含毒素，危害抗战建国的剧本，贤明的教育当局应当严惩唯恐不周。”

这段时间，施超在时日上的艰难可想而知，生活上的艰难和精神上的孤立，使他内外交困。幸好，郭沫若的《屈原》不久得以公演，他从中饰演了新的角色。

临终前，施超正在主持《大宋英烈传》的演出，既忙前台，又跑后台，还在台上饰演“高衙内”一角。演出中，他在台上忽然吐起血来，他坚持到第一幕终场。回到寓所，当夜又吐血数口，次晨送至医院，就再也没有起来，直至病逝。

有关施超与“电通”的关联，应该是在《自由神》一片的演出中。在影片中，施超饰演王莹（陈行素）的穷苦同学林云彬，两人破除门第的束缚私奔到上海，云彬在一家进步报馆工作，后来两人有了孩子。报纸在五四后被迫停刊，一家人转至广州，从事革命活动的云彬死于沙基惨案。1935年8月1日出版的第5期《电通》半月画报，系《自由神》一片的特辑，施超与蓝苹、周伯勋并肩而立成为封底人物。

◎自由神演员的心得

◎路曦研究书影

加入“电通”前，这位祖籍福建闽侯的影剧人，成长于北京，中学毕业后，曾入联华五厂，在《野花闲草》中扮演过一个小配角。后入北平财商学院读书，毕业后又转至天津，在光陆电影院工作，热爱电影的他转而从天津奔赴上海。

“电通”结束后，施超参与了《狂欢之夜》、《壮志凌云》、《青年进行曲》等影片的演出，取得名声的角色，是在马徐维邦的《夜半歌声》中饰演了孙小鸥。抗战爆发，他随上海业余影人剧团到达四川，在“中制”拍摄了《中华儿女》、《长空万里》等影片。

在成渝戏剧界，施超除了不光彩的《野玫瑰》之外，值得一提的剧目要算让他一洗“晦气”的作品《屈原》了，他在剧中饰演了靳尚，这也是个“千古馋人”的形象，不过此剧甚得郭沫若看中，郭还为施超题诗赞美他的演出：“文章无价焉能假，千古馋人数上官，纵得化身心不易，知君此役最艰难。”

而早在1935年9月16日刊行的《电通》半月画报第9期中，施超还留下了一篇短文，这篇题为《我们的使命》的文章这样写道：

为了我们的观众看了我们戏的印象，我们不得不注意到一部分戏的取材，我们看了汤密士后，我们自己也作个侠客，我们看了赖夫特后，我们很想，我们自己也作流氓，更厉害说，我们看了强盗片，我们可以想作强盗，我们看了肉感片我们可思淫欲，再进一步说一部片子可以指示了一个人的倾向，更换了一个人。这种非意识的影响，尽管连自己都不知道自己何以会跟着他变。

我们并不能反对美国的武侠片与歌舞片，因为这或者就正是他们社会的写真，同时这也是表现他们民族性是“杀”与“淫”，而我们中国的社会情形，并不与美国是一样，睁开眼看：国土的沦亡，农村的破产，民族工业的落后，广大群众的失业，我们再不能用享乐的故事来欺骗观众了——使他们看了我们的戏而仍然不了解中国的现况，我们应替一般的痛苦的同胞呐喊，从而指示他们的出路，我们不怕一切的艰难，要不顾一切的向前冲，因为这是我们的责任，起来吧！电影圈里的人们，要知道电影不仅仅是一种娱乐品，它还有它的使命呢。

① 秦怡：《跑龙套》学林出版社1997年12月版47页。

② 阳翰笙：《阳翰笙日记选》四川文艺出版社1985年2月版16页。

③ 转自孔刘辉：《〈野玫瑰〉上演的前后》，载《新文学史料》2009年第5期。

④ 参见方井：《月薪数百元够买几包烟》，载《抗战电影回顾》（重庆），重庆市文化局编印内部资料89页。

化作“白鹭”的白璐

聂耳在“联华”时期的好友蒋君超先后有两任妻子，一个是白璐，一个是白杨。

1950年迎娶白杨的时候，蒋君超已经38岁且带着两个女儿，一个叫蒋立安，一个叫蒋立美。立安和立美的生身母亲就是白璐。

白璐和“电通”的关联，是一个不能再微末的角色了，在袁牧之执导的《都市风光》中她饰演了女主角张新珠的小婢，应该属于“友情客串”。

据说“电通”时的白璐非常朴实，“见人打招呼的唯一动作是伸一伸舌头，傻大姐本色也。”

白璐从影最初进的是“联华”，1934年，她在“联华”拍摄了《再会吧！上海》，此片由郑云波编导，主演为阮玲玉、何非光、张翼和汤天绣，阮玲玉饰演的主角名叫白露，与白璐同音不同名。

此后，白璐与导演孙瑜和名列“联华四大名旦”之一的黎莉莉结缘，先后跟随孙瑜和黎莉莉出演了三部影片，《体育皇后》（1934）、《到自然去》（1936）。在《体育皇后》中，黎莉莉在影片中饰演田径女天才林璎，白璐则饰演她的同学；《到自然去》，是在青岛拍摄的，黎莉莉饰演女一号、大小姐周丽华，

◎为阮玲玉送行的白璐（左一）

白璐饰演周家的丫环阿梅。

1936年白璐还和黎莉莉参加了《狼山喋血记》的演出，《狼山喋血记》由“联华”另一导演费穆执导，有首部“国防电影”之称，黎莉莉在影片中饰演活泼、奔放的女主角小玉，白璐则饰演邻家小妹。

在30年代，白璐还曾经和郑君里谈过恋爱，两人分手后，她才嫁给了蒋君超。

白璐和郑君里的恋情非常富于戏剧性，他们在1936年前后即已经传出分手的“新闻”，但在短片《联华交响曲》（1937）的第三段故事《陌生人》中（谭友六执导），郑君里、白璐和刘琼三人担纲主演，白璐还在影片里饰演了郑君里的“媳妇”。

1937年，白璐也终于在《天作之合》中当上女主角，此片由沈浮执导，她与韩兰根主演，女主角的名字也叫璐璐，是一个在无奈中操持皮肉生涯的暗娼。这一年，她还在《新旧时代》（朱石麟导演，李琳为女主角）、《人海遗珠》（朱石麟导演，黎莉莉为女主角）、《镀金的城》（费穆导演）等影片饰演了角色。

抗战爆发使白璐原本可以在演艺道路上有所爆发的渴望化为泡影。

移居香港后，她与蒋君超参加了《自由神》导演司徒慧敏执导的另一部影片《游击进行曲》的演出，在该片中，蒋君超饰演一个有强烈反战倾向的日本兵，而

◎白璐成为电通画报的封面女星

◎白璐的前男友郑君里

◎作为新中国重要导演的郑君里

"白璐"则出现在这名日本兵的梦境中，她是他梦中那个一晃而过的妻子。

在战时的香港，白璐蒋君超夫妇一度过着很清贫的生活，两人住在九龙的一个贫民窟里，金焰和王人美到香港时，还和他们住在了一起。但这不妨碍两人做电影梦，这一期间，蒋君超接拍了《影坛风云》（1938）、《一代尤物》（1939）、《打渔杀家》（1940）等影片，而白璐则接拍了《绝代佳人》（1940年香港长城画片公司出品）、《情人四万万》（1941年香港国光影片公司出品）等影片。在1940年香港南华影片公司出品的《潘巧云》一片中，白璐、蒋君超夫妇又和"电通"时期的"同事"谈瑛合作了该片。

据王人美说，1940年底，在她和金焰拍完《长空万里》回到香港时，白璐和蒋君超竟找了几个朋友，搞了个新民影片公司，筹备拍摄《春回大地》，并邀请王人美参加拍片，结果由于发生珍珠港事件，日本人侵占香港，电影也就没拍成。①

太平洋战争爆发后，白璐和蒋君超移居内地，在昆明开过寄卖行，据丁聪回忆，那段时间在美军战略服务处的他一到星期六晚上就跑出来，住在白璐蒋君超家里，并用美金换一些国币。②

寄卖行的生意，让白璐和蒋君超的生活宽裕了很多。1947年，秦怡和金焰在香港办婚礼，她回忆说："我们婚后大概第五天晚上，老蒋（即蒋君超同志）请我们去吃晚饭，他还请了老金的一些朋友，包括老金与人美过去的好友X太太等，老蒋的生活条件较好，他单独住一幢洋房，他们也是老朋友了，他是为我们结婚特地宴请。"

令人感伤的是，其时白璐已经不在蒋君超身边了。此前，他们夫妇在经营胜利大戏院的同时刚刚筹办起东方影业公司，而且拍摄了影片《乱世儿女》，此片导演是程步高，主演是刘琼和白璐，蒋君超、蓝马、上官云珠在片中担纲配角。8月25日，白璐由香港抵达上海。8月31日，白璐从上海国际饭店出行时，准备搭乘电梯，但近视的她没有看到电梯故障的说明，便匆匆地透过电梯外面的铁拉门门缝把身子挤进去，然而铁拉门里面只是一个空井，她一脚踩空，摔了下去。有报道说，从高空摔下的白璐竟然将脖子摔断了，但她没有当场死亡，送进医院，抢救了一天后，白璐才化作"白鹭"离别了人世。这一年白璐还不足32岁。

① 参见王人美：《我的成名与不幸》团结出版社2007年1月版164页。

② 参见丁聪：《画漫画顶个屁用》，载《南方周末》2009年5月28日D21版。

在光影闪动之间

——吴蔚云·吴印咸·杨霁明

只拍了四部电影的“电通”，一共“动用”过三名摄影师，《桃李劫》的摄影师是吴蔚云，《风云儿女》和《都市风光》的摄影师是吴印咸，《自由神》的摄影师是杨霁明。

三名摄影师中，只有吴蔚云在进入“电通”前是职业摄影师。生于1907年的他是江苏吴县人，自小在上海长大，1927年投入电影圈之前，在上海美丰石印局做过学徒。

早期的石印局多是承揽小报印刷业务的，所以吴蔚云接触美术的经历比较早，他靠着自己的美术功底考入了天一影片公司。

摄影师与剪辑师基本类似，是电影厂里的技术工种，所以多数学徒都是从打杂干起，吴蔚云最初干的也是洗片和印片的杂活，偶尔还要去跑跑龙套。1927年，他先后在《白蛇传》和《梁山伯与祝英台》分饰过许仕林和梁山伯的书童。

“天一”使用的是法国造的“地白里”摄影机，因为没有马达基本要靠手摇，均匀地控制速度是吴蔚云在私底下要苦练的基本功，每卷四百尺的胶片，要每秒16格，一气呵成。

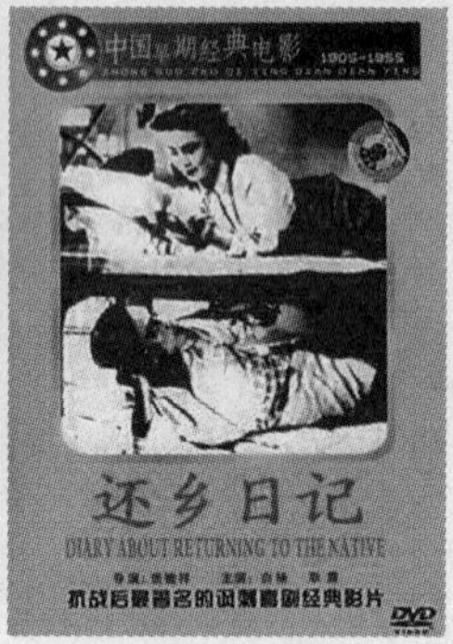

◎吴蔚云
◎吴蔚云的代表作《还乡日记》

因为摄影师是外国人，吴蔚云白天几乎没有碰机器的机会，所以基本功都是在深夜里练习的。进入“电通”前，吴蔚云已经拍摄了近三十部影片，他自己比较认可的是《小飞伶》、《挣扎》和《飞絮》。

吴蔚云进入“电通”与同在“天一”共事的司徒慧敏有关，但由于接拍是电通的“开山”之作《桃李劫》，吴蔚云压力很大，一度患上了神经衰弱。他回忆说：有一天，到了后半夜，他披衣上街观夜色。他浏览着昏暗的街灯、大楼底下的阴影、梧桐树下孤单的行人……边看边往前走，到了霞飞路，被一幅宁静的画面吸引住了——那是一家外国人开的商行，橱窗里一盏煤油灯泛着昏黄的幽光，店门虚掩着，印度籍门警坐在圈椅里打盹，在这里他碰到了袁牧之。两人几乎同时问对方：“你怎么也来了？”[1]（吴蔚云在这段回忆中未提及袁牧之有“泡夜店”的习惯。）

由于戏剧化处理过度的原因，《桃李劫》的后期处理非常辛苦，但结果还算令人满意。遗憾的是吴蔚云在“电通”并没有等来第二部影片，公司就陷入了停业。吴蔚云转入“艺华”继续自己的摄影生涯。

相较于吴蔚云，吴印咸和杨霁明有一个共同点，他们都毕业于上海美术专科学校，而且都曾做过照相馆里的摄影师。

吴印咸进入上海美专是在1919年。1900年生于江苏沭阳的他自幼热爱美术，自沭阳县立高等小学校毕业后，吴印咸即进入一间生产棉布和线毯的工厂做工，并对各种图案设计资料发生了兴趣，据说后来还在厂里做过教师，教授图画课。[②]

在上海美专，吴印咸是插班生，所入为西洋画科，与许幸之是同学和室友。1920年，吴印咸购买了人生当中的第一部照相机。美专毕业后，许幸之入东方艺术研究所继续学业，后又赴日留学，先入川端画会，后考取东京美术学校；吴印咸则回到了家乡到县立初级中学做美术教员。

1928年，吴印咸回到上海，靠做布景和拍照片维持生计。次年许幸之回国后，家境殷实、在上海更富人脉的许幸之对吴印咸照顾有加。1930年，吴印咸入同学刘抱诚等人投资的红灯照相馆做摄影师，除拍摄剧照和广告人像外，吴印咸开始向左联的外围刊物《文艺新闻》投稿，而是年许幸之已经成为刚刚成立的左翼“美联”的主席。

许幸之将吴印咸带入艺术圈的最为直接表现是与他一起在青年会举办了一次摄影绘画展，这次举办于1935年元旦的展览，为吴印咸打开通往电影的道路。

展览会后，夏衍找到许幸之和吴印咸，邀约他们加入“电通”影片公司，并将田汉编剧的《风云儿女》交由他们执导，许幸之任导演，吴印咸任摄影师。

从现存的《风云儿女》影像资料上看，该片开头部分画面迷离，确实意味着吴印咸在摄影机操控方面存在着一些问题，相较于《桃李劫》，《风云儿女》在外景拍摄上有了更出色一些的发挥，说明吴印咸在自然光线的条件下，对画面和影像的把握更为从容。

《风云儿女》之后，吴印咸和袁牧之有了更深层次的合作，他们又合作拍摄了《都市风光》。这部影片，吴印咸在影像的驾驭能力上成熟了很多，开头虽然也拍摄上海的都会景致，但在景别的处理上做了一些新的尝试，那种模糊的视线感已经荡然无存。

《都市风光》成为“电通”的“终结篇”后，吴印咸和袁牧之在明星二厂又合了《生死同心》和《马路天使》。《马路天使》成为吴印咸电影摄影生涯的高

◎吴印咸
◎吴印咸与钱筱璋
◎吴印咸在东影

峰之作，这部影片的开端部分依然采用上海滩的外景模式，镜头从华懋饭店的高处摇下来，一个军鼓的特写，然后就是军鼓声中的队列，镜头的衔接非常顺畅，当然也意味着吴印咸对于电影摄影机的把握已经进入一种自然、从容的阶段。《马路天使》对于光线的把握也有过人之处，《背着摄影机走向延安——吴印咸传》里说，吴印咸在拍摄迎亲队伍的一场戏时，为了表现宏大的送亲场面，将布景从棚内搭到棚外，又运用明暗协调的控制，使灯光和阳光自然衔接起来。这种技术手段，令同行大加称赞，连明星老导演张石川也非常钦佩，曾向吴印咸询问再三。[3]

与吴印咸相比，杨霁明入上海美专的时间较晚，因为他年龄要小，他是1905年生人，世居广东。1925年，他才考入上海美专，在美专学习了两年又转入上海艺术大学学习，因为田汉在艺大教书，遂与田汉结识，并购置照相机为南国社拍摄剧照。

大学毕业后，杨霁明在家人的资助下开设了卡尔登照相馆，用照相馆的橱窗为左翼剧人展示“形象”。这使得他与戏剧界的粘连更为紧密，业余剧人协会成立后，杨霁明几乎成为了专职摄影师。包括《娜拉》、《大雷雨》、《钦差大臣》等一批剧目的舞台剧照都出自他手。

吴印咸借人物照和剧照走上电影摄影岗位后，杨霁明也顺利进入了电通，在《桃李劫》时，他是剧照摄影师；到了司徒慧敏开拍《自由神》时，他

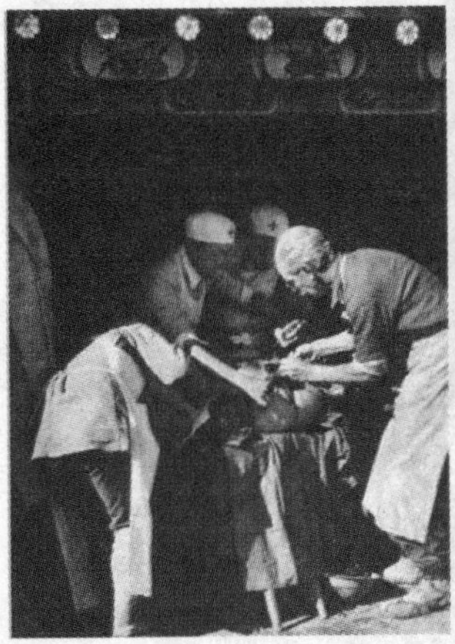

◎白求恩大夫

◎白求恩大夫现场

就是电影摄影师了。

因为影像资料的损毁，《自由神》的历史样貌已经很难找见了，《中国电影发展史》里说影片一个很重要的影像特色是穿插了新闻纪录式的镜头，将沙基惨案的一些场面作了再现，但这似乎更像是剪辑师的功夫，而与摄影师无关。除此之外，只有“真实、朴素”这四个字。④

拍完《自由神》后，杨霁明同样也没有等到第二部电影，而是到了明星公司任摄影师。其后，又到无锡的江苏省立教育学院电影播音教育专修科任讲师。杨霁明的这一段经历的变动，应该与孙师毅有关。孙师毅是该校的首任电专科主任，并在学校兼授编剧和导演课程，孙师毅到任后，请司徒慧敏来授音响课，请杨霁明来授摄影与洗印课，请许幸之来授置景课，请万古蟾来授动画课，而此干人等，都与“电通”有着深厚的关联。

抗战爆发后，吴蔚云、吴印咸和杨霁明的命运同样“流转”。

吴蔚云先到汉口参加中国电影制片厂，拍摄了史东山执导的《保卫我们的土地》，然后转战“中制”的香港大地公司，拍摄了司徒慧敏好友——蔡楚生的《孤岛天堂》和司徒慧敏自己执导的《白云故乡》，《白云故乡》的后半部又是在重庆完成；抗战胜利复员后，吴蔚云回到上海，续任陈鲤庭《遥远的爱》、张骏祥《还乡日记》、潘孑农《街头巷尾》的摄影师，并沿此进入昆仑影业公司。

吴印咸则在1938年随袁牧之北上延安，拍摄了袁牧之梦寐以求的《延安与八路军》。在延安，吴印咸最初享受特聘专家待遇，正式参加八路军的袁牧之每月薪金为边区币5元，而吴印咸可以每月有120元大洋的生活费寄到家里。[5]袁牧之赴苏联为《延安与八路军》做后期后，吴印咸在延安完成了《白求恩大夫》新闻素材片和《白求恩大夫》、《红缨林立》等图片摄影作品。他拍摄的《周恩来》、《朱德》以及后来的《延安文艺座谈会》等摄影作品，后来成为新中国摄影史的经典。1946年，袁牧之到东北主持东北电影制片厂后，吴印咸被调任技术部主任，当年底出任副厂长。

杨霁明在1938年时，也到汉口加入了“中制”，在“中制”他在金山执导的《最后一滴血》中担任了摄影师。后来他又受聘西北影业公司任摄影师兼技术科科长。1946年，金山代表国民党中央进入长春接管“满映”，杨霁明受邀北上，在长春与金山完成了他电影摄影生涯的代表作《松花江上》。《松花江上》的影像处理非常精巧，画面有难得的精致之感，对于光线的变化处置也充满了诗意，这部影片公映后，可谓好评如潮，有影评称其为国产影片中“极珍贵的收获”。1948年，杨霁明回到上海，在清华影片公司拍摄了徐昌霖执导的《群魔》。然后到苏州社会教育学院电影电播系任教授，讲授《电影摄影与电影洗印》课程，再次与许幸之成为同事。

新中国成立后，吴蔚云所在的“昆仑”，因为早期由周恩来授意筹组，阳翰笙主导创建，所以一直被视为共产党文化战线的据点，也是掩护秘密工作的据点，而且该厂拍摄的《一江春水向东流》和《乌鸦与麻雀》影响巨大。在公私合营完成后，曾任《一江春水向东流》摄影顾问的吴蔚云在上海电影制片厂最终走上了总摄影师的岗位。

而在新中国成立前夕，袁牧之就出任了首任中央电影局局长，吴印咸则负责

◎杨霁明
◎杨霁明的代表作《松花江上》

接掌"东影"，1954年袁牧之正式离开中央电影局局长岗位，是年抱病的吴印咸也离职到黄山休养。1955年，55岁的吴印咸被调至北京，加入北京电影学校院筹备小组。吴印咸后任电影学院副院长兼摄影系主任，直至离休。

远在苏州的杨霁明则先是被袁牧之主持的中央电影局任命为制作处副处长，后于1953年8月调至北京电影学校任教务处主任。1956年，北京电影学校正式挂牌改称北京电影学院后，杨霁明改入摄影系任教授兼摄影艺术教研组组长[6]，他的"上级"是二十多年前的老同事——吴印咸。

① 参见陈朝玉：《业精于勤——访上影总摄影师吴蔚云》，载《影事春秋·第一辑》山东人民出版社1981年10月版248页。

② 参见倪震：《背着摄影机走向延安——吴印咸传》中国电影出版社2008年10月版10页。

③ 参见倪震：《背着摄影机走向延安——吴印咸传》中国电影出版社2008年10月版48页。

④ 参见程季华：《中国电影发展史·第一卷》中国电影出版社1963年2月版390页。

⑤ 参见吴筑清 张岱：《中国电影的丰碑——延安电影团故事》中国人民大学出版社2008年6月版61页

⑥ 参见《中国电影家列传5》中国电影出版社1985年6月版264页。

“剪刀手”陈祥兴

剪辑师陈祥兴，是在述及“电通”时不得不提到的人物，因为《桃李劫》、《风云儿女》、《自由神》和《都市风光》这四部影片的剪辑和洗印工作都是由陈祥兴主持完成的。

最初剪《桃李劫》时，陈祥兴还在“天一”工作。他和其时同在“天一”工作的司徒慧敏私交不错，两人多有合作。

“天一”公司最初用的有声电影设备，是由美国技师格林带来的波浪式的“摩维通”，因为司徒慧敏的堂兄司徒逸民等人正在从事“三友式”的研制，司徒慧敏和吴蔚云曾一度想进去参观一下，遭到美国人的拒绝；有一次趁着格林不在，司徒慧敏和吴蔚云打开了机器房的门，见证者陈祥兴深为同情地回忆说：“恰巧格林乘汽车从摄影棚的围墙经过，遥见机器房窗户有灯光，先踩着汽车顶棚爬上围墙上偷窥，然后拔出手枪，直闯机器房，对司徒慧敏等两同志大肆恐吓，耍了一场美国式的流氓把戏。”

后来，“天一”由陆元亮和顾宗义装配出了“中华通”有声电影录音机，而“电通”也研究出了“三友式”，“电通”为联华公司1933年拍的《渔光曲》、1934年拍的《大路》和《新女性》代印有声拷贝，陈祥兴与司徒慧敏一起在“电

◎陈祥兴

通”蒲石路的“黑房间”里，参与了剪辑工作。《桃李劫》拍竣后，陈祥兴承担了剪辑和精修工作。

由于白天还要在“天一”上班，所以这些剪辑工作基本上都是在夜间完成的。

陈祥兴说：“通过这几部影片的洗印、剪辑工作，感到电通公司各方面都不像其他影片公司有那样多的约束，工作比较痛快，引起了我的好感，经吴印咸、许幸之两同志的鼓舞和司徒慧敏同志的介绍，我终于脱离天一，加入电通。”

进入电通后，陈祥兴协助配合司徒慧敏做了一些实验，在拍摄《风云儿女》时，司徒慧敏试图实现音乐和声音的同步，于是就将声带通过放映机放出声音，另外用留声机入音乐唱片，同时录入，结果发现无法实现速度同步；这种录音方式直到《都市风光》时，才试验成功。为了改变以往电影音乐只会用唱片配音的方式，袁牧之决定请大乐队，于是黄自、贺绿汀等音乐人被请来，以管弦乐队为影片伴奏，陈祥兴和袁牧之、司徒慧敏等在后期做了多次实验，使之得以实现。

◎陈祥兴剪辑代表作《南征北战》

◎桃李劫中体现音画结合的场面

通过《都市风光》一个月的后期工作，陈祥兴对袁牧之印象不错。在他眼中"电通的导演们都没有什么架子，工作、饮食、休息多与同志们在一起，工作人员都甚团结融洽。"

陈祥兴所从事的剪辑工作，虽然说是实现艺术和技术统一的关键操作，但早期电影的分工中，还是属于相较于编导和表演层次较低的技术行当。

1924年，14岁的陈祥兴进入上海新人影片公司做学徒，干的是体力活，每天最主要的任务是将洗好的胶片沿着滚筒套上晾干，像所有学徒一样，早上为技师打洗脸水、晚上打洗脚水，为技师们洗衣服等等。每月的薪水只有四块钱，用作理发和鞋袜津贴。因为忌惮徒弟抢自己的饭碗，技师们基本不传授技术，学徒只能通过偷师和补缺来磨炼技术。在"新人"，陈祥兴还兼干过一段摄影助理，通过认真观察，他弄清了技师冲洗底片的用药配方，并且学会使用16格的手摇摄影机，先后拍摄了《父子英雄》和《明末奇侠》等影片。

"新人"倒闭，他转入了"天一"，先是做字幕拍摄，后被安排跟随白俄技术派洛夫去学习洗印，不久就把染色洗印技术学到了手，拿高薪的派洛夫果然也就被解雇了。1931年，“天一”率先进军有声片市场，从美国请来技术从事摄影、录音、剪辑和洗印。剪辑和洗印技师名为史密斯，周薪三百元，相当于四个顶级导演的收入总和。陈祥兴为了学习技术就去买了本英文对照的课本，自学英语，通过买烟、送冷饮等多种方式接近美国技师，弄明白了拍板板声和画面板影的关系，使美国技师也不得不“走人”。

在“天一”，陈祥兴还参与中国首部五彩片的试验，但试拍的不是剧情片，而是类似于纪录片。主角请的明月歌舞团的王人美和黎莉莉，拍了她们在游艺大会当中的一个节目。这部神秘的片子，是陈祥兴和吴蔚云一起搞的，由于摄影器材和洗印装材的设备比较好，这部片子近景的效果还算正常，远景拍出来的人物，眼睛常常变成四只。因此，这部片子总共拍了600尺就停止了实验。

因为熟识的关系，吴蔚云后来也成了电通第一部影片《桃李劫》的摄影师，在该片中，吴蔚云尝试拍摄了一系列反映人物内心世界的镜头，经陈祥兴的剪辑较为完美地实现出来。电通第二部电影《风云儿女》拍摄时，摄影师定的是吴印咸，吴蔚云也就没有加入电通公司。

陈祥兴个人对电通的感情还是比较深厚的，对电通的结束，他说：“这样一个亲如一家的电影公司，一旦遭到解体，我内心感到十分沉重，但也只好依依不舍地离开了电通。”[①]

电通解体后，陈祥兴没有随多数人去联华或明星二厂，而是去了张善琨的新华，但在“新华”陈祥兴干得并不愉快，史东山导演的《狂欢之夜》的剪辑工作刚完成了一半，就遭遇张善琨心腹的排挤，陈祥兴愤愤离开公司，又经司徒慧敏介绍加入联华，但联华的资方代表并不信任陈祥兴的技术，害怕他把影片的成品搞坏，让他找人作保，又是蔡楚生和司徒慧敏出面，他才在联华呆了下来。

在联华，陈祥兴又参与了司徒慧敏执导的《联华交响曲》和《艺海风光》的剪辑工作，为司徒慧敏的好友谭友六剪辑了《摇钱树》，并出任了蔡楚生《王老五》的剪辑师，“八·一三”事发后，蔡楚生要离沪去港，《王老五》的后期就由陈祥兴独立来完成，在交最后审查时，因为影片涉及汉奸纵火的内容，被强行剪去了最后两本，使得这部影片在最后公映时面目全非，令陈祥兴非常恼火。

新中国成立后，陈祥兴入上海海燕电影制片厂任剪辑组长，以声画分离的技术完成了《南征北战》等影片的剪辑，以及首部彩色宽银幕立体声故事片《老兵新传》的剪辑。因为技艺精巧，陈祥兴在上海电影界一直被尊称为“老技师”，直至1993年去世。②

① 陈祥兴：《感慨话当年》，载《中国电影》1958年第10期。

② 参见《陈祥兴》，载《中国电影家列传（二）》中国电影出版社1982年4月版248页。

那些幕后的战歌
——聂耳的“电通”情缘

聂耳并不是“电通”的演职人员，却是不得不书写的人物。

在“电通”出品的四部电影中，最有影响的插曲一共有五首，分别为《桃李劫》中《毕业歌》，《风云儿女》中的《铁蹄下的歌女》和《义勇军进行曲》，《自由神》中的《自由神之歌》，《都市风光》中的《西洋镜歌》，后二者的作曲分别为吕骥和赵元任，而前三首的曲作者均为聂耳。

而聂耳1935年4月1日的日记也有记载说，“牧之的Music Comedy，许多的电影曲子要作”，也就是说袁牧之在拍摄《都市风光》前，是有意让聂耳来负责一些电影插曲的。

无奈的是15天后，聂耳就从汇山码头乘船去日本了，以致此事搁浅。

三个月后的7月17日，聂耳在日本东京附近的鹄沼海滨游泳时不幸溺亡，年仅23岁。

《电通》半月画报第7期，辟为“聂耳纪念号”，刊出悼念聂耳的文章和聂耳的艺术生涯回顾，同时还刊出了吕骥复聂耳的“一封未寄的信”，信中说：有个学

◎作为新中国音乐经典人物的聂耳

校请吕骥去上课，每个星期上六次，“《义勇军进行曲》，他们颇喜欢唱，他们以为比《新女性》容易唱，不过中间一处地方他们常常唱错了——被迫发出最后的吼声，222唱成322。”

聂耳所做的《义勇军进行曲》曲谱曾被《电通》半月画报第2期刊发在第2页的显著位置，时任主编的孙师毅曾以“毅”的署名作《风云儿女》序诗一首：“大地正咆哮、风云卷怒潮。长城新月美，故国朔风号！儿女情何寄？山河气不消！夺回生命线，誓逐敌人逃！”

电通的剪辑师陈祥兴说，当《风云儿女》开拍《义勇军进行曲》的一个场面时，特别选了深夜开拍，而且还预先发了曲谱，告诉大家妥为收藏。拍摄时是配合画面，音乐用的《义勇军进行曲》的唱片，然后反录的光学声带。①

因为《义勇军进行曲》在新中国成立时经第一届中国人民政治协商会议决议被作为代国歌，所以有关此歌及聂耳的回忆很多，于伶曾于1983年专门撰写文字为一些文章订正史实，这些有出入的文字既包括邹爱国在《人民日报》1982年12月5日发表的《我们万众一心，前进——夏衍谈〈义勇军进行曲〉》、田洪在《湖南日报》1982年12月15日发表的《田汉、聂耳与〈义勇军进行曲〉》，向延生《聂耳略传》以及程季华《中国电影发展史》等转述、评述类文章，也包括当时许多见证者的回忆，比如夏衍、田汉、孙师毅、周伯勋、司徒慧敏、许幸之等人的回忆文字。

于伶说，如夏衍所说，《义勇军进行曲》的谱写确是聂耳自告奋勇从夏衍手中“抢”得的，其时词作者田汉已于2月19日被捕，聂耳是在孙师毅家碰到夏衍时揽下这一任务的，聂耳完成谱曲任务后，即东渡日本，计划从日本转道去苏联进修之前，聂耳将修订了的曲谱定稿寄回，由吕骥负责影片的音乐合成，并于是年六七月间在影片公映后而风靡国内。[②]

而作为国歌的曲作者，聂耳和《黄河大合唱》的曲作者冼星海在新中国成立后，迅速被“神圣化”，在时任中央音乐学院副院长吕骥等人的推动下，一度被打造成音乐界的“偶像”，成了与黄自、贺绿汀为传统的学院音乐相比肩的人物。1954年，云南省人民政府重修聂耳墓地，请郭沫若题写墓碑和墓志铭。是年2月，郭沫若书题“人民音乐家聂耳之墓”碑和墓志铭。1959年，上海海燕电影制片厂摄制了由于伶、郑君里、王苏江联合编剧、郑君里导演、赵丹主演的影片《聂耳》，从而使聂耳的名声进一步响彻大江南北。

然而在30年代，聂耳不过是歌舞学校里一个“快乐”与追求进步的年轻人。

他于1931年4月考入黎锦晖主办的联华影业公司音乐歌舞学校（原为“明月歌舞剧社”），并开始学习小提琴。

据郑君里说：考取“明月”后，聂耳高兴得无法形容，他用仅有的钱买一床单和一双皮鞋，四五天后就搬到剧社去，因为在学习期间团里供吃住，每月还有三元钱的零用，这让他非常满意。[③]

从1931年5月15日以后的《聂耳日记》可以看出，在歌舞学校里，聂耳在学习、演出和偷偷地恋爱，他和王人美、黎莉莉、胡笳、白丽珠、薛玲仙、于秀文等一起学习、演出，而因为歌舞团属于联华电影公司，所以他同时也和影剧界的人士有了广泛来往。

在这个期间，他学习拉小提琴，还请王人艺做他的“小先生”；还向黎锦晖提出学习作曲，据王人艺说，黎锦晖让他先学注音字母，然后记熟“五音四呼”，

國內報紙之電影副刊 及其主持者 SCREEN EDITORS

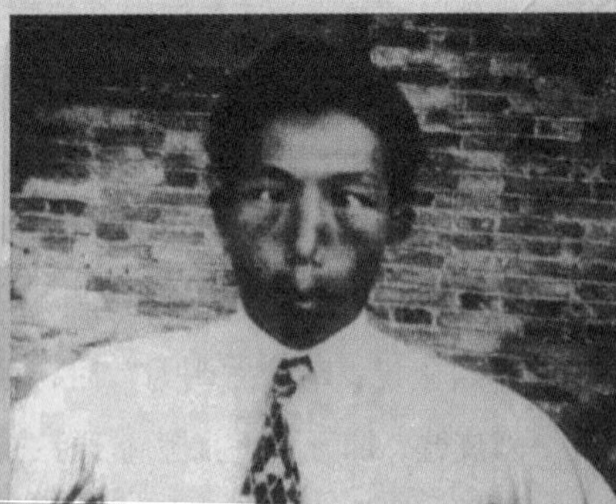

SCREEN EDITORS 及其主持者 國內報紙之電影副刊

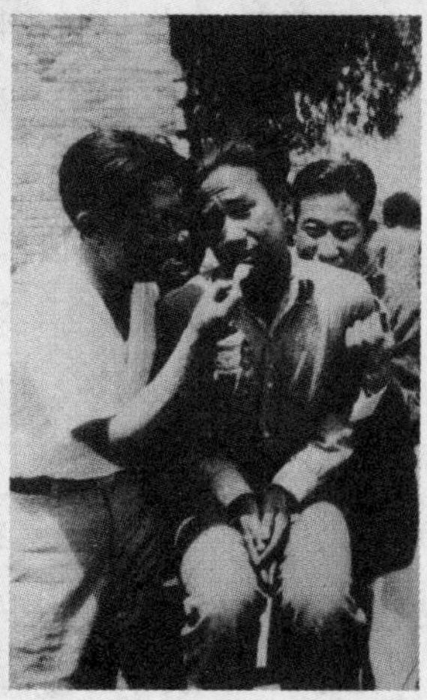

聂耳非常刻苦，在上衣口袋里装着自注的注音卡片，随时抽出来认。[4]

在这期间，他拜黎莉莉为干姐姐，对小P（注：刘琼说小P即为白丽珠[5]）有着莫名的情愫，1931年12月24日，聂耳在日记中写道："这几晚做梦都梦见小白，……她可以使我快乐、懊恼、疯狂……"。

联华公司老板罗明佑揩小P的"油"让他非常愤怒，在日记里恶狠狠地叫罗明佑为"罗卜条"。1932年6月11日，他暂去苏州时在日记里充分表达了他对小P的眷恋："虽是短时期的分离，随时都会想念着她们。尤其是P，她的小脸，肥美的腿和手，随时都在我眼前闪动着。"

有关聂耳这个期间的生活，从是年7月8日的日记里可见一斑：看"光陆"《十九路军一兵士》试片，和李萍倩、司徒同回"天一"，午饭后到王次龙家谈。到锦晖家谈（继订拍片事）。回家写影片评。到"天一"，王决定给我做一角。晚到伯勋处（民国路），他明天到陕西去了，拿些照片回来。

这则日记中提到的李萍倩为天一公司的导演，司徒即司徒慧敏，王次龙为天一公司的当家明星，其时正在筹拍一部电影并打算自任导演（此事后来因为王次龙要自找摄影师，与天一老板邵醉翁闹翻），伯勋即周伯勋。

聂耳于1932年9月还到北平投考过国立艺专，结果落第，于11月18日重返上海并进入联华公司。1933年2月，中国电影文化协会成立，聂耳任组织干事。他1933年4月26日的日记里说，"电协"干事会没开成，在电话和端兄（沈端先，即夏衍）谈。5月14日，电协开会，到的人很少，死气沉沉。孙瑜发表长篇谈话，千里（注：钱千里）把《电影文化》编好提出辞职。

5月27日，聂耳在日记中检点了自己的能力："说到整个的音乐运动，更是一桩难做的事，不是畏难而不做，而是要认识这难的存在，先把自己的基础打好，才有资格才能领导人。老实说，我自己知道自己的空虚、浅薄，还没到领导人的程度。"

这一年，聂耳在联华的月薪为28元，他很辛苦地演出，写作，作曲。没有想到，他于8月30日在永安公司门口突发脑冲血病，被迫入院治疗一周。

这一年，聂耳还陷入与谈瑛的绯闻当中，因为谈瑛与他做了邻居，还成了在他入院治病期间，探望他最多的人。这让聂耳非常烦恼，他在是年12月10日的日记里不禁说：“他妈的，真倒霉！想到这种冤枉事，真是不高兴再住这房子！”

虽然在1933年，他创作的《卖报歌》已经引起了很多注意，但在1934年2月报考上海国立音乐专科学校小提琴选科时，还是没有被录取。年初的失败也使得聂耳格外勤奋，尤其是在他进入百代唱片公司协助任光工作后，他每日6时或6时半就起床练琴，而且坚持到俄籍音专教授阿克萨柯夫处学习钢琴。

勤奋也使1934年成为聂耳作品最为丰富的一年，这也是他在日记中说的“我的音乐年”，这一年，他创作了接近二十首歌曲，其中《大路歌》、《码头工人歌》、《开路先锋》、《新的女性》、《毕业歌》影响较大。他甚至准备筹拍歌剧《扬子江暴风雨》，自任主演。

◎电通画报第7期为聂耳纪念专号

◎联华影业公司音乐歌舞学校旧址——上海爱文义路（今上海北京西路）1298号

1935年初，聂耳被联华二厂聘为音乐部主任。事隔不久即发生了田汉和阳翰笙被捕事件，作为中国电影文化协会具名的主要负责人，“文学部干事”夏衍被迫躲进了徐家汇的一间肥皂厂，作为“组织部干事”的聂耳1933年经田汉介绍加入了共产党，夏衍是当年的监誓人，转道日本避下风头，是不很情愿的行为。

“炎威”还是要避的，郑君里、赵丹、袁牧之、孙师毅、唐纳等几个朋友在扬子舞厅给聂耳举办了送行宴，但为了省掉不必要的麻烦，大家都没有去汇山码头送聂耳上船。在这些朋友中，聂耳似乎跟唐纳很熟，他喜欢称唐纳为“傻瓜唐”，在1933年2月6日的日记里，他还记录了和唐纳、金焰一起为吴永刚乔迁贺喜时的情形。那一天，聂耳似乎不胜酒力，还是唐纳送他回的家，而且回家前在卜万苍的门口吐了一堆，唐纳还送橘子给他吃。

与朋友道别后，聂耳一个人漂泊到日本，不想这成了永别。

① 参见陈祥兴：《感慨话当年》，载《中国电影》1958年10月号。

② 参见于伶：《巍巍然与国族并寿之歌——田汉〈义勇军进行曲〉的创作和聂耳谱曲的史略》，载《欢笑与沉思》人民日报出版社1988年7月版66至83页。

③ 参见郑君里：《回忆聂耳二三事》，载《人民音乐》1955年第8期。

④ 参见陈聆群：《王人艺先生谈聂耳和黎锦晖》，载《湘潭文史第11辑：黎锦晖》1994年12月内印本153页。

⑤ 参见刘琼：《聂耳：匆匆却又永恒》大象出版社2002年9月版。

《电通》画报始末

1935年5月16日，电通公司刊行了自己的画报——《电通》半月画报。

其时，电影公司办画报并不是什么新鲜事了。1922年底，由任矜萍主编的《晨星》创刊，它基本上承担的是“明星”公司“机关刊物”的作用；1925年前后，全国成立的电影公司多达175家，电影刊物也雨后春笋般地成长起来，有研究认为“从1925年5月明星公司创刊《明星特刊》开始，一直到1927年这三年间，主要是电影公司的特刊一统天下。”[①]

应该说，《电通》半月画报的创刊，是为左翼电影杂志增添了“生力军”，因为《电通》里有较丰富的照片和统计表格，郑伯奇曾在《影刊明暗录》[②]一文中称赞其为“异军突起”的新秀。

主编更迭

自1935年5月16日推出“创刊号”至1935年11月16日推出“革新号”，《电通》半月画报共出刊13期，“革新号”也成了终刊号。

在“革新号”里，刚刚担任“常务编辑”的唐纳还是很想有一番“革新”的，他在作为“编后记”的《余力》一文中这样说：“从本期起一副沉重的担子到了我瘦弱的肩膀上来了，因为是剥削的缘故，使我艳羡过去几位如师毅、慧敏的健壮，而同时对我自己就感到了无限的羞惭。……也好，这瘦弱的肩膀是得经一番锻炼的。”

唐纳筹备接手《电通》应该自第11期开始，在这一期的《余力》中，曾提及“11期出版后，要内容编辑重新革新一下”，到12期这一愿望并没有实现，从而有了《余力》的《约法三章》——“从下一期起，在内容上将根据下列具体计划，充实起来和读者们见面”。并开列了“电影艺术名论”、“电影技巧研究”、“明星素描”、“从业员作品”、“半月中外新歌”、“半月中外新片”、“中外电影新闻”“半月读者编者问答”、“编者座谈”和“半月漫画”等栏目。

而这些栏目也果然在13期中得到了落实。

唐纳艳羡的师毅、慧敏，即是孙师毅与司徒慧敏。孙师毅实际上是《电通》半月画报最早的主编，尽管画报最初自称是“ALL STAR CAST 编辑部”和“通人”编辑，版权页上也相应注明“编辑者：电通画报社”，但实际主持编务的人是孙师毅。由于孙师毅编导的《街头巷尾》临近开拍，他在第五期的《余力》中以“SWAN”笔名交代说：自第六期起，著者因为已临到了摄影场的工作，将隔一段较长时间才能为读者执笔。

而自第五期始，画报也正式开列出了编辑名单：常务编辑：孙师毅、袁牧之、许幸之、司徒慧敏；理事编辑：周伯勋；特约编辑：赵邦荣、唐纳；美术编辑：张云乔、蔡若虹。

张云乔曾在回忆录《旧梦拾零》里说：“《电通画报》由孙师毅、蔡若虹、唐纳和我四人轮流每周主编一期。画报内容除介绍宣传本公司出品之外，还刊登其他优秀国产影片，很受读者欢迎，但其间曾发生过一件不愉快的小插曲：《电通画报》第三期，轮到唐纳主编，他没有经过大家同意，把蓝苹的大头肖像，刊登作画报的封面。待我们发觉时，已经上机印刷，不能更改了，此事引起大家对唐纳的批评，但也无可奈何。”③

张云乔的这段记忆应该是年久的误忆，电通画报是月刊，用蓝苹作封面的是

◎电通画报刊载的业余剧人协会剧照

在第四期，第三期的封面人物是王莹，而唐瑜也曾在《追忆孙师毅》一文里说：“有一次他约我写一段《电通》画报创刊的祝词，我送稿子给他时，他正在挑选蓝苹的大照片准备做封面。”④

孙师毅撤离主编“岗位”后，《电通》半月画报确实进入了轮流编辑阶段，其主编应该分别是袁牧之、许幸之、司徒慧敏三位常务编辑。

除编辑外，《电通》半月画报的特约记者队伍主要有方岩、邓溥民、白克等人，摄影记者则以公司的摄影师为主，为吴印咸、杨霁明、陈耀庭和冯四知；作者队伍则以左翼人物为主，也包括一些社会名流，如鲁思、唐瑜、崔万秋、凌鹤、徐苏灵、吴承达、滕树谷、唐纳、包可华、黄自、赵元任等。

印刷与发行

画报创刊号的版权页有这样注明，“编辑者：电通画报社；发行者：电通股份有限公司业务处；通讯处：上海公共租界荆州路405号；本报每期售洋四分，全年八角八分。”

在第二期又刊出敬告读者：电通画报第一期，计四万份，本公司业已分别批售将尽，如有欲补购报者，请试问生活书店询购可也。

◎电通画报第二期为《风云儿女》特辑

这意味着，画报的发行已经转由生活书店负责；画报在第三期上特别刊出了生活书店“文学”杂志广告，似乎应该是给生活书店代为发行的“回报”；第五期又刊出了《生活书店同人参观电通记》，言起初定十人参观，后丁以签名方式，增至三十多人；生活书店同人参观了电通公司的剧务部、会计股、收发股、总务处、营业部、大礼堂、俱乐部、饭厅，文中称“都很整齐清洁。他们管理膳食合理公平，不分阶级任何人一样地发给饭票，凭票吃饭，多吃一样茶，就要自己掏腰包。”

此外，“电通”与“生活书店”还在8期上有一次互动，即是为生活书店的《生活》画报做了广告。

“电通”与“生活书店”在业务上的往来，应该是得益于周伯勋，周伯勋跟丁君匋非常熟识。1934年初，年仅25岁的丁君匋在邹韬奋创办的上海生活书店担任了进货科主任，《电通》遂将发行业务交给了他。

有关《电通》半月画报的发行量，并无准确的数字统计，在第2期有《敬告读者》说：电通画报第一期，计四万份；在第13期革新号，则有文章“敬赠此篇幅给爱好本刊之十万读者”。

《电通》半月画报的印刷是非常精美的，除第7期和第9期外，每期有8页为影写版印刷，创刊只有8块版，自第2期增加4页白报纸版。画报自创刊号起就给上海时代印刷厂作广告，称之为“中国最专门最迅速最有经验影写版厂”。其时，在上海有能力承担影写版印务的有两家厂最为著名，一家是商务印书馆，另一家则是邵洵美开办的时代印刷厂，当时影写印刷机非常昂贵，连在上海靠《良友》画报走红的上海良友图书印刷有限公司也不敢购置影写版的印刷机，《良友》画报的印刷是由商务印书馆代为印制。作为影业公司的“电通”更就不具备这样的实力了，所以请时代印刷厂代印，也是非常自然的事了。

作为一份营业性的画报，《电通》除了刊载印刷厂和生活书店的广告，以及自己的电影宣传外几乎没有广告，倒是电通公司技术处做过一次自己的业务广告：“设计制造：各种大小电力无线电话；有声电影录音机；有声电影放映机；公共演讲扩音器；其他各种无线电工程”。

直至第12期才刊出广告刊例价：特等（影写版）每方寸洋五元；一等（影写版）三元；普通（报纸版）两元。这一点不知道是不是与《电通》半月画报一直未取得“登记”经营有关，因为直到画报出至11期时，才在封面上刊出“获得国民政府内政部登记证警字4767号”的说明。

主体内容

《电通》半月画报的主体内容，与当时流行的影业公司的“机关刊物”基本一致，收录的内容主要为影片的本事、编导阐述、演职员表、插曲歌谱、幕后花絮、影评摘录等，另外还收有影人特写、影坛新闻、电影漫画、摄影作品、有关电影技术的理论文章，以及一些“电通”同仁创作的诗与画等。

画报比较强调的内容是自己的影片“特辑”。在13期画报中，计有特辑四期，第2期为《风云儿女》特辑、第6期为《自由神》特辑、第10期为《都市风光》特辑，另辟第7期为聂耳逝世纪念特辑。

其中《都市风光》特辑做得比较完备，《都市风光》的主创人员以及业内人士，在此辑与第11期中，刊出了一系列关于音乐剧的文章，其中有贺绿汀的《作歌曲的几件初频道知识》、《〈都市风光〉中的描写音乐》，袁牧之的《漫谈音乐喜剧》，万氏兄弟的《〈都市风光〉中卡通乐剧的尝试人言》，黄自的《电影中的音乐》，赵元任的《关于〈都市风光〉的主题歌的话》等，此外，还介绍了国外的一些经验，如劳尔原著，罗平（唐纳）翻译的《苏俄的音乐听众和我的工作》。

而《聂耳逝世纪念特辑》做得比较煽情，是期完全用报纸印刷，全部16页，刊登了聂耳的遗影，艺术生涯，聂耳与吕骥、孙师毅等人的书信往来的原件影印，以及唐纳、周耀、陈娟娟、郑君平（伯奇）、陈波儿、许幸之等人的悼念文章以及各方的挽语悼词。同期还有对另外两个逝者的纪念，一个是同年7月16日逝世的中国电影先驱郑正秋的影像专页，内有郑正秋氏最后的演剧、故乡赁吊郑正秋氏和不朽的友情等照片；另一个是悼念一个小朋友——龚维扬，龚是“电通”老板之一龚毓珂的儿子，他曾在《自由神》中饰“林维中”一角，死于肠热病，年仅十岁。

《电通》半月画报在宣传自己筹拍的影片时，有一广告比较有趣，这部影片的名字叫《压岁钱》，其拍摄方式是由电通四导演联合执导，“春”为司徒慧敏；“夏”为袁牧之；“秋”为许幸之；“冬”为孙师毅，其广告词拟得非常精心：“一文逼倒英雄汉——一枚银圆，人生百态；二分明月在扬州——二分天下，将属电通；三句话不离本行——三友录音，最高贡献；四季风尽收眼底——四人合作，各有千秋；十万投资，百分保证，千载难逢，万众期望。”

作为服务“电通”的机关刊物，画报有关其他公司影片和影讯的介绍只能作为点缀，篇幅比较大的，有第3期“中国影坛新作”，介绍了“新华”的《桃花扇》、“联华”的《秋扇明灯》；“艺华”的《时势英雄》和“明星”的《夜来

電通
半月畫報
都市風光特輯
第十期
中華民國廿四年十一月一日出版

香》；第12期，刊载上海业余剧人排演《钦差大臣》的情况，介绍了“莫斯科第三届戏剧节”中几场重要的戏；到第13期革新号，按唐纳的意图，似乎要办一本一本正经的电影杂志了：辟“国内之部”报道日本松竹株式会社向联华购买《渔光曲》拷贝以一千五百元成交的新闻；辟“国外之部”报道玛丽奥莎丽文拒绝再演泰山片等影坛新闻等。

◎电通画报第六期封底

为实践“ALL STAR CAST 编辑部”的办刊理想，“电通”的编导和演职人员也悉数上阵为画报撰写文章，比如陈波儿写有《东方的马尔泰——港行杂想》，王莹有《致无邪世界的一群——日本文化学院参观后记》、《为自由》、《南归》，司徒慧敏《〈自由神〉产后》，许幸之有《〈风云儿女〉的自我批评》，袁牧之《漫谈音乐喜剧》、蓝苹《为自由而战牺牲》，吴湄《不自由毋宁死》、施超的《关于我》、《我们的使命》等。

策划与稿约

除常态的内容外，画报也做了一些策划。

比如在第2期《风云儿女》特辑中，

专门为影片设计了一张“游戏图”，融影片内容和演员认知为一体，既有娱乐性，又不失宣传价值。

在第3期中的上海的电影院“地图”则兼顾了直观与实用性，“地图”为上海各主要电影院列出了地址、片别、轮次、场数、时间、票价、座数、经理等统计详表，方便读者参考。

而第5期“从舞台到银幕”的主题策划，则从一个侧面对“电通”的演员构成做了注解，应该说起了比较好的“沟通”和说明作用。这组专题占据了近四个页码，一页为好莱坞的“从舞台到银幕”，列出了跨界演员诺而考华德，约瑟芬赫金生等人；两个对页介绍了“电通”从舞台到银幕的代表人员，同时还开列了中国从舞台到银幕的大名单，其中列入“电通”演员的计有12位，分别是金山、陈波儿、袁牧之、王莹、周伯勋、蓝苹、顾梦鹤、施超、陆露明、吴湄、王明霄、罗鸣凤、白璐。

电通公司以“从舞台到银幕”为主体的演员阵容，是有隐情存在的，《风云儿女》的主演，是公司极为罕见的从银幕到银幕的演员，她曾有这样的回忆：“电通是1934年春天正式改为制片公司，开始拍摄《桃李劫》。对此，国民党反动派又气又恨，放出风声，说电通是共产党公司，左翼公司等等，所以电影界有些著名导演和演员不敢参加电通的工作，怕有朝一日电通被关闭，自己会背上和共产党合作的名声。电通的第一部影片是《桃李劫》，导演应云卫，演员袁牧之、陈波儿都是戏剧界人士。《风云儿女》是电通的第二部片子，导演许幸之、摄影吴印咸也都是第一次从事电影工作。这些情况我当时或多或少知道一些，不过，我的想法很简单，我只知道田老大是进步的，金焰和田老大很熟，要求进步，我也应该要求进步。至于我将来人身安全会不会受到威胁，别的电影公司会不会因此不和我签订合同等等，我连想也不去想它。再说我目前闲在家里，为什么有片子不拍呢？”⑤

除此之外，画报在电影技术领域也做了比较有序的涉及，译介了一批较专业的文章，如《电影剧本编制上的特点》、《电影剪辑预定法之技术的实验》、《音乐界与电影》、《关于彩色片的各问题》、《有声电影的平行法与对位法》、《画面构成论》等。

唐纳接手后，明显想打破原有的“机关刊物”的办刊思路，为画报注入更多的策划意识，在13期中，他把左翼的意识非常明确地带入画报，用欧美影片的剧照，来说明欧美影片是如何在电影中表现“欧帝国主义与菲弱小民族”的，与此同时他也首次推出了《来稿要求》：1、以短小精悍，不超过六百字为限；2、问题不必严重，感慨可勿空发；3、无稿酬；4、先到者先发表，过分无聊者不发表；5、幸勿提出非洋洋数千字不能解决之问题；6、来函注明投本报读者之页栏。

遗憾的是，他的构想没有能够继续下去，《电通》半月画报在1935年11月16日推出13期后，随着公司的结束，而不了了之。

血光之灾

令人意想不到的是，不了了之的画报，在近四十年后再度引发关注并生发出一场事件来。

《电通》半月画报的封面明星蓝苹成为“文化大革命”的旗手后，其“专案组”对“旗手”在30年代“遗迹”作了全面的清理。在上海，郑君里、赵丹、顾而已、陈鲤庭、童芷苓五家同时被查抄，家中的书信、手稿、笔记本、日记本、照片等被洗劫一空，孙道临和王文娟夫妇家、周璇遗物处及上海各大早年影楼、照相馆也遭遇相同的查抄；在北京将北京电影学院资料室和原院长章泯的藏书、原中央电影局局长袁牧之私人物品、陈波儿的遗物及一切1935——1937年电影话剧出版物、明星往来信函、老照片、资料等也被集中销毁。

1968年7月15日，上海发生了所谓“攻击无产阶级司令部反革命事件”，事件的起因就是《电通》画报。据收藏家谢其章说，出版家范用曾经告诉他：“‘文革’前上海出版局一些负责人常去上海书店参加劳动，有一次办公室主任游云同志在劳动时，看见了《电通》上刊登的蓝苹照片，便想借阅一下。书店负责人丁之翔同志写了一张借条后，便将这套《电通》借给游云。为慎重起见，丁之翔又打了一个电话向出版局负责人作了汇报，这位负责人的态度比较谨慎。不久，游云同志即将这套《电通》还给书店，事情到此应该完结了。不料‘文革’开始后，有人非说这套《电通》丢了，找不着了，惊动了‘上边’，惊动了江青。于是‘七·一五’这天，军宣队、工宣队进驻上海书店，开批斗会要丁之翔同志交代罪行。会后不久书店又找到了这套《电通》，造反派们不顾事实，编瞎话非说‘此套’非‘彼套’，继续逼丁之翔交代罪行。随后，又将他们夫妇押送进‘学习班’改造思想端正态度。游云同志也因为借阅《电通》被关押入狱竟达两年之久，释放不久即去

◎电通篮球队参加电影圈篮球赛

世了。”

谢其章说，1972年，范用从“牛棚”解放出来，去上海书店看望在那里担任经理的毕青和丁之翔，在书库的一堆旧杂志下面，范用看到露出的画报一角。范用说是《电通》，毕青说肯定不是，因为公安部有规定《电通》一律上缴。范用请他将画报抽出来验证，果然是《电通》。范用遂要求将《电通》卖给他，毕青犹豫了一下，卖给了范用。[⑥]

2005年5月15日，北京中国书店举行古籍春季大拍，第398号拍品——《电通》半月画报共13期合订一册以22000元成交，成为拍卖会的热点，而它的“买家”正是国家图书馆善本部。

① 张伟：《纸质媒体里的民国电影》，载《中国现代电影期刊全目书志》，上海科学技术文献出版2009年1月版003页。

② 原载《妇人画报》第31期，1935年8月25日。

③ 参见张云乔：《旧梦拾零》中国烟草学会、中国烟草博物馆2004年5月自印本30页。

④ 参见唐瑜：《二流堂纪事（图文增订本）》三联书店2005年11月版166页。

⑤ 参见《我的成名与不幸——王人美回忆录》团结出版社122页。

⑥ 参见谢其章：《岁月悠悠话〈电通〉》，载《梦影集》北京图书馆出版社2005年4月版35页。

— KE 20 0923 5020+32●

后记

这本书的写作与我的影迷经历有关。

1997年前后，我开始加入“淘碟”队伍，最初只有VCD，诸多质量低劣的“枪版”滋养了我的文学细胞和对文化输入的需要。后来，有机会看了大量香港“美亚”、“寰亚”的正版基希洛夫斯基的《十诫》、曼彻夫斯基的《暴雨将至》，以及马基德·马基迪的《小鞋子》使我对电影的欲求急剧膨胀，开始跨越《理发师的男人》、《阿拉伯的劳伦斯》和《日瓦戈医生》的观影境界。

我甚至和朋友组织过一个并不成功的电影沙龙；有机会去北京出差，我会跑到北京电影学院旁的“黄亭子50号”去看一盘录影带，甚至跑到民族宫对面的“三味书屋”参加一次“实践社”的独立电影交流活动。

2000年前后，质量上乘的D版开始横行；2002年前后，“文艺电影”在地下影碟市场大爆发。此后的很多个凌晨我都是枕着各种“闷片”睡去。写影评时一出手，就是“昨天”已经“迷上瘾”，就事关阿巴斯、蔡明亮、拉斯·冯提尔。我逐步按导演开始归类淘来的影碟，私底下修习世界电影史和法国新浪潮。

大约两三年后，个别D版因为粘合剂氧化“自杀”，有的影碟所配字幕前言不搭后语。这使得我的收藏热情锐减，失望溢于言表。回头整理过去，才发现自己最喜欢的导演有四位，基希洛夫斯基（波兰）、库斯托利卡（南斯拉夫）、米哈尔科夫（苏联）、杨德昌（中国台湾），仔细一想，前三者都有在红色政权下生存的根源，第四人直接来自华语世界。

我想起一个词叫“共通性”。

此时，“博颖”、“俏佳人”、“广东天人”三个内地厂牌开始推出大量正版华语老电影，于是我扔下美国“烂片”、欧洲“闷片”、日韩“诡异片”、印度“流浪片”、伊朗“儿童片”，回归国产老电影的世界。在看这些电影的同时，以张英进、张新民、傅葆石、钟宝贤为代表的海外汉学写作、以赵士荟、余慕云为代表的掌故写作，以张伟、谢其章为代表的电影说明书和老期刊收藏写作，以及夹杂在学院派、社会派、历史研究者之间的盘剑、丁亚平、魏绍昌、汪朝光、李承人等人的著述，使我的电影观赏和影史阅读日趋完整起来。

电影史、影人文集和回忆录、电影和戏剧及历史的跨界研究等大量书籍开始充斥我的书架，伴随着多个阶段的阅读兴奋和遗忘，使我终于笃定决心写一本属于自己的电影书。

如何开始？从哪儿开始？成为摆在我面前的问题。

在创办良友书坊并完成了《天下良友——一本画报里的人生传奇》的写作后，“重返1930年代”的渴望在我心中滋生、蔓延、泛滥，我越来越迷恋那个年代所生发出的文化气场。八十多年前，《良友》画报和上海良友图书印刷有限公司为推进电影事业和国产电影的发展做了诸多努力，《良友》画报不仅是电影生产和推介的强大媒体，而且对电影艺术和技术和普及也起到了相当多的阐释和普及作用。据统计，174期画报中，电影类图片和文章多达1842条；老“良友”公司还推出了一系列专业电影杂志，包括早期的《银星》、《新银星》、《银星与体育》，以及后来影响力较大、较为成熟的《电影画报》等等。

在进行《天下良友》的写作时，我将自己的写作方式做了一个界定，唤作

“麻雀研究”。意思是沿着一个组织结构，通过一步步的分解与历史还原，完成一种历史脉络和整体症候的再现。这种方式与学院派的研究方式有些不同，它虽然圈宥在一个共同的场域内，但进行的不是规定性的研究，研究的“动作”既不整齐划一，篇章之间也缺乏笃定的粘连，信马由缰、率性而为的特征明显。对这种写作方式的喜好，与我编辑《闲话》有关。在策划《闲话》丛书之初，我就站在编者的角度将其学问样式“规定”为“平民学问”，其意图就是用一种专业的姿态、业余的心态将“学问”通俗化，甚至“八卦化”，尽可能使其兼顾用“料”准确、叙述有趣。因为这样的文字读者看着好玩，对研究者而言又不失可以征引的可能。直白一点说，就是让“外行”看到“热闹”，让“内行”发现“门道”。

既然要有所倡导，就要有所实践。《天下良友》和《风云儿女》都就可以称得上是“实践”之作。

在我眼中，《风云儿女》所涉及的“电通影片公司”与《天下良友》所涉及的上海良友图书印刷有限公司一样，都是1930年代前后上海文化艺术场域中的一只“老麻雀”，它啁啾地存在过，既是一个有历史感的“生命”，又如同一个微小的公共空间。它的生与死，它的存与在，它的吸纳与流变，都为某些生命的遇合提供了基础。

我知道，自己正是要通过接近这个基础，为“重返1930年代”的私心和构想建立一条路径，并以此来探询历史和生命、完成对知识分子及艺术家生存现场与生命肌理的辨识。所以，由此而展开的叙述，也注定不可能完全在一个规定的空间内完成，叙述是发散的，延展的，同时又是相互呼应的。而我自己以为，那就是生命交互的声音。尽管它无法被放置在一个学院式的研究背景下衡量，但并不影响它有学院式研究的确定性，它可以笃定地重返现场，也能够理性地探寻“源头”。

至于为何选择“电通”这间小得不能再小的电影公司作探究点，其理由和必要性，已经在“引言”中做过交代了，在此就不作赘言了。

有关《风云儿女》的写作脉络，最早是从“蓝苹”入手的。2007年7月，我先完成了《1930年代的蓝苹》这一篇，并以“大漠”的笔名刊之于《闲话03》上，有朋友看过原稿曾问及此类写作的意义，我的答复是这不过是一个基本面还原中的一节，我希望能通过一个立体存在（哪怕是只麻雀）的重述，重新显现一种与现行电影史描述有所区别的样貌。但其出发点，不是先入为主地“颠覆”，也不是故意去跟主流电影史“较劲”，而是用材料和个人发现及思考，摆事实讲道理。尽管，我知道一只“麻雀”的姿态和叫声，不足以影响和吵醒整个“森林”及“鸟群”，但只要它有干净的羽毛，它有发自内心的呼喊，就已经足够。

虽然有“蓝苹”这一个开头，但这本书真正全面“动工”始于2009年3月，其时我的妻子正在纽约做访问学者，她在异国他乡讲授“中国当代文学思潮与电影”；而我父亲帮我照看着四岁的女儿，每天一清早他就起床做一顿热腾腾的早餐给我吃，他老人家虽然并不了解我所从事的行当与研究，但多年来还是对我寄望颇高，这也使得我的每一步前行都有了些许的压力。

岂不知我天资愚钝，没有过目不忘的本事，我的研究训练完全来自一遍遍地翻书，不停地遗忘又不停地重复。这令我极端烦恼，也倍感吃力，大量的征引，逼迫我不得不在写作时，将书籍在眼前堆成小山。因为这样的写作需要深浸其中的情绪与静默孤独的氛围，所以许多个周末，我都是在办公室里从早晨写到黑夜。历经一年的时间，我终于看到这本小书的眉目清晰了起来。

在这里，我要感谢我的朋友许城贵，2006年他从上海帮我背回了沉重的《上海电影志》和整套《上海电影史料》；感谢张祚臣先生，他冒着酷暑赴扬州市档案馆帮我查询复印了有关许幸之的资料；感谢国家图书馆善本部的董蕊女士，我去查阅《电通》半月画报没带正规的介绍信，她以善意的疏通化解了我的奔波之苦；感谢谢其章先生，为我提供了12帧珍贵的图片；感谢张薇，她不厌其烦地帮我完成了文稿的编校工作；特别感谢叶芳女士和中央编译出版社，促成了这本书的“诞生”。

除此之外，我还要感谢孤独，正是这样一种氛围生发并充盈了我的决绝之心。每一次面对着黑暗而寂静的窗外，聆听着键盘上发出的声音，我觉得，这就是另外一种行走。

尽管，我并不知道能够走多远。

臧杰

2010年3月15日于良友书坊

图书在版编目（CIP）数据

民国影坛的激进阵营:电通影片公司明星群像/臧杰著.
—北京:中央编译出版社,2011.4
ISBN 978-7-5117-0835-9
Ⅰ.①民…
Ⅱ.①臧…
Ⅲ.①演员-生平事迹-中国-民国
Ⅳ.①K825.78
中国版本图书馆 CIP 数据核字(2011)第 056014 号

民国影坛的激进阵营:电通影片公司明星群像

出版人 和 龑
责任编辑 叶 芳
责任印制 尹 珺
出版发行 中央编译出版社
地 址 北京西单西斜街 36 号(100032)
电 话 (010)66509360(总编室) (010)66509236(编辑室)
(010)66161011(团购部) (010)66130345(网络销售)
(010)66509364(发行部) (010)66509618(读者服务部)
网 址 www.cctpbook.com
经 销 全国新华书店
印 刷 北京印刷一厂
开 本 787 毫米×1092 毫米 1/16
字 数 263千字
印 张 18.25
版 次 2011 年 5 月第 1 版第 1 次印刷
定 价 36.00元

本社常年法律顾问：北京大成律师事务所首席顾问律师 鲁哈达
凡有印装质量问题，本社负责调换。电话:(010)66509618